즐거운 좌파

손호철의
사색
13

즐거운 좌파

호모 루덴스의 시대를 찾아가는 네 가지 길

손호철 지음

이매진

손호철의
사색
13

즐거운 좌파

호모 루덴스의 시대를 찾아가는 네 가지 길

1판 1쇄 2018년 2월 9일
지은이 손호철 **펴낸곳** 이매진 **펴낸이** 정철수
등록 2003년 5월 14일 제313-2003-0183호
주소 서울시 은평구 진관3로 15-45, 1019동 101호
전화 02-3141-1917 **팩스** 02-3141-0917
이메일 imaginepub@naver.com
블로그 blog.naver.com/imaginepub
ISBN 979-11-5531-095-3 (03300)

- 환경을 생각해서 재생 종이로 만들고,
  콩기름 잉크로 찍었습니다.
- 표지 종이는 앙코르 190그램이고,
  본문 종이는 그린라이트 70그램입니다.
- 값은 뒤표지에 있습니다.
- 이 도서의 국립중앙도서관 출판시도서목록(CIP)은
  서지정보유통지원시스템 홈페이지(http://seoji.nl.go.kr)와
  국가자료공동목록시스템(http://www.nl.go.kr/kolisnet)에서
  이용하실 수 있습니다(CIP 제어 번호: CIP2018003502).

'손호철의 사색'을 펴내며

'미성년 17세 이하, 청년 18~65세, 장년 66~79세, 노년 80~99세, 장수 노인 100세 이상.'

고령화에 따라 유엔 산하 기관 유네스코UNESCO가 2014년에 발표한 새로운 나이 규정입니다. 이 기준에 따르면 이번에 65세로 대학에서 은퇴하는 저는 청년을 끝내고 장년으로 진입하는 것에 불과합니다. 따라서 그동안 쓴 글을 모아 일종의 전집을 낸다는 생각은 시기상조라고 볼 수 있습니다. 그러나 여러 고민 끝에 그동안 쓴 글을 한데 모으기로 했습니다.

앞으로 제가 얼마나 많은 글을 더 쓸지 모르지만, 대학교에서 정년을 한만큼 그동안 한 작업들을 한번 정리해 일단락을 지을 필요가 있다고 느꼈습니다. 사실 저는 개인적으로 정치학자가 아니라 화가를 꿈꾼 미술학도였습니다. 그래서 은퇴를 계기로 그동안 해오던 사회과학을 그만하고 어릴 때 꿈을 찾아 예술의 길을 갈까 깊은 고민을 하고 있어서 그동안 한 작업들을 일별해야겠다는 생각이 더 큽니다. 마지막으로 제 글 쓰는 스타일입니다. 제가 쓴 글은 학술적인 글부터 정치 평론, 인문학적 에세이, 여행기 등 다양한 분야에 걸쳐 있습니다. 학술적인 글들도 단행본보다는 그때그때 학문적 정세에 실천적으로 개입하며 쓴 짧은 논문이 대부분이라 사방에 흩어져 있습니다. 게다가 많은 글들이 아직도 유효한데도 책이 절판돼 읽을 수 없는 사례가 많습니다. 따라서 이런 글들을 한군데에 모아 정리할 필요가 있습니다.

그래서 그동안 쓴 글들을 이론, 한국 정치, 정치 평론, 교양이라는 네 분야로 나눠 '이중적' 의미에서 '손호철 사색'이라는 시리즈로 내려 합니다. 이론의 경우 마르크스주의의 시각에서 진보적 정치 이론에 관련해 많은 글을 썼지만, 2000년대 중반 이후 한계에 부딪쳐 한국 정치 연구에 전념하게 됐습니다. 국가와 민주주의에 관한 글들로 1권을, 세계 체제와 지구화에 관한 글들로 2권을 만들려 합니다.

한국 정치의 경우 한국 정치의 이론적 쟁점들을 다룬 글들로 1권을 만들려 합니다. 그 뒤 시기별로 해방 정국과 이승만, 박정희, 전두환 시기 등 민주화 이전을 다룬 글들로 2권을, 1987년 민주화부터 1997년 국제통화기금[IMF] 경제 위기에 이르는 민주화 이후를 3권으로 만들 생각입니다. 세계화 이후라고 할 수 있는 1997년 이후부터 지금까지가 4권, 1992년 대통령 선거부터 주요 선거를 진보적 시각에서 분석한 선거 관련 글들을 5권으로 낼 예정입니다.

제가 기자 출신인데다가 학자가 된 뒤에도 실천적 활동을 해온 만큼 정치평론을 많이 썼습니다. 유학을 끝내고 귀국한 뒤 긴 시간강사 시절을 거쳐 1990년에 교수가 돼 쓰기 시작해서 얼마 전까지 매달 2.5편꼴로 모두 800여 편에 이르는 칼럼을 발표했습니다. 처음에는 정치 평론의 성격상 정세적인데다가 현재적 의미가 학문적 글에 견줘 약한 만큼 일부를 골라 선집으로 내려 했습니다. 그렇지만 제 제자이자 이 책을 낸 출판사 이매진의 대표가 이 칼럼들이 1990년대부터 지금까지 한국의 현실 정치를 정치학자, 그것도 진보적 정치학자의 눈으로 지켜본 일종의 '한국 현대사'인 만큼 모두 다 책으로 낼 만한 의미가 있다고 주장해서 그렇게 하기로 했습니다. 김영삼 시대, 김대중 시대, 노무현 시대, 이명박 시대, 박근혜 시대 등 다섯 권이 될 겁니다. 또한 예술, 문화, 삶, 여행에 관한 짧은 에세이들을 한 권으로 모으고, 이미 단행본으로 출간한 라틴아메리카와 대장정에 관한 책은 따로 정리하려 합니다.

마지막으로 지성사와 시대사를 엮어 자서전 형식으로 쓰려 합니다. 우리 사회가 한 시대를 살아온 지식인들이 무슨 생각을 하고 어떻게 시대와 교감했는지를 보여주는 지성사 분야가 취약하다는 문제의식에서, 유신부터 현재에 이르는 시대사를 지성사의 관점으로 진보적 학자의 체험을 통해 정리해보려 합니다.

이 책을 만들기 위해 빚을 진 사람이 있습니다. 제 지도하에 석사 학위를 받은 뒤 이매진 출판사를 운영하고 있는 정철수 군은 이 책들을 기획하고 짧은 시간 안에 만들어줬습니다. 이 자리를 빌려 감사의 뜻을 전합니다.

아무쪼록 이 시리즈가 다양한 분야에서 실천적으로 글을 써온 한 진보적 지식인의 글들을 총체적으로 보여줌으로써 한국 지성사에 조금이라도 도움이 되기를 바랍니다.

차례

3부. 책과 삶

4부. 세계를 간다

머리말

"아침에는 사냥하고, 오후에는 낚시하고, 저녁에는 비평가가 되고"

카를 마르크스의 책에 나오는 공산주의 사회의 모습입니다. 모두 전문화된 직업에 매여서 거대한 기계의 작은 나사처럼 똑같은 일을 반복하며 살고 있는 우리 사회하고 다르게 공산주의 사회에서는 우리가 농사도 지으면서, 평론가가 되고, 예술가로 사는 '전인적 인간'이 될 수 있다는 공상 같은 이야기입니다. 공산주의 사회가 아니더라도 르네상스의 위대한 예술가 레오나르도 다빈치는 탁월한 화가이면서 조각가, 건축가, 음악가, 발명가, 해부학자, 지리학자, 천문학자였습니다.

감히 레오나르도 다빈치에 비교를 하겠습니까만 원래 화가를 꿈꿨고 문학과 음악 등 예술에 관심이 많던 만큼, 정치학을 공부하고 정치학으로 밥을 먹고 살았어도, 할 수 있는 범위에서 예술에 관심을 둬 공부하고 미술과 음악 등에 관한 글을 썼습니다. 또한 진보적 사회과학자의 시각에서 세계 여러 곳을 다니며 정치 기행과 역사 기행을 썼습니다. 나아가 우리가 이제는 돈의 노예가 돼 밤낮으로 일만 하는 '호모 파베르'(작업인)를 벗어나, 놀고 즐기는 라틴적 삶을 배우고, 덜 생산하고 덜 소비하지만 자기 삶을 즐기는 '호모 루덴스'(유희인)로 나가야 한다고 주장해왔습니다.

이런 주장을 실천하기 위해 만나면 머리 아픈 세미나 아니면 거리 시위나 하는 '운동 문화'부터 바꾸자고 가까운 진보 학자들끼리 '즐거운 좌파'의 준말인 '즐좌'를 만들어 주기적으로 만나서 '놀아' 왔습니다(20세기 초의 페미니스트이자 사회주의자 에마 골드만은 일찍이 "내가 춤출 수 없으면 혁명이 아니다"고 말했습니다). 이 책은 이런 문제의식에서 호모 루덴스로 나가기 위한 '호모 쿨투라'(문화인) 또는 넓은 의미의 '교양'에 관련된 글들을 모았습니다.

지금부터 45년 전, 유신 전야인 1971년 대학교 2학년 때 감옥을 다녀와 쓴 감수성 넘치는 옥중 수기와 지하신문 창간사부터 유학 시절인 1980년대 초반 디자인 이론에 관해 쓴 글들, 유학 시절 공부한 제3세계 음악에 기초한 레게에 관한 글, 황석영과 이문열과 마광수와 리영희에 관한 글, 리영희 선생님에 관한 회상 등이 실려 있습니다. 이 밖에도 삶에 관한 글, 젊은 시절의 독서와 제게 영향을 미친 책들을 쉽게 해설한 소개 글도 들어 있습니다. 마지막으로 5·18 기념 사업을 위해 5·18 관계자들하고 함께 프랑스, 스페인, 폴란드, 헝가리, 태국, 필리핀 등 민주 성지를 돌며 쓴 민주주의 기행부터 카를 마르크스 생가와 러시아의 공산주의 유적 기행, 미국 기행, 넬슨 만델라의 남아프리카공화국 기행 등 세계 정치 기행을 실었습니다. 관련 사진을 잡지 등에 기고하는 과정에서 적지 않게 잃어버려 좀더 생생한 사진을 전하지 못하게 된 점은 안타깝습니다.

이 책이 나오기까지는 여러 사람의 노력이 있었습니다. 1990년 전남대학교에 교수로 부임해 처음 가르쳤고 우여곡절 끝에 뒤늦게 서강대학교 박사 과정에 진학해 공부하고 있는 이태규 군은 너무 오래돼 파일이 사라진 많은 글들을 스캔해 되살렸고, 박사 과정의 또 다른 제자인 김대환 군은 이 글들을 꼼꼼히 읽고 교정을 봐줬습니다. 제 지도하에 석사 학위를 받은 뒤 이매진 출판사를 운영하고 있는 정철수 군은 이 책들을 기획하고 짧은 시간 안에 만들어줬습니다. 이 자리를 빌려 이 제자들에게 감사의 뜻을 전합니다.

　　마지막으로 이 책은 '호모 루덴스의 시대'로 가기 위한 초대장이라고 할 수 있습니다. 저와 함께 호모 루덴스의 시대로 떠나보시죠.

2017년 겨울

서강대학교 연구실에서

1부

삶과 예술

청춘의 흔적 1
무익조의 꿈*

나는 반항한다. 고로 우리는 존재한다 Je revolte, donc nous sommes. — 알베르 카뮈

인간은 자유를 위해 몸부림치며, 투쟁하는가? 아니면 차라리 굴레 속의 안일을 위해, 자유로부터 도피하는 것은 아닌가? — 표도르 도스토예프스키

○월 ○일

활력도 불안도, 흥분도, 허무도, 분노도, 반항도 이제 존재하지 않았다. 다만 아무것도 모르고, 아무것도 안 가지고, 아무것도 안 바라고, 아무것도 안 느끼고 있다는 사실뿐이었다.

---

* 서울대학교 정치학과 2학년 때인 1971년 역사적인 박정희 대 김대중의 대통령 선거가 있었다. 관권을 이용한 부정 선거가 기승을 부리자 학생들은 전국적으로 대학생 선거참관인단을 조직했다. 많은 부정 선거를 목격한 나는 서울대학교 선거참관인 대표로 10여 명하고 함께 야당인 신민당 당사를 방문해 당대표 등을 만나 화기애애한 분위기에서 부정 선거를 조사하기 위해 곧 있을 국회의원 선거를 보이콧하라는 요구를 하고 왔다. 그런데 당사를 나오자 경찰들이 우리를 체포하기 시작했고, 신민당사 난입 사건이라는 이름 아래 선거법과 정당법 위반 등으로 구속 기소했다. 나는 간신히 현장을 빠져나온 나는 수배를 받았다. 그런 와중에도 선거참관인단에 참여하러 아는 목사님하고 함께 경상남도 통영 사량도에 갔다가 불심 검문에 걸려 잡혔다. 그 뒤 보석으로 풀려나 불구속 상태에서 재판을 받게 됐는데, 이때 감옥에서 한 경험을 글로 써 서울대학교 문리대 학생회 기관지 《형성》 1971년 여름호(5권 2호)에 실었다. 이 글은 유신 전야의 대학가에서 많은 화제가 됐다.

"주는 대로 먹으며 시키는 대로 하고, 이유는 파리 ×만큼도 없다." "선배를 조상과 같이 모신다." 시키는 대로 복창하는 선서에 따라 나는 또 다른 밀폐된 공간에서의 새로운 집단적 양심을 강요당했다. 그러나 이것은 내가 지금까지 강요당해온 것보다는 훨씬 더 인간적이고 참을 수 있는 것임에 틀림없었다. 나는 이런 상태에서 너무나 냉정해지는 나 자신에 자못 놀랐다.

며칠 동안 일어난 걷잡을 수 없는 사건들이 마치 절단당한 메뚜기의 다리처럼 문득문득 클로즈업되어 망막으로 절룩거리며 솟구쳐 올라왔다.

신민당사를 나올 때 뒤를 따라오던 밀정들의 규칙적인 숨가쁜 발자국 소리 — 그날 밤 새벽 2시 집을 찾아온 검은 지프의 웅장한 자태와 학교에서 급한 일로 왔는데 학생 있느냐던 형사의 말씨 — 체포 당시 충무의 푸른 바다를 배경으로 한 번뜩이던 카빈 총구 — 충무서 경찰서 벽에 써붙인 '민주경찰'이라는 술 취한 꼬부라진 글씨 — 부산서 별실의, 원래는 회색이었을 콘크리트 바닥의 검붉은 색깔 — 서울로 압송되어 오던 기차 속에서 마신 소주병에 쓰인 주세 22원 30전 — 동대문서에서 종로구 선거 참관인으로 있다 부정을 발견하고 고발한 뒤 귀가하다 연행되어온 고대생에게 출세를 걱정해주시며 설교하시는 경찰관님의 인자로우신(?) 표정 — 유치장에서 주는 도시락 쉰밥 사이에 끼어 있던 세 조각 단무지의 빛바랜 색깔 — 손목에 수갑을 채울 때 들린 날카로운 금속성과 이것을 채우는 형사의 입가에 어린 차가운 회심의 미소 — 세상이 뭐 그리 괴롭냐는 듯 활기 띤 표정으로 지나가는 사람들과 담배를 피우려 움직이다 손목에 죄어온 아픔과 택시 유리창 사이의 단절 — "서울대 정치학과! 그래도 거기가 젊었을 때는 나의 꿈이었지. 그런데 개인적 사정이 있어 못 갔지. 헌데 너희들 같은 자식들의 하는 꼬락서니를 보니까 안 가기를 잘했지, 잘했어"라고 서두를 꺼내는 K검사의 금테 안경 — 법원 비둘기장(감옥의 은어)에 누군가 새겨놓은 '有錢無罪, 無錢有罪' — 서대문 국립 호텔에서 내주며 갈아입으라는 푸른 수의와 '1242'라는 번호표 — 무척이나 긴 복도를 지날 때 철창 사이로 내다보던 그 희멀건 눈자위 — 열쇠로 따주는 문을 열고 들어섰을 때 내게로 모여든 열 개의 감정을 잃은 지 오랜 시선들—.

유치장에서 들은 '김일성 눈깔 빼기'니 '나이롱 취침'이니 하는 신입식은 다행이 생략되었다. 2평 남짓한 방안을 서서히 둘러보았다. 비닐을 바른 문을 통해 보이는 화장실, 그 위로 자그마하게 뚫린 녹슨 철창, 구석에 쌓인 다 떨어져 솜을 게워내고 있는 퇴색한 이불……

아, 피곤하다. 이미 사고할 만한 능력이나 여유는 잃은 지 오래다.

구정물이라도 가득차 있는 듯 그저 멍한 채 흔들릴 때마다 꿀렁거릴 따름이다.

저녁 8시 취침. 게딱지만 한 요 하나에 6명이 엇갈리어 엉덩이를 비벼 넣은 채 엉거주춤 자리에 들었다. 잠이 올 리 없다. 몸을 꼼지락거려본다. 반응이 없다. 이미 옆에서는 코고는 소리가 요란했다. 적막이라는 단어는 여기에는 너무도 초라하다.

규칙적인 발자국 소리를 삼키며 울리는 간수의 허리춤에 교수絞首된 열쇠 소리가 멀어졌다가 다시 가까워진다.

몸을 일으켰다. 발가락이 달빛을 받아 말갛게 빛나고 있었다. 달빛과 열쇠 소리. 왠지 어울리지 않는 듯하면서 함께 연상될지도 모르는 협주곡이라고 생각했다. 여기가 형무소라는 사실이 별로 실감나지 않았다. 그런데 저 열쇠 소리는 뭐지? 열쇠 — 쇠열 — 열쇠 소리라? 아, 그렇다.

스크루지 할아버지의 동업자다. 그래 전생에 진 죄로써 온 몸에, 열쇠며, 금고며, 장부를 끌며 고통스럽게 걸어오고 있는 열쇠 소리다.

아니 사람들이 전생의 죄를 끌고 다닌다는 말이지? 그렇다면 저 전투경찰대 아저씨들은 방독면에 완전 무장을 하고 방패를 든 채 4·19탑 앞을 미친 듯 배회하고 있겠지. 그건 보통이지. 정치가들은? 별놈 다 있겠지.

큼지막한 게다짝을 등에 업고는 연신 동쪽을 향해 절을 해대는 놈도 있겠지? 연신 허공을 향해 발길질을 해대며 의사봉을 두들겨대는 놈도 있겠지? 그런데 저 남산 아저씨들은 어떤 모습을 하고 있을까? 예끼, 거기가 원래 치외 법권 지대인데……

저놈 좀 봐. 저건 또 누구야? ××과의 ○○놈이구나. 저놈은 또 왜 저러고 있지. 아 손에 미팅 티켓을 들고 양로원 입구에 서서 지나가는 노파들을 붙잡고 뭐라고 애걸하고 있구만, 저놈은 문학이니 순수니 인생이니 해가며 시쟁이들의 사치한 언어의 유희밖에 되지 못할 글을 쓰겠노라고 자살 연습을 위해 접시 물에 연신 코를 들이박고 있구만. 그럼 나는? 나는? 히히히.

열쇠 소리가 다시 가까워진다. 눈을 감았다. 열쇠 소리 — 달빛. 달빛 — 열쇠 소리. 열쇠 소리 — 달빛. 그래그래 그건 고 2 때 저 수광리에, 미전美展에 쓸 도자기를 구우러 갔을 때, 그날 밤이었다.

열쇠 소리 — 그때 맹꽁이 소리. 그 달빛이지. 그래……

고교 시절. 미술, 문학, 음악, 연극, 욕심도 많았어. 그때의 나 — 슬픈 노래와 시를 읊조리며 상상된 슬픔과 고독에 의해 얻어진 순수한 감정의 포화된 상태를 만끽하던 나. 그런데 지금은?

분노의 노래와 시를 읊조리며, 현실의 눈물과 설움에 의해 얻어진 불안과 고통의 포화된 상태를 만끽(?)하고 있는 것일까? '나도 모르겠다.'

"나는 이념을 얻었지만 예술을 잃었다"던 박영희의 말은 결코 참여의 실패가 아니라 그 개인의 실패에 불과한 것이다. 나는 말하련다.

"나는 예술을 버렸다. 그러나 나는 인간을 얻었다"고.

○월 ○일

"빵 — 빠 — 빵"

옆에서는 소리를 측량하는 측정기의 바늘처럼 다들 기계적으로 몸을 일으켰다. 기상나팔인가 보다. 내가 언제 잠이 들었나……

침구를 갠다. 방안을 쓸고 몸 운동들을 해댄다. 다들 자기의 일들을 당연한 듯이 익숙하게 해내고 있었다. 어제하고는 대조적으로 부지런히 열쇠 소리가 울리고 시끄럽게 들려왔다. 이제 좀 사람 사는 데 같아진다.

"차렷." "인원 점검."

창살 사이로 얼굴을 들이밀고는 잽싸게 세어본다. 마치 새벽에 일어나 닭장 속에 가두어둔 닭 수를 근심스러운 듯 세어보는 머슴처럼 말이다.

'덜커덩.' 식구통으로 식사 배급. 김이 나는 콩밥과 우거짓국. 좌우지간 먹고보자. 식기 청소.

'덜커덩.' 하루에 딱 한 번 열리는 문이 열렸다. "세수." 준비 자세에서 황공하다는 듯 잽싸게 수건을 들고 복도를 가로질러 갔다. 8호 감방이 가까워진다. 8호 감방에 ○○군이 들어와 있다는 말을 어제 들었다. 다소 상기된다. "자식, 어떤 얼굴을 하고 있을까?"

○○도 밖을 내다보고 있었다. 웃고 있었다. 가뜩이나 넓적한 얼굴이 창살에 덧보여 더욱 두드러졌다.

간수 자식이다. "마 — 빨리 가!"

서서히 걸음을 옮겼다. 그리고 돌아다봤다. 정말 이런 경우에는 언어란 무척이나 초라해지는 것이다. 눈빛과 눈빛. 얼굴 전체로 이야기하는 것이다. "하나, 둘, 셋 …… 열." "세수 완료." "이 자식, 뭐 이리 쭈물거려."

왁자지껄한 시간이 지나자 무료감이 찾아들었다. 갑자기 담배가 피고 싶어졌다. 강아지(담배의 은어)는 원래 금지되어 있지만 간수 자식들이 새마을 1개비에 100원씩에 판다나……. "지랄."

"야 — 호철아, 호철아." 아니 누가 나를 불러? 밖에서 부르는 소리 같다. 벌떡 일어나 변소 문을 열고 들어가 철창으로 밖을 내다보았다. 아무도 없다. "어?" "야, 호철아." 어디일까? 아, 위다. "나, ××야." "너 윗방이다. 2층 말이야." 아, 법대 다니는 ×× 녀석이다. 반갑다. 자식들 소식도 빠르다. 비공식적 통신 수단이 있나보다. 한참 이야기했다. 변호사를 만났단다. 나랑은 상관없는 이야기같이 들렸다. "그럼 내일 또 이야기하자, 오버." 자식 '오버'는 또 뭐야. 이제 아주 몸에 배었구나. 저쪽 구석에서는 마룻바닥에 그린 바둑판에 빵 조각을 물에 이겨서 만들었다는 바둑알을 가지고 바둑을 두느라 한창이다. 머리를 가만히 벽에 기댔다. 뒷골에 차가운 감촉이 어려온다. 고개를 지그시 뒤로 젖혔다. 방 면적에 비해 어울리지 않게 높은 천장에 전구가 거미줄의 장식으로 단조로움을 깨뜨리고 황량하게 걸려 있다.

전등 …… 전등 …… 전등 …… 전등은 자그마한 동심원을 그렸다가는 삼키며 자꾸만 커져갔다.

"이 자식, 너 그래도 거짓말할래?"

"좀 맞아봐야 알간?" "이 빨갱이 자식!" 흥분된 고성이 취조실을 울렸다. 그 열띤 모습을 보자 저 처절하게까지 느껴지는 애국하는 모습에 스스로가 자꾸만 초라해진다.

"인마, 모르기는 뭘 몰라!"

이글거리는 분노와 증오와 경멸을 감추려고 고개를 숙였다. 고개를 들고 그 얼굴을 쳐다본다면 그 얼굴에 침을 뱉고 싶은 충동을 이기지 못할 것 같았기 때문이었다.

"이, 자식이." 그 소리와 함께 고개를 다시 들었다. 그때 나의 망막은 주먹에 난, 관록을 자랑이라도 하려는 듯 무수히 삐죽거리는 상처로 여백을 잃은 뒤였다.

나는 눈앞이 아찔해왔다. 나를 지탱해온 증오와 경멸이 와르르 무너져버리는 것을 느꼈기 때문이었다.

그 사람의 상처와 핏발 선 얼굴을 보는 순간, 그렇게 흥분해야 할 목적도, 신념도 가지지 못한 채 그 몇 만 원의 봉급 때문에 흥분해야 하는 멋쩍음에 나의 분노는 이지러지고 만 것이다. 대신 그 폐허 위에 동정과 연민이 싹터오는 것을 느꼈다.

그렇다. 저들은 내게 특별한 개인감정을 가지고 저러는 게 아니라…… 싱긋이 웃어주고 싶었다. 흥분은 몸에 좋지 않다고 타일러주고도 싶었다. 왠지 마음이 홀가분해짐을 느꼈다.

침묵이 흘렀다. 그 사람은 무엇을 꺼내려는 듯 뒤로 돌아섰다.

그때 눈에 띈 것은 엉덩이에 난 어느 여인의 정성이 어린 듯한 꿰맨 자국이었다. 바늘, 실, 여인, 가정, 상상은 자꾸만 비약해갔다. 그렇다. 아내와 귀여운 자식과 가정 때문이었으리라. 그 사람은 나를 취조, 구타한 뒤 보너스를 받아가지고는 총총히 집으로 발걸음을 옮기겠지. 그러고는 집 앞 골목을 지날 때 문득 생각난 듯 발을 멈추고 따스한 콩밥과 된장을 묻어놓고 기다릴 아내와 재롱떨 딸을 생각하고 봉투를 꺼내 과자와 선물을 사 가지고는 기쁜 얼굴로 대문을 들어서겠지. 훈훈한 식탁 위에 과자와 선물을 풀어놓으며, 웃는 인자한 그 얼굴과 저 부릅뜬 눈동자의 대조는 무엇이라는 말인가? 눈물이 핑 돌았다.

나의 눈은 번쩍였다. 좋다. 네가 훌륭한 아빠가 되기 위해서라면 얼마든 맞아주마. 너는 그래도 훌륭한 아빠가 되어라. 그런데 나는, 나는…….

이미 연민과 동정은 사라진 지 오래다. 동정을 느끼기에는 너무나 그 사람에 대한 나의 우위가 위축되어 있었기 때문이었다.

갑자기 전깃불이 들어왔다. 나의 상념은 마치 잘 훈련된 고양이처럼 번쩍이는 전깃불과 동시에 나만의 추억의 저장고 속으로 잽싸게 숨어버렸다. 옆에서 누군가가 '쯧쯧' 혀를 찬다.

"왜 그러세요?" "또 한 사람 갔지." "가다니요?" "아, 학생은 모르지. 저 불이 들어올 때마다 저 앞 넥타이 공장(교수대의 은어)에서 한 명씩 가는 게야." "아……."

아, 아까 그 사람이다. 철창 사이로 내다볼 때 간수에게 끌려 운동장을 가로질러 콘크리트 건물로 들어가던 그 사람. 이제 알겠다. 그 몸짓을, 수갑을 채운 채 포승에 묶여 끌려가던 그 사람이 뒤로 돌아 간수를 향해 몸을 흔들며, 뭐라고 말하더니 스스로 걸어가던 그 이유를. 그 사람이 사형수였구나. 죽으러 가면서까지 끌려가기는 싫으니 마지막 순간만이라도 내 발로 걸어가겠노라고 걸어간 그 몸짓의 의미를 이제 알겠다. 어쩌면 그 사람은 저렇게 의미 없이 죽어야 하는가?

죽음과 철학. 어쩌면 죽음이 있기에 나도 이렇게 몸부림치고 있는지도 모르겠다. 죽음을 인지하고 결국 유한한 자신을 느꼈을 때 우리는 삶의 가치를 생각하고 한정된 삶을 가장 인간답게 살려고 하는 것이 아닐까?

그렇기에 누구는 명예를, 쾌락을, 출세를 생각한다. 과연 그런 것이 정말 인간다운 삶의 목표일 수 있을까? 누구에게든 부끄럼 없이 웃으며 죽을 수 있을까? 문득 호세 리살의 유언 시가 생각났다.

산새가 우짖고
농부가 밭을 갈면
내 이름은 잊혀도 좋으리

아, 피곤하다.

지구 20억 년

생물 5억 년

신생대 64만 년

인류 60만 년

문명 6000년

나?

○월 ○일

나는 나를 찾고 싶다. 고독이라는 불치의 병 때문에 분열되어, 서로 적이 되어버린 나의 나와, 다른 사람의 나를 생각하며 돌아오지 않아야 행복할 여행을 나는 떠난다. 다른 사람의 나는 언제나 깨끗해야 했고, 다른 사람의 우상도 되어야 했고, 그 사람들을 위해 곱사춤을 추어야 했다. 타인을 위해서는 피에로의 눈물어린 유흥도 거부하지 말아야 했고, 주어진 침대에 눕기 위해 다리를 잘라냄도 자랑으로 여겨야 했다. 여러 관상쟁이에게 들은 점괘 중 좋은 것만을 골라 자위해야만 식욕이 줄지 않았고, 처음에 맞춘 구두의 영수증은 구두가 다 떨어진 지금도 깨끗하게 보관되고 있다.

이미 지난 이야기다. 지난 일은 이제 흥미를 잃었다. 추억도 이제 밑천이 다 떨어졌다. 다시 꿈틀거리는 자아와 인간이 혀를 날름거리고 있었다. 철창을 붙잡고 밖을 내다보았다. 푸른 하늘. 철창살에 힘을 주어보았다. 꿈쩍없다. 벽을 두드려보고도 싶었다. 나 여기 있다고 소리쳐보고도 싶었다. 푸른 하늘, 어떤 놈들이 하늘, 하늘을 보고도 끝없이 넓은 푸름의 바다니, 아직도 물들지 않은 순결이니 무한한 원이니 하였는가? 무한한 원이라고? 거짓이었다. 하늘은 조각나 있었다. 내 마음처럼 말이다. 쇠창살에 의해 분단의 비극을 겪어야 하는 세 조각 난 직사각형이었다. 푸른 하늘을 보는 순간 지금

껏 느끼지 못한 강한 분노를 느꼈다. (푸른 하늘을 보고 분노를 느끼다니 미친놈이라고 하겠지만……) 그리고 이렇게 외치고 싶었다.

"하늘아, 왜 너는 하필 푸르지 않으면 안 되냐? 푸름, 너의 고고함, 그것이 너의 자랑이더냐? 세상이 이렇게 썩어 문드러지고 그래도 뭔가 찾으려는 이들은 이렇게 이렇게 울어야 하는데, 너는 무엇이 그리 좋아 무엇이 그리 고고하다고 너의 푸름을, 고고함을 자랑하려 하느냐? 설령 네가 그렇게 고고하더라도 너의 고고함이 저처럼 울어야 하는, 소수의 횡포에서 한 칸의 여백처럼 지워지기 쉽고 한 가닥 여울처럼 퍼지기 쉬운 참된 삶을 살려는 저들에게 무슨 도움을 줄 수 있다는 말인가?

하늘아 깨처라! 거짓의 푸름을. 그리고 깨친 위선의 틈바구니로 정말 참된 너의 눈물을, 그 붉은 선혈을 한없이 흘려다오. 이 꺼지려는 인간들을 위해서 말이다."

"단지 인간과 삶도, 실존도 생각하지 않은 채 극도로 위축된 감정의 호사만을 즐기려는 언어의 미장전문연구의美粧專門研究醫인 몇몇 시인이라는 놈들의 헛소리에나 기록되기 위해 너의 푸름은 존재하는 것은 아니겠지? 너, 하늘의 참모습은 그것이 아니지?

너의 참모습은 어떤 밑 없는 어둠 속에서도 빛나며, 우리의 발밑에, 너와 나의 가슴속에 쉬지 않고 흐르는 영원의 강이며, 생명이며, 이유 없이 얽매이던 고삐를 끊고 뛰어나오는 자유이며, 사랑의 하늘이 아닌가?

그렇기에 의롭게 피었다. 외세에 결탁된 보수 특권층에 짓밟힌 전봉준도 육시되던 날 온몸을 찢기며 "하늘을 보아라."는 말 한마디를 남기지 않았는가. 아, 하늘아. 우리의 절규는 단지 행복에 겨운 엄살 정도라는 말인가?"

행동과 단절된 상념과 회의는 결국 나를 회색인으로 만들지도 모른다는 생각마저 든다. 그러나 회의를 부끄러워하거나 두려워할 필요는 없다.

사물 발전의 근본 원인은 사물 내부의 모순성에 있는 것이 아닐까? 외부적 요인이 변화(즉 발전)의 조건이고 내부적 요인이 변화의 근거가 되어 외부적 요인이 내부적 요인을 통해 작용하는 것이 아닐까?

잠이 들었다. 그런데 나는 꿈을 꾸었다. 그래 소스라치게 놀라 깨었다.

"어둠이었다. 좁은 섬이었다. 바람을 타고 조금씩 조금씩 아우성이 들려오고 있었다. 거기에는 수많은 새들이 살고 있었다. 그 이름은 키위였다. 키위, 무익조無翼鳥. 날지 못하는 새였다. 그리고 저 바다 건너에는 밝고 기름진 평원이 있었다. 그러나 키위들은 이 좁은 땅만을 보고 사느라고 눈이 멀었고, 이 섬이 세상의 전부라고 믿고 살았다. 그래서 키위들은 그 좁고, 더럽고, 풀도 나지 않는 섬에서도 만족하며 살고 있었다. 그러나 그중에서 눈이 뜨인 몇 마리 새들은 그 기름진 평원을 볼 수 있었다. 그러나 날지 못하는 새이기에 저 평원을 바라보면서도 가지 못하는 것이다. 그리고 무력한 스스로를 자위하기 위해 그 기름진 평원을 외면했다. 그러나 그것도 일시一時였다. 그렇기 때문에 키위들은 고민했다.

그중 용기 있는 새들은 날려고 했다. 그리하여 피나는 연습과 노력과 의지로 웬만큼 날 수 있게 되었다. 그리하여 어느 날 그 새들은 여행을 떠났다. 저 기름진 땅으로. 피로가 엄습해오는 날개를 펄떡이며 얼마를 갔을 때 그 새들은 그만 기름진 땅을 독차지하려는 한 까마귀에 의해 날개를 쪼이고 말았다. 그리고 다시 날지 못하는 새 키위가 되고 말았다.

그중 또 몇몇은 가까이 가서 본 그 평원을 못 잊어 다시 날려고 했다. 그리고는 다시 쫓겨왔다. 그것이 몇 번인가 계속되었다. 거의 모든 새들은 이미 모든 것을 포기하고 말았다. 그러나 몇 마리 새는 그날을 기다리고 있었다. 날갯짓을 하면서 말이다. 그런데 그중에는 나도 끼어 있었다. 요란히 날갯짓을 했다. 그리고 날았다. 그러나 나의 날개는 찢기었다. 그러나, 그러나 나는 또 날고 싶다. 그리고 날련다.

　날자, 날자.
　한 번만 더 날자꾸나.
　저 땅을 향해서 말이다.
　날자, 날자."

○월 ○일

간밤에 꿈을 꾸이시인지 잠을 실쳤나. 그동안 많은 심적 갈등이 있었고 또 많은 것을 배웠다. 한참이나 꿈을 생각했다. 골이 지근거리고 아파온다. 눈을 감았다. 고개를 뒤로 젖히자 벽이, 오물거리는 글씨들이 눈에 띄었다. 어디에 가든 낙서만은 인류 공동의 유산인가 보다.

　'비록 그가 기소되어 있느냐 안 되어 있느냐 하는 데 차이가 있을망정 모든 사람들은 결국 미결수다. 아마도 기소가 영원히 보류될는지도 모르는 미결수 말이다.' 그럴듯한데.

　희야
　남들이 나를 보고 전과자라고 손가락질하더라도
　너 나 믿고 나 너 믿고
　손가락 끼고 맹세한 채
　숨바꼭질하면서
　항구에서 정답게 둘이서 살자
　— 미결수 4288

제법 수작이다. 누군지 제대로 교육만 받았으면 훌륭한 시인이 하나 나왔을지도 모르겠다. 심심한데 잘됐다. 밥풀에 쇳가루를 넣어서 짓이겼다. 제법 쓸 만한 물감이 되었다. 뭐라고 쓸까?

나는 조국을 위해 잃을 수 있는 목숨을 오직 하나밖에 가지지 못한 것을 유감으로 생각한다. ― 네이선 헤일

그래도 압제는 쉽다.
분수대 위에 써놓은 잡스러운 말
그것이 반역의 전부일까?
한구석에서 흘리는 눈물의 빗발
오직 그것만이 새로운 삶의 씨일까?

고독하다는 것, 그것은 인류의 역사와 함께 비롯된 영원한 후렴인지도 모른다.

여자는 웃어도 가여운 동물인데 울기는?

인간의 미래는 인간이다.

이제 목자는 없다. 우리 스스로가 메시아가 되어야 한다. 그래서 한정된 목숨 위에 쓰고 지우고 또 다시 새기는 우리의 노래가 사랑이 되게, 그리고 내일이 되게 하라.

나는 부지런히 나무 꼬챙이를 놀리고 있었지만 자꾸만 떠오르는 한 여인

의 얼굴을 떨쳐낼 수 없었다. 먼 곳에서 천천히 걸어온다. 다가와서는 얼굴만을 남기고 화사하게 웃어 보이고는 다시 멀어져 가는 것이다. 빠뜨리려 할수록 더욱 명확해지는 상념들. 반복되는 거부의 동작. 이를 악물었다. 여인은 물었다.

"사랑은 주는 것이겠어요, 받는 것이겠어요?"

나는 대답했다. "사랑은 주는 것도 받는 것도 아닙니다. 사랑은 아낌없이 빼앗는 것입니다. 사랑의 표현은 아낌없이 주는 것이지만 사랑의 본질은 아낌없이 빼앗는 것입니다."

그러나 거짓은 거짓이었다. 나는 그럴 수 없었다. 너무도 아픔과 비극에 우는 땅에 태어났기에, 그 신음 소리를 외면할 수 없기에, 스스로 몸을 남김없이 불사르려 하기에, '번개와 폭풍의 밤에 통곡하며, 통곡하며' 홀로 삽질하려 하기에, 사랑할 수도 없고, 사랑하지도 않으려는 나를 너는 흔들어놓고야 말았다. 나는 고개를 흔들며 부인하려 했다.

"나는 너를 결코 사랑하지 않았다."

그러나 이렇게 밀려오는 고독은 또 무엇인가? 에레나, 인사로프의 사랑의 문득 떠올랐다. 멋쩍다. 웃자. 노래라도 목이 터지도록 불러봤으면 좋겠다.

그때 잊었는가 분노의 계절

내 나라 망하니 사랑 없었네

사랑할 수 없었네

사랑하였네

내 나라 망하니 노래도 없었네

확실히 노래는 외로움 찾아 깃들어서, 슬픔을 먹고 크는 새다. 그저 미친 듯 움직이고 싶다. 나의 모든 사색을 행동으로 메우고 싶다. 그래서 미친 듯

벽에 갈겨썼다.

그 사람을 얼마나 사랑했는가 하는 것은 그 사람으로 인해 스스로 얼마나 고독해졌는가 하는 것으로 알 수 있다.

한바다 첩첩이 포개진 물 밑에서 청옥빛 파르라니 물든 조약돌이 가지런히 동그랗게
눈뜨고 살아옴과 같았느니라.
영혼이 서식하는 영혼의 마을에선
살결이 부딪는 알뜰한 인인隣人 우리는
눈물겹게 함께 있어 왔느니라.
짐짓 보이지 않는 영혼의 곱고 괴롭게 그리워하는 손짓으로
철따라 부르는 소리였느니라.
철따라 대답하는 마음이었느니라
— 김남조, 〈인인隣人〉

○월 ○일

며칠간에 나는 수많은 관념의 성들을 세웠다가는 허물고 허물었다가는 세웠다. 문득 생각났다.

깊은 밤 넋 속의 깊고
깊은 상처에 살아
모질수록 매질 아래 날이 갈수록
힙뜨는 지역의 눈동자의 핏발에 살아
열쇠 소리 사라져 버린 밤은 끝없고

끝없이 혀는 잘리어 굳고 굳어

굳은 벽 속의 마지막

통곡에 살아

지하 형이 감옥에서 쓴 시다.

며칠 전 밤이 생각났다.

"나는 예술을 버렸다. 그리고 인간을 얻었다"고?

이 말은 수정돼야 한다.

"나는 인간을 얻었다. 그리고 예술도 함께"라는 말로 말이다.

예술과 인간은 결코 배반될 수 있는 성질의 것일 수 있을까? 혁명이란 가장 아름다운 예술이라고들 한다. 혁명 이론도 비록 현실에 토대를 두고 있지만, 그 과정은, 특히 극악한 상태에서는 낭만 없이는 불가능한 것이다. 슬픈 노래에 끌려서 비극과 낭만 속에 몸부림치며 우리는 걷고 있는 것이다. 또한 그것은 비참하기 때문에 아름다운지도 모른다. 우리는 이 비참한 비극 속에서 희열을 느낀다. 이 슬픔 속에서 느끼는 희열이야말로 우리를 떠받치는 참된 힘인 것이다. 질서와 이념만이 우리를 이끌어갈 수는 없다.

이것이야말로 피와 눈물을 물감으로 해서 역사라는 캔버스에 전신으로 그린 참된 예술이 아니고 무엇인가? 그럼 이것도 예술인가? 예술치고는 푸른 수의가 너무 초라한데……

옛날 술자리에서 친구에게 한 말이 생각났다.

"나는 인생을 예술로 생각한다. 정치도 마찬가지고, 학생운동도, 연애도 마찬가지라고 생각한다. 정치는 역사의 미를 창조하는 예술이 아닌가? 나는 내가 죽은 뒤 누가 나의 삶을 묻는다면 한 폭의 그림을 그려주기를 제일 바라고, 또 그것이 나의 유일한 소원이다. 그러나 세상 사람들은 예술을 착각하고 있다. 예술이란 미를 추구하는 것인데, 미를 예쁘다는 개념과 착각하고 있다. 그렇기 때문에 나는 나의 일생이 예쁜 한 소녀의 초상화나 분홍빛 장미꽃이 되기를 바라지 않는다. 나는 그것이 모딜리아니의 처절하게 늘어진 여인의 젖가슴이나, 고흐의 불타는 보리밭이나, 모리스 드 블라맹크의 검붉게 희뜩이는 하늘과, 베르나르 뷔페의 차갑기까지 한 날카로운 터치가 되기를 원한다.

나의 삶은 장미꽃같이 순탄하고 화려한 것이 아니고 정강이를 깨치고 피를 흘려야 하는 것이 되기를 바란다. 수없이 고꾸라져 정강이를 벗기더라도 말쑥한 정강이를 갖고 늙느니보다 낫지 않느냐?"

시인의 작업은 동의와 절망의 중간 지점에 살면서 현실을 그리는 것이며, 시인은 그것이 무상한 것인 줄을 알면서도 힘차게 허무와 대결하는 시시포스의 발걸음과 같은 것이다. 시인은 불가능을, 꿈을 추구하는 사람의 이름이 아닐까?

"시인은 어떤 어두운 시대에나 거짓과 싸우고, 아픔을 실현하며, 어두움에도 불구하고 밝음이 있음을 예고하고, 그 밝음의 마지막 승리를 노래하는 사람의 이름인 것이다."

그렇기 때문에 우리는 모두 진정한 의미의 시인이, 예술가가 되어야 한다. 우리 모두 잃어버린 예술을, 잃어버린 인간을 얻어야 하지 않을까?

그러기에 그러기에 나는 이렇게 종말을 모르는 수확을 찾아 오늘도 내일도, 또 영원히 헤매는 집착의 새 키위가 되려는 것이다.

날지 못하는 새, 키위
그래도 날자 날자
또 한 번만 날자꾸나
날자 날자

청춘의 흔적 2

어둠을 살리는 침묵의 전야여, 너는 언제나 밝아오려나*

인간은 살아왔다. 살고 있다. 또 살아길 것이다. 인산이 터트린 최초의 비명 이래 인간이 행한 모든 작태와 몸짓과 호흡은 인간다운 삶에의, 인간이고 자 하는 부단한 투쟁이었고, 또 자기 극복 과정이었다. 즉 특정한 역사적 상 황이 강요하는 외재적, 비인간적인 조건을 초월하려는 피의 투쟁이었고, 모 순과 망집 속에 갈등하는 자아를 극복하려는 내적 초극의 형상이었다. 그리 하여 인간은 그 시대 속에서 시대가 출제한 문제를 향해 반역하고 증오하고 또 번민해왔다.

그러기에 이렇게 우리는 또한 우리가 극복해야 할 특정한 상황 속에 던져

---

* 1971년 박정희의 장기 집권이 본격화되면서 학생운동도 다양한 방식으로 저항했다. 그중 하나가 소련에서 반체제 세력이 자주 사용한 '지하 출판물(Samizdat)'을 한국식으로 변형한 '지하신문'이다. 서울대학교 법과대학에서 발간한 《자유의 종》이 시조였는데, 주로 언론에 보도되지 않는 사건들을 '가리방', 곧 원지에 철필로 써서 등사기로 인쇄하는 수 동 인쇄 방식으로 만들어 배포했다. 이런 모습을 보고 서울대학교 정치학과 대학원생 김세균 선배(서울대학교 명예교수) 가 '문리대도 만들어야 하는 것 아니냐'고 부추겼다. 과 동기이자 후진국사회연구회 동기인 김효순 전 한겨레신문사 전 무를 만나 《자유의 종》하고 다르게 좀더 이론적인 지하신문을 만들기로 하고서 '전야'라고 이름을 정했다. 이 글은 그 때 쓴 창간사다. 크게 화제가 돼 일본에서 한 화가가 시화로 만들어 전시했다는 이야기도 전해 들었다. 《전야》는 그때로 서는 파격적으로 심지연 선배(경남대학교 명예교수)가 해방 전후사를 연재해 공안 당국의 관심을 끌어내어 공안 사건으로 발전할 뻔했다. 이제 읽어보니 1970년대 초에 대학교 2학년이 쓴 글답게 조금 '유치한' 구석이 있지만 실존주의의 영향 등 역사적 기록으로 보고 싣기로 했다. 그런데 우리 모두 공안 탄압을 피해 없애버린데다가 민주화운동기념사업회 사료 관 등에서도 원본을 찾지 못했다. 그러다가 오랫동안 서울대학교 학생운동을 관리해온 학생과 직원이 관련 자료들을 학 교에 기증했다는 이야기를 듣고 서울대학교 교사자료관에 가 어렵게 찾을 수 있었다. 그러나 이 자료도 수동 인쇄한 원 본을 전자 파일로 전환한 형태라 상태가 매우 나빠서 읽기가 어려웠다.

진 것이다. 우리의 문제를 크게 대별해 볼 때, 첫째 운명과 역사 창조라는 문제와 둘째 그 상황 속에서의 지식인의 역할이란 문제에 부딪히게 된다. 우선 역사란 결국 혼란한 파편의 상흔이며 개인의 희생을 미화시킨 인류의 도살장인가? 아니면 자연의 필연성에 의해 짜여진 무의미한 직물의 교차인가? 운명이란 결국 인간의 의지나 피와 상관없이 역사적 사건을 형성해 나가는 신화적 지배력이요 시시포스란 말인가? 아니라면 역사와 운명이 던져준 현대의 숙제는 무엇인가? 그것은 인간의 상실이요, 대상화이다.

여기에서 지성인의, 아니 모든 인간의 사변적, 행위적 사명이 인간의, 인간에 의한 인간 해방, 인간 회복이라는 것은 자명해지는 것이다. 참여이건, 순수이건 그 모두가 이 궁극적인 목적을 향해 점화되지 않는 한 무의미한 관념의 유희이다. 그러기에 우리는 이 글을 유언장을 쓰는 듯한 비장한 심정으로 쓰고 있다. 우리는 언제까지나 배반할 목적마저 상실한 채, 회색새를 파랑새라고 믿는 채 속아 살아야만 하는가? 아니 속고 있다는 사실이 억울해 그 사실조차도 부인하려 하는가? 우리는 더 이상 파멸적인 센티멘털리즘이나 소시민적 자기중심주의, 기만적 박애주의, 18세기 유토피아적, 심미적 휴머니즘과 지식인의 직무 유기를 묵과할 수 없다.

지금 우리에게 필요한 것은 사랑하니까 사랑한다는 형식 논리적 이념이 아니라 사랑하니까 증오하려 하는, 필연에 의한 전투적 휴머니즘이다. 그러기에 우리는 반항한다. 우리의 적을 향해. 우리의 적은 결코 특정한 단체나 적이 아니다. 우리는 비인간적인 운명과 싸우려는 것이다. 우리 모두는 우리 스스로의 운명과 모든 인간의 운명과 인간에게 주어져야 할 인간의 가치를 선택할 자유를 가지고 있다.

우리는 반항하기에 이렇게 뛰어든다. 역사와 운명은 결코 관조하는 것이 아니라 피로 꽃피우는 것임을 잘 알고 있기 때문에. 우리의 모든 투쟁과 참여는 이러한 절박한 인간에의 사랑의 달성을 위한 몸부림이지, 결코 이데올로기적 맹신이나 정치적 차원의 해석으로 가능한 문제는 아니다. 우리가 슬퍼하는 것은 우리의 동족이 굶주리느니, 헐벗느니, 자유가 없다느니 하는 것이 아니라, 그렇기 때문에 인간답게 살지 못한다는 데에서 오는 삶 본연의 갈구이기 때문이다. 그러기에 우리는 선택된, 그것도 그릇 선택됐을지도 모르는 소수만을 기억하고 대다수의 삶을 외면, 망각하려는 역사를 고발하려고 한다. 결코 지성인이란 기성 지배 질서가 요구하는 주문품 내지 기호품만을 만들기 위해 고용된 장인이 아니다.

학우여~ 우리는 천명하련다. 우리의 현실 참여란 결코 순수성의 포기가 아니라 좀더 높은 차원으로의 순수로의 달성을 위한 적극적인 투쟁 과정일 따름이다. 학우여 들리는가, 저 함성 소리가.

그것은
늙은 산맥이 찢어지는 소리
그것은
허물어진 옛 성터에
미친 듯이 타오르는 붉은 산딸기와
꽃들의 외침 소리
그것은 그리고
시드는 힘과 새로 피오나오는 모든 힘의
기인 싸움을 알리는 쇠나팔 소리
내 귓속에서
또 내 가슴속에서 울리는 피 끓는 소리
— 김지하, 〈들녘에서〉

우리의 절규는 이처럼 깊은 곳에서 샘솟아 오르는 절박한 빼앗긴 인간에의 분노이자 아픔이다. 그러기에 "스스로 남김없이 불사르고 떠나갈 대륙마저" 아니 떠나길 육혼마저 없으려는 숨막히는 사명감의 절대적 이유가 있는 것이다. 우리는 반항에 몸을 비틀며 분노의 시를 쓰고 있지만 우리의 가슴 속에는 영원히 꺼지지 않을 긍정적인 밝은 신념이 이글거리고 있다. 지금 우리에게 필요한 것은 단순히 냉철한 이성뿐만이 아니라 불길이 끓어오르는 정열과 투지이며 실천적 의지다. 깨져라 거짓의 껍데기를. 그리고 비상하라.

학우여~ 그대들이 있기에 우리는 외롭지 않다. 다들 뜨거운 피와 눈물로 뭉쳐질, 인간의, 삶의 광장에 모여 횃불을 높이 높이 쳐들고 어둠을 태우며 밝아오려는 역사의 피어린 한 페이지를 그려보자꾸나.

학우여~
들리는가
저 무너지는 소리가
학우여~
보이는가
저 밝아오는 햇살이

아~ 오늘이야말로 꿀과 젖이 흐르고, 꽃과 과일이 만발한 채, 화사한 달님이 미소 짓는데 타오르는 모닥불에 갓 따온 알밤을 익혀가며 뜨거운 사랑과 사랑에 손들을 맞잡고 미치도록 미치도록 강강술래를 출 수 있는 내일을 판가름하는 전야, 전야, 전야.

디자인의 두 얼굴*

'우리는 무엇이며, 어디에서 왔고, 또 어디로 가는 것일까?'라는 폴 고갱의 작품은 항상 우리에게 끊임없이 문제를 제기해주고 있다. 이 작품명을 디자인의 상황에 대입시킬 때 우리는 '디자인은 무엇이며, 어디에서 왔고, 또 어디로 가는 것일까?'라는 의문에 부딪친다. 이런 의문의 해답은 시각 언어, 비주얼 커뮤니케이션, 기능성, 조형성 등의 용어들로 모자이크된 작금의 기능주의적 디자인 이론으로는 결코 얻어질 수 있는 것이 아니다. 이것은 오직 디자인론이 기능주의적 논쟁에서 존재론적으로 환원될 때만이 가능한 것이라고 할 수 있다. 그러나 디자인은 무엇이고 무엇을 위한 디자인인가 하는 존재론적 의문은 결코 수학 공식처럼 획일적으로 해답을 얻어낼 수 있는 것은 물론 아니다. 따라서 이 글의 목적은 이런 문제에 해답을 주는 것이라기보다는 문제를 제기하는 데 있으며, 디자인이 무엇이어야 한다기보다는 무엇이어서는 안 된다는 반어법적인 자문自問에 기초하고 있다고 할 수 있다.

---

* 고등학교 시절만 해도 나는 화가를 꿈꾸며 미술반 활동을 열심히 했다. 우연히 정치학을 공부하게 됐지만 계속 미술을 향한 꿈을 품고 있었다. 특히 학생운동에 뛰어들어 사회 참여에 적극 나서면서 순수 미술하고 다르게 우리 삶에 '참여'할 수밖에 없는 디자인과 산업 미술에 관심을 갖게 됐다. 마침 함께 그림을 그렸고 나중에 산업 미술을 공부한 '절친'인 이대일 명지대학교 산업미술과 명예교수가 1980년대에 이 분야에서는 선구적인 《포름》이라는 잡지를 내, 잡지 7호의 서문 형식으로 내 생각을 정리해봤다. 1981년, 미국 유학 초기에 쓴 글이다.

디자인의 현주소

문학과 미술계(세칭 순수 미술)에는 참여와 순수의 논쟁이 주기적으로 거세게 불어닥치고는 한다. 우리가 그리 관심을 기울이지 않는 재미있는 사실은 왜 디자인계에는 본격적인 참여와 순수의 논쟁이 없는가 하는 문제다. 즉 '예술을 위한 예술'이라는 말은 흔히 회자되면서도 '디자인을 위한 디자인'이라는 말은 익숙하지 않다. 디자인 이론의 발육 부진 때문일까? 그렇지는 않은 것 같다. 차라리 이는 전체 사회 구조 속에서 디자인이라는 장field이 차지하고 있는 독특한 성격 내지 위치를 반영하고 있기 때문일 것이다. 근대 예술의 발달 과정을 구조적으로 분석해볼 때 이 점은 더욱 뚜렷해진다.

위에서 본 것처럼 '예술을 위한 예술' 운동의 움직임이나 디자인 운동은 모두 산업화라는 특수한 역사적 변화의 산물이다. '예술을 위한 예술'은 흔히 일부 예술가들이 생각하는 것처럼 무목적성 내지 무실용성, 순수 예술성이라는 등식 같은 관념론적인 예술지상주의가 아니고 대부호 후원자에 의존하는 '후원자 예술'에서의 해방, 즉 'Art not for Patron'이라는 의미에서의 예술지상주의인 것이다. 이것은 '인간을 위한 예술'이라는 통시적 명제가 중세에서 근대로 나아가는 변화기에 있어서 그 시대에 부합되는 독특한 형태로 표출된 것일 뿐이지 결코 '인간을 위한 예술'에 상치되는 개념으로서의 '예술을 위한 예술'은 아니었다. 결국 당초 이처럼 진보적인 이념으로 출발한 예술을 위한 예술 운동이 시대가 흐름에 따라 후세 예술가들에 의해 그 정신은 탈색돼버리고 형식만이 계승됨으로써 형식 논리적이고 보수적으로 관념론화돼 '인간으로부터 예술의 소외'와 '예술로부터 인간의 소외'를 가속시키고 있다.

한편 디자인의 경우 그 역사적 필연성은 더욱 뚜렷하다. 조형성, 기능성 등 모든 것에 대한 기획과 생산을 한 명의 장인이 모두 담당한 일괄 생산 체

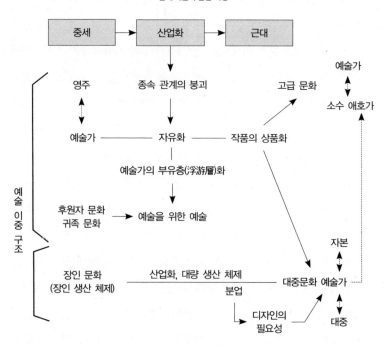

근대 예술의 발달 과정

제에서 분업에 의한 대량 생산 체제로 나아가는 변화는 불가피하게 상품의 조형 전문 분야, 즉 디자인 분야의 필요성을 불러일으켰다. 또한 흔히 세기 말 일러스트레이터라고 불리는 작가들의 작품이 극장과 카페, 출판 등 대중 문화의 발아라는 분위기 속에서 태동한 것도 결코 우연이 아니다. 또한 대부분의 후진국에서 디자인의 발달이 그 나라의 본격적인 산업화 추진과 밀접한 관계를 맺고 있다는 것을 우리는 알 수 있다.

결국 디자이너들은 산업화라는 역사적 운동이 디자인에 가져다준 독특한 성격 아래에서 대량 생산 체제를 주도하는 자본을 위해 대중문화의 소비자인 대중의 기호와 삶을 인식하고, 여기에 맞는 문화를 제공해주고, 이것을 주도해 나가는 사람들인 것이다. 순수와 참여의 입장에서 보자면 디자인

이란 그 자체가 성격상 이미 사회에 참여, 즉 '앙가제^{engage}'돼 있는 것이라 할 수 있다. 다시 말해 중세의 예술가들이 귀족이라는 영주를 섬기던 예술가였다면, 현대의 디자이너들은 자본 — 또는 기업 — 과 대중이라는 두 개의 영주를 섬기면서 자본, 대중, 예술이라는 세 개의 축 사이에서 균형을 이루려고 몸부림치는 사람들이라고도 할 수 있다.

디자인의 두 얼굴

디자인은 그 성격상 이미 '순수'를 주장할 수 없다는 점에서 세칭 순수 미술보다 열등한 예술인가? 열등감을 느낀다면, 이것은 우리가 르네상스를 갖지 못한 데서 서양에 열등감을 느끼는 경우와 마찬가지라고 할 수 있다. 이런 사람들은 르네상스가 신神 중심의 문화에서 인간 중심의 문화로 나아가는 해방을 의미하는 역사적 운동이라는 점, 따라서 원래부터 신에 예속된 문화를 갖지 않은 우리는 해방하려야 해방할 신이 없었고, 따라서 르네상스를 가질 필요도, 가질 수도 없었다는 점을 망각하고 있는 것이다. 따라서 '예술을 위한 예술' 운동을 역사적 문맥을 거세하고 잘못 수용한 순수론자들의 논쟁에 디자인이 동경심을 갖는 것은 인간을 위한 예술이라는 보편적 명제 속에서 디자인이 갖는 독특한 성격에서 다시 퇴보하려는 퇴행적 움직임이라 할 수 있다(이런 예는 디자인 활동을 통해 획득한 기득권을 토대로 '순수 디자인'(?)을 표방하고 있는 일부 디자이너들에서 찾아볼 수 있다).

　과거 예술은 소수 귀족들의 독점물이었다. 산업화와 함께 따라온 민주화는 모든 인간들에게 예술을 즐길 권리를 가져다줬으며, 이런 흐름 속에서 디자인이라는 분야가 생겨나고 디자인의 구실이 부여된 것이다. 즉 소수 인간들의 삶을 생산하는 삶으로서 존재할 가치밖에 없던 다수 민중에게도 전인

^{홀스}으로서 인간다운 삶을 누릴 기회가 주어져야 하는 것이다. 따라서 인간을 위한 예술은 이제 새로운 모습으로 변신한 소수 귀족을 위한 예술이 아니라 '생활의 예술화'와 '예술의 생활화'의 방향으로 추구돼야 한다. 이것이 바로 디자인의 형식 논리화된, 세칭 순수 예술이 갖지 못한 진보적 의미이며, 이것이 바로 디자인이 추구해 나가야 할 방향이라고 생각한다. 결국 순수 디자인 운동은 이런 디자인의 진보적 의미를 부정하고 다시 예술의 귀족주위로 복귀하려는 퇴행적 움직임이라고도 할 수 있다.

그리스의 신 중에 선과 악의 두 얼굴을 가진 '야누스'가 있다. 마찬가지로 디자인도 두 개의 얼굴을 하고 있다. 즉 디자인은 역사적 흐름이 부여한 진보저 잠재력과 함께 구조적 제약싱도 갖고 있다. 대중문화를 특징짓는 것 가운데 하나는 상업성이다. 이윤의 극대화라는 냉엄한 자본의 법칙하에서 디자이너들은 자본의 필요에 부응하여 문화의 상품화를 주도하고 그 속에서 자신의 존재 이유를 찾아야 하는 것이 현재의 실정이다.

여기에서 디자이너들에게 부여되는 재량권은 의식적이건 무의식적이건 극히 제한되어 있고 구조적인 한계를 벗어날 수 없다. 결국 디자인이 가진 진보성은 하나의 잠재력으로 묻혀 있는 반면 제약성들이 현실로 득세하고 있는 셈이다. 따라서 이런 제약성에서 벗어나 자유롭게 '순수'한 작품을 만들려는 일부 순수 디자이너들의 움직임이 대부분의 디자이너들의 공감을 얻고 동경의 대상이 되는 것도 이해할 만한 일이다.

그러나 이런 움직임은 앞에서 지적한 것처럼 디자인이 갖는 진보적 성격마저 말살하려는 귀족주의로 귀결되고 만다는 또 다른 사실을 인식하지 못하고 있는 것이다. 문제는 디자인을 순수 예술로 접근시키는 데 있는 것이 아니라 어떻게 현재화된 제약성을 극복하고 잠재력을 극대화시킴으로써 디자인을 인간을 위한 진정한 예술로 승화시키느냐 하는 것일 따름이다. 이것이야말로 디자이너에게 주어진 예술적 소명이자 숙제라 하겠다.

미와 기능

미와 기능은 디자인 이론에서 흔히 운위되는 용어들이다. 미는 결국 예술을, 기능은 생활을 각각 표현하는 개념들일 것이다. 이런 이분법은 대부분의 디자이너들에게 마치 미와 기능이 '유희인'(호모 루덴스)과 '작업인'(호모 파베르)이 따로 존재하듯이 분리되어 있는 것과 같은 그릇된 관념을 심어주고 있다. 이런 이분법이 극복되지 않는 한 조형성, 기능적 적합성은 모두 공허한 용어의 장난에 지나지 않을 것이다.

경제학에는 "소비는 생산을 생산하고 생산은 사람들로 하여금 무엇을 소비할 것인가를 조건 지운다는 점에서 소비를 생산한다"는 말이 있다. 우리에게 필요한 것도 이렇게 사물을 부분이 아니고 전체로 파악하는 '방법론적 전체주의methodological holism'일 것이다. 즉 무엇이 미적이고 무엇이 기능적인가 하는 구분은 디자이너나 상품 제작자의 직관이 아니라 전체 사회 구조 속에서 존재하고 생활하는 실체적 인간에 대한 전체적 이해에 의해서만 가능한 것이다. 또한 디자이너는 대중의 특정한 미적 욕구나 기능적 필요성에 부합되는 제품과 작품을 제조하고 공급할 뿐 아니라 제품을 통해 곧바로 대중의 미적 기호와 기능적 필요성까지 특정 방향으로 만들어내고 있다는 것을 잊지 말아야 하겠다. 대중의 저급한 미적 수준에 갈등을 느끼며 예술성과 대중성 사이에서 회의하기 이전에 디자이너들의 미적 감각 자체가 사회적 산물이라는 점에 눈을 돌려야 할 것이다.

'인간의 예술화'와 '생활의 예술화'가 결국 '인간과 사회의 인간화'라는 전체적 흐름 속에서 인식되고 추구될 때만이 가장 미적인 것이 가장 기능적이고, 가장 예술적인 것이 가장 민중적이 될 수 있다 하겠다.

미분에서 적분으로

기능과 미의 극적인 콘트라스트는 나치가 사용한 〈죽음의 탱고〉라는 음악에서 찾아볼 수 있다. 매우 감미롭고 예술적으로도 뛰어난 음악은 나치가 아우슈비츠 강제 수용소에서 유대인을 학살할 당시 학살 담당자와 독가스를 마시며 죽어가는 유대인을 즐겁게(?) 해주기 위해 작곡한 음악이다. 이 음악은 소위 예술적인 관점에서 볼 때 아주 미적이며, 또한 나치의 시각에서 볼 때 아주 기능적이었는지도 모른다. 그러나 과연 이 음악을 들으며 죽어간 수백만 유대인에게도 미적이고 기능적으로 받아들여졌겠는가!

이렇게 디자인론에서 흔히 이야기하는 기능적 적합성은 무엇에 적합하고, 이 적합성을 누가 정의할 것이냐 하는 문제를 낳는다. 조형성 역시 마찬가지일 것이다. 이런 문제들은 디자인 등 일부 특수 분야 전문가들의 감각이나 직관이 아니라 인간적인 삶에 대한 실천적 가치 판단과 구체적인 현실적 삶을 규정짓는 인간의 조건에 대한 총체적 이해에 기초하지 않으면 안 되는 것이다. 다시 말해 무엇이 기능적인가 하는 의문은 무엇이 인간적인 삶이고 이런 기준에서 볼 때 무엇이 기능적인가라는 의문이 선행되어야 한다.

따라서 이제 디자이너들에게 필요한 것은 단순한 기능적인 디자인 지식만이 아니라, 디자이너들이 봉사하고 있는 인간들의 삶을 객관적으로 이해하고 그 이해의 바탕 위에 작품을 만들어 나갈 수 있도록 하는 사회학, 심리학, 경제학, 역사학, 철학 등의 총체적 지식이다. 생명력을 잃은 기계의 부속품으로서 '기능인'에서 '창조적 인간'으로 탈바꿈하기 위해 우리에게 필요한 것은 통합 과학, 통합 예술이다.

이제 우리는 경제 동물, 성적 동물 등 조각조각 난 괴물적 자아에서 분열되지 않는 인간으로 회복하기 위해서 삶을 분해하고 미분해오던 낡은 방법을 거꾸로 통합하는 적분법으로 바꾸어 나가지 않으면 안 될 것이다.

디자이너의 인간화

위에 기술한 여러 문제들은 사실 문제의 해결이라기보다는 문제의 시작이다. 디자인이 설사 '생활의 예술화'와 '예술의 생활화'를 지향한다손 치더라도 구체적으로 어떤 예술 양식과 어떤 작품이 과연 이런 예술의 인간화에 기여하는 것인가, 또한 우리는 그런 목표를 추구해 나가야 할 것인가 하는 문제는 또 다른 많은 숙제를 우리에게 안겨준다. 과연 현재의 여건에서 디자이너가 어떻게 자본이나 기업의 비인간적인 요구를 해결해 나갈 것인가 하는 점도 문제다.

그러나 명백한 사실 하나는 이 작업이 아무리 어려워도 포기할 수 없으며, 최소한 '소외로부터의 소외'의 극복, 즉 소외당하고 있다는 사실마저 인지하지 못하는 비극에서 탈출할 때만이 우리에게 새로운 지평선이 열린다는 것이리라. '예술로부터의 인간 소외'와 '인간으로부터 예술의 소외'라는 비극에 대한 냉철한 인식과 분석이 우리의 출발점이어야 한다. 다시 말해 디자인의 인간화는 디자인론의 인간화와 디자이너의 인간화, 즉 디자이너들의 문제의식과 미적 감각의 인간화가 선행될 때만 가능한 것이다. 이런 의미에서 이 글은 디자인의 인간화보다는 우선 '디자인론의 인간화'를 겨냥한 '반디자인' 론의 한 시험적 형태이고 싶다.

샤를 보들레르와 함께 '예술을 위한 예술' 운동의 선구자로 후세 예술가들이 믿고 있는 프랑스의 시인 아르튀르 랭보는18세의 나이에 "시에다 똥이나 싸라"고 외치고 절필한 채 홀연히 외항선에 올랐다. 디자인이 작금의 기능주의에서 인간주의로 환원되지 않는다면 언젠가 "디자인 기능공이여! 디자인에 똥이나 싸라!"는 또 다른 절규가 우리의 가슴을 울리리라. 다만 그 절규마저 어느 미치광이의 넋두리로 들을 만큼 철저한 색채와 형태 기능공들만은 이런 자책에서 면제될지 모른다.

인더스트리얼 디자인의 의미[*]

이 책은 1979년 영국의 디자인협의회 출판사Design Council Publications에서 출판된 스티븐 베일리Stephan Bayley의 《아름다운 형태로In Good Shape》를 번역한 것이다. 원제목과 달리 '인더스트리얼 디자인의 역사'라는 제목을 붙인 이유는 그 제목이 이 책의 내용을 더 명쾌하게 나타내준다고 믿었기 때문이다.

이 책은 크게 네 부분으로 구성되어 있다. 제일 첫 부분은 베일리 자신이 직접 집필한 20세기의 인더스트리얼 디자인의 약사로서 디자인과 디자인 이론의 시대적 변화를 비판적으로 스케치하고 있는데, 이 장이 책의 골격 부분이다. 둘째 부분은 1900년부터 1960년에 이르기까지 각 디자이너 내지 디자인 이론가들의 대표적인 글을 직접 발췌하여 소개한 것으로, 디자인 이론의 변화를 당시 대가들의 육성을 통해 직접 들을 수 있도록 구성되어 있다. 셋째 부분은 1898~1968년까지 당시의 대표적 인더스트리얼 디자인들을 직접 도판으로 보여주고 짤막한 해설을 붙였다. 자동차, 비행기부터 주방 기구에

---

[*] 1980년대 미국 유학 시절, 우연히 헌책방에 들렀다가 스티븐 베일리의 《아름다운 형태로》를 발견했다. 인더스트리얼 디자인을 다룬 책으로, 읽어보니 재미가 있어 학비도 벌 겸 미대 교수인 친구(이대일 명지대학교 명예교수)에게 번역해 출간하고 싶다고 하자 출판사 열화당을 연결해줬다. 그래서 책을 번역해 《인더스트리얼 디자인의 역사》(1985)로 출판하면서 쓴 옮긴이 서문이다.

이르는 약 150가지의 역사적 제품들을 사진으로 직접 봄으로써 그 스타일의 변화를 일목요연하게 느낄 수 있도록 되어 있다. 마지막 부분은 20세기의 대표적인 인더스트리얼 디자이너와 이론가들의 약력과 주요 활동을 소개한 인명사전과, 디자인에 관련된 주요 사건들을 연대순으로 정리한 연보로 구성되어 있어 소중한 참고 자료가 되리라고 믿는다.

그러면 왜 하필 인더스트리얼 디자인인가 하는 의문을 가질 독자들이 있을 것 같아 몇 마디 부언하고자 한다. 분명히 이 책은 제품 디자인을 전공으로 하는 사람만이 아니고 그래픽 디자인이나 금속 공예, 도자기 등 적어도 디자인을 전공하는 사람들은 누구나 한 번쯤은 읽어야 할 책이라고 생각된다. 그 이유를 간단히 설명하면 다음과 같다.

첫째, 산업 디자인(당시는 제품 디자인으로 번역했지만 요즘 사용하는 용어는 산업 디자인이다)은 디자인 분야 중 가장 영향력이 크고 핵심적이며 어쩌면 가장 디자인의 특성에 충실할 수 있는 분야이기 때문이다. 그렇다고 산업 디자인이 디자인 분야 중 가장 고급스럽거나 우월한 분야라는 얘기는 아니다. 다만 디자인이 세칭 순수 예술과 달리 피할 수 없는 삶의 조건이 되어 버렸다면 인더스트리얼 디자인이 그런 성격을 가장 강하게 갖고 있다는 이야기일 따름이다. 즉 우리가 그래픽 디자인이나 도예품이나 금속 공예품은 안 보고 살 수 있을지 몰라도, 대량 생산 체제에 의한 산업 디자인 제품의 홍수는 우리가 숨쉬는 한 피할 수 없는 삶의 조건이기 때문이다.

둘째, 첫째 문제에 관련하여 산업 디자인은 디자인의 기본 목표인 '생활의 예술화'와 '예술의 생활화'를 구현시킬 수 있는 잠재력이 가장 큰 분야이다. 일러스트레이션, 도예 등 다분히 개인의 표현 언어에 가까우며 즐기기 위해 상대적으로 의식적인 노력이 필요한 분야와는 달리, 산업 디자인은 우리의 주거 환경부터 생활용품에 이르기까지 삶의 공간과 도구 그 자체들을 다루기 때문이다. 그러나 그런 진보적 잠재력을 가진 만큼 제품 디자인은 또한 모든 디자인 분야 중 제약성도 많다. 일러스트레이션, 수공예 등은 상대적으로 작가 자신의 창조적 의지가 현실에 타협할 필요 없이 형상화될 수 있는 소지가 많은 반면, 제품 디자인의 경우는 대부분 기업의 이윤 추구와 판매 촉진이라는 상업성과 대중 소비자의 기호, 때로는 저속하기도 한 기호에 영합해야 하는 것이 불가피한 현실이다.

따라서 우리 모두가 제품 디자인에 눈을 돌려야 하는 둘째 이유는 이 부문이 단순히 가능성이 많기 때문이 아니라, 가장 진보적인 잠재력과 가장 보수적인 현실의 제약이 맞부딪침으로써 모순이 가장 첨예화된 부문이기 때문이다. 다시 말해 우리는 인더스트리얼 디자인을 통해 디자인 일반이 갖고 있는, 우리가 개발해야 할 가능성이 무엇이고 우리가 극복해야 할 문제점은 무엇이며, 또한 이 가능성과 문제점들이 현실 속에서 어떠한 양상으로 맞부딪쳐 나타나는지를 가장 적나라하게 볼 수 있는 것이다

셋째, 둘째 이유에서 본 것 같은 이유로 이 분야가 디자인 이론 논쟁이 상대적으로 가장 활발하게 진행되어왔고, 또한 당연히 활발해야 하는 분야이기 때문이다. 인더스트리얼 디자인은 디자인 분야에서 흔히 사용되는 기본 용어나 이런 용어에 기초한 제반 이론들, 즉 기능성(기능주의), 미(순수 디자이너), 경제성(상업주의) 등의 개념들을 체계적으로 정의하고 이 개념들 사이의 관계를 규명하려는 이론적 노력이 다른 분야에 비해 상대적으로 잘 진행돼왔다 하겠다. 따라서 인더스트리얼 디자인 분야에서 전개된 논쟁들을 검토해 그 결과를 각 분야에 비판적으로 수용시킬 때, 우리는 참된 디자인이 기능성, 미, 경제성 등과 어떠한 관계를 맺을 때 실현될 수 있는가 하는 것을 규명해 나갈 수 있다 하겠다.

지금까지 디자인 이론, 즉 디자인의 철학적인 면에 대해 이야기했다면, 이제부터는 디자인사 내지 디자인 이론사라는 역사적 측면에 관련시켜 이 책의 중요성을 설명하고자 한다. 역사와 철학은 사물의 인식에 있어서 가장

중요한 두 가지 접근법이다. 특히 사물을 인식하기 위해서는 적당한 거리가 필요하게 마련이다. 100호짜리 그림을 10센티미터 앞에서 보고 그 그림을 제대로 감상할 수 있으며, 장미꽃을 현미경을 통해 즐길 수 있을까?

그러나 우리의 인식은 우리가 살고 있는 시간과 공간에 제약을 받게 마련이고, 이런 존재 구속적인 인식론은 현재의 것을 영원불변한 것으로 믿고 과거의 것이나 다른 사회의 것은 자신의 색안경을 통해 왜곡하여 인식하는 것이다. 따라서 모든 사물은 역사 속에서 이해되어야 한다. 인상주의, 표현주의, 야수파, 구조주의 등의 '이즘ism'이나 귀스타브 쿠르베, 빈센트 반 고흐, 조르주 브라크, 파블로 피카소 등의 작품을 예술사적 이해 없이 완전히 소화했다고 할 수 있을까. 이 작품들을 예술사의 화집 속에 연대순으로 정렬시켜, 개개 작품과 이름이 당시의 지배적인 화풍을 어떻게 혁명화해 다음 세대로 넘어가는 징검다리 구실을 했는지를 이해할 때만이 우리는 그것들을 위대한 작품이라고 부르는 이유를 이해하게 된다. 즉 사실주의가 없이 인상주의가 가능하거나, 또한 인상주의가 없이 현대 미술이 있을 수 있겠는가.

이런 예술사적 이해 못지않게 중요한 것은 사회사적 인식이라 하겠다. 예술사적 이해가 개개의 예술 사조와 작품이 예술 이론의 발전 내지 예술의 변화 속에서 어떤 의미를 갖느냐 하는 것이라면, 사회사적 인식은 그러한 작품이 어떠한 사회적 배경에서 생겨났는가를 이해하는 것이리라. 예를 들어 대상의 고유색을 부정하고 순간의 인상을 추구한 인상주의가 공업화와 도시화가 급속도로 발달해 인간의 삶 그 자체가 인상화하기 시작할 때 함께 발아되었다는 것, 모든 객관적 개념을 부정하고 철저하게 주관적 인식을 추구하는 추상화들이 인간적 상식, 즉 객관적 진리들이 송두리째 붕괴되어버린 세계 대전 이후 꽃을 피우게 되었다는 것, 전원적이고 반복적인 농경 생활이 주를 이룬 동양 사회에서 정적인 동양화가 생겨났다는 것 등이 결코 우연적인 것이 아니라 일종의 내적 필연이라는 것을, 우리는 예술 작품을 사회사에

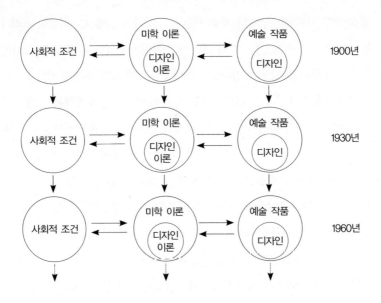

투영시켜 볼 때 깨닫게 되는 것이다. 마찬가지로 소위 현대 인더스트리얼 디자인을 중세의 장인 경제 체제에서 기대할 수는 없는 것이리라.

따라서 우리가 디자인에 관한 좀더 나은 인식에 다다르기 위해서는 디자인사, 디자인 이론사, 사회사 등 세 가지를 중첩시켜 함께 공부하지 않으면 안 된다. 즉 한 시점을 놓고 볼 때 특정한 사회 속(예를 들어 1920년대 독일)에서 어떤 디자인 이론이 생겨났고, 이와 함께 이 디자인 이론과 사회적 조건은 어떠한 디자인을 탄생시켰는가, 그리고 거꾸로 이 디자인이 그 사회적 조건에 어떤 영향을 미쳤는가 하는, 사회적 조건→디자인 이론→디자인, 그리고 디자인→디자인 이론→사회적 조건의 상호 관계를 변증법적으로 이해하지 않으면 안 된다. 이런 평면적 이해 위에 시간이라는 요인을 집어넣을 때 우리는 이런 특정한 사회의 특정한 디자인 양식이 위에 이야기한 변증법적 발전을 거치면서 시간적으로 어떻게 변화하는가 하는 것을 이해할 수 있게 된다. 이 내용을 간단히 예를 들어 도해식으로 설명하면 그림과 같다.

이런 요건을 최소한이나마 충족시켜줄 수 있다는 것이 사실 이 책의 구성 상의 큰 장점 — 비록 사회적 조건 일반에 대해서는 깊이 다루지 않고 디자 인 이론과 디자인 제품 등을 중점적으로 다루기는 했지만 — 이라 하겠다. 따라서 번역자의 소견으로 이 책을 가장 효과적으로 읽을 수 있는 방법은 다음과 같다.

우선 각 논문과 도판 작품에 표시된 연도를 확인한다. 예를 들어 1900년 대 독일에서 나온 논문과 작품 도면을 읽을 때는 일단 1900년대의 독일이 사회, 경제, 정치, 문화적으로 어떤 상황이었는가를 생각해본다. 필요하다면 아주 간략한 20세기 문화사나 역사책을 읽으면 더욱 좋을 것이다. 이런 상 황을 마음속으로 상정한 다음 글을 읽고, 동시대의 제품을 본다. 그러면 어 떠한 사회적 분위기 — 즉 공업화가 가속화되고 기계가 모든 것을 해결해줄 수 있으리라는 낙관적 분위기 — 에서 어떤 이론(기계 미학)이 생겨났고, 그 제품들도 어떠한 사고, 즉 기능에 충실한 것은 바로 아름다운 것이라는 사 고에서, 어떤 형태, 즉 기계 부속 부분을 케이스로 가리지 않고 드러낸 형태 가 나타난 것을 알 수 있게 된다. 다음, 그다음 시대(1905년)의 분위기를 다 시 상정해 이해하고 그 당시의 논문과 글을 읽어 똑같은 단계를 거친 뒤 처 음의 것과 비교하면, 그것이 어떻게 변화해왔는가를 이해할 수 있게 된다.

이런 시대적 변화 이외에 지역적 특성도 고려해볼 필요가 있다. 즉 왜 하 필 독일에서는 철저하고 엄격한 기능주의가 주류가 됐고, 미국의 디자인은 독특하게 상업성의 미학으로 발전했는가. 이런 현상과 미국의 디자인이 철 저한 사기업 간의 경쟁에 의해 발달해온 반면, 유럽의 디자인은 대부분 국가 기관의 비호 아래 성장해왔다는 사실 사이에는 어떠한 관계가 있는가. 그렇 다면 우리나라의 경우는 어떠한가. 또한 어떻게 해 나가야 할 것인가. 인더 스트리얼 디자인의 경험이 이러하다면 그래픽 디자인, 금속 공예 등 각 디자 인 분야는 이런 경험을 어떻게 받아들여야 할 것인가 등이리라.

결국 내가 이해하는 한 디자인의 의미가 '생활의 예술화'와 '예술의 생활화'에 있다면, 디자인의 '디'자도 모르면서도 우리들의 삶을 아름답게 하기 위해 땀 흘리고 있는 무명의 참된 디자이너들에게 이 책의 영광이 돌아갈 수 있기를 기대한다.

열화당 이기웅 사장님, 각종 외래어를 우리말로 옮기는 과정에서 여러 난삽한 인명과 지명 등을 바로잡아 이 책 편집에 커다란 도움을 주신 편집부 김수옥 씨에게 특히 고마움을 전한다.

레게
한과 해방의 노래

미국의 반전 세대를 대표하는 음악가로 잘 알려진 사람은 밥 딜런이다. 그러나 우디 거스리를 대부로 하는 미국 좌파 포크 음악의 적자로 기대를 받던 딜런이 반전 운동의 절정에서 사적인 이야기로 음악의 소재를 바꿨을 때 남한사회주의노동자동맹(사노맹) 시절 박노해의 시를 연상하게 하는 사회성 짙고 전투적인 '토픽 노래'를 고수하던 포크 가수로는 필 오시가 있다.

그런 오시가 어느 날 엘비스 프레슬리 복장에 전기 기타를 들고 집회장에 나타남으로써 팬들에게 엄청난 충격을 줬다. 오시는 변혁적인 노래 운동에 프레슬리 같은 대중성을 가지게 할 수 없을까 고민에 고민을 하다가 이런 충격적인 실험을 하게 된 것이라고 밝혔다. 그러나 실험은 실패하고 말았고, 오시는 20대에 자살이라는 극단적 방법을 택하지 않을 수 없었다.

이 에피소드가 보여주듯이 변혁 운동에서 줄곧 문제가 되어온 '전위'(내지 변혁성)와 '대중성'이라는 화두는 예술과 대중문화 영역에서도 제기되게 마련이다. 또한 마르크스주의 미학자 루카치 죄르지의 책 제목 《정신과 형식 Soul and Form》이 상징해주듯이 이것과 유사한 또 다른 문제, 즉 '내용'과 '형식미'의 변증법의 문제는 사회의식을 가진 예술가들을 괴롭혀온 숙제다.

이 문제에 관련해 가장 변혁적이면서도 대중성을 획득하는 데 가장 성공한 대중음악, 나아가 형식미와 변혁적 내용미를 가장 완벽하게 조화시킨 대중음악은 불꽃처럼 살다간 '레게의 신화' 밥 말리Bob Marley(1945~1981)의 음악이다(정확한 그룹 명칭은 '밥 말리와 웨일러스'). 대중음악 전문가는 아니지만 유학 시절에 음악, 특히 제3세계의 변혁적 대중음악에 관심을 가지고 나름대로 음반을 모으고 연구라면 연구를 해온 내 개인적인 생각이다. 나중에 소개하겠지만 급진적인 메시지에도 불구하고 밥 말리의 음반은 전기 작가의 집계에 따르면 1980년대 초반까지 미국과 유럽뿐 아니라 아프리카, 아시아(한국은 아니었다) 등 세계 각지에서 이미 약 8000만 장이 팔릴 정도로 폭발적인 대중성을 획득했다. 이 점에서 밥 말리의 레게는 변혁적 대중음악의 '고전'이라면 '고전'이다.

레게가 우리들에게 대중적으로 선을 보인 계기는 "내게 그런 핑계 대지마……" 하는 사랑 타령을 내용으로 한 김건모의 〈핑계〉다. 그러나 사실 레게가 처음 소개된 때는 1970년대였다. 사이먼과 가펑클이 해체한 뒤 폴 사이먼이 레게를 미국식으로 소화해 만든 노래 〈마더 앤드 차일드 리유니온 Mother and Child Reunion〉를 통해 들어온 '양키 레게'였다. 어쨌든 사이먼의 이 노래가 레게라는 사실조차 잘 알려지지 않았다. 결국 김건모를 통해 대중화된 레게는 이제 대형 레코드 가게에 따로 코너까지 만들어지게 됐지만, 그 정신과 문제의식은 완전히 증발한 채 형식적인 레게 리듬만 소개되고 있는 실정이다. 세계적으로도 마찬가지여서 1980년대 후반 이후 판치고 있는 것은 상업화된 속류 레게일 따름이다.

이런 현실과 달리 1960년대 후반 자메이카의 흑인 빈민촌에서 생긴 레게는 한마디로 '제3세계 민중의 한과 해방의 음악'이다. 어원이 자메이카 흑인들의 선조인 아프리카의 부족 이름이라는 해석부터, 창녀라는 뜻의 자메이카 속어의 변형이라는 해석, '음악의 왕'이라는 해석까지 다양하다. 레게는 1968년 자메이카의 한 밴드가 선을 보인 뒤 "그놈(제국주의자)들은 강하게 쳐들어올수록 강하게 무너진다^{The Harder They Come, The Harder They Fall}" 같은 강한 메시지의 노래를 부른 지미 클리프를 거쳐 세계에 소개되었다. 그러나 레게를 세계적인 음악으로 보편화한 것은 바로 '작은 사자'라는 별명의 밥 말리다.

말리는 1973년에 자메이카 음악을 세계 시장에 내놓기 위해 만든 작은 레코드사 아일랜드에서 《캐치 어 파이어^{Catch a Fire}》라는 앨범을 냈다. 이 앨범에 실린 노래들, 현대 문명을 비판한 〈콘크리트 정글^{Concrete Jungle}〉, 노예제를 비판한 〈슬레이브 드라이버^{Slave Driver}〉, 노예화 이후 흑인들의 한 많은 삶을 그린 〈포 헌드레드 이어스^{400 Years}〉 등은 공전의 히트를 치며 주목받았다. 그 뒤 민중의 봉기를 촉구하는 〈겟 업, 스탠드 업^{Get up, Stand up}〉 등이 실린 《버닝^{Burnin'}》, '식민지 속 식민지'인 제3세계 여인의 한 많은 삶을 그린 〈노 우먼, 노 크라이^{No Woman, No Cry}〉, 자본가의 탐욕과 민중의 가난을 노래한 〈뎀 벨리 풀(벗 위 헝그리)^{Them Belly Full(But We Hungry)}〉 등이 담긴 《내티 드레드^{Natty Dread}》, 핵 경쟁과 전쟁이라는 비이성적 파괴를 비판한 〈워^{War}〉, 동물 이하의 인간 행태를 비롯해 제국주의와 현지 협력자들을 쥐새끼에 비유한 〈랫 레이스^{Rat Race}〉 등의 히트곡이 담긴 《래스터맨 바이브레이션^{Rastaman Vibration}》, 해방된 세상으로 나아가는 대장정을 그린 《엑소더스^{Exodus}》 등을 발표하며 세계적인 슈퍼스타가 됐다.

그 뒤에도 말리는 아름다운 사랑의 노래가 주조인 〈카야^{Kaya}〉, 아프리카의 단결을 촉구한 〈아프리카 유나이트^{Africa Unite}〉, 압제와 빈곤 등의 사회적 모순 속에서도 민중은 살아남아 승리할 것이라는 생명력을 노래한 〈서바이벌^{Survival}〉 등 아프리카 시리즈가 실린 《서바이벌^{Survival}》, 일에 찌들어 사는 민중의 노동과 해방으로서 '일'의 이중 과정을 노래한 〈워크^{Work}〉, 유일한 어쿠스틱 곡으로 밴드 없이 기타 독주로 부른 노래 (그렇기 때문에 말리 특유의 허스키하면서도 폐부를 찌르는 목소리를 만끽할 수 있는) 〈리뎀션 송^{Redemption Song}〉이 실린 《업라이징스^{Uprisings}》, 마지막 앨범인 《컨프론테이션^{Confrontation}》 등 변혁적 대중음악의 고전으로 남을 주옥같은 앨범들을 발표했다.

말리의 음악을 포함한 레게 음악을 이해하기 위해 필수적인 것은 라스타 Rasta 또는 자Jah라는, 우리의 동학과 비슷한 자메이카 흑인의 민중 신앙이다. 여기서는 《구약》의 〈시편〉에 기초해 에티오피아를 인류 문명의 근원지이며 해방의 땅이라고 믿는다. 또한 1910년대에 발견된 '비밀 성경'에 기초해 하나님은 원래 흑인이었지만 백인들이 성경을 번역하는 과정에서 백인으로 변형시켰다고 믿고 아프리카인의 단결과 아프리카 귀환을 통한 해방을 주장한다. 이런 신앙에 기초해 말리는 서구 제국주의의 희생자들인 제3세계의 현실과 해방의 메시지를 제3세계 중 가장 비극적인 역사를 지닌 흑인 노예의 경험을 토대로 음악화한 것이다.

스스로 작사와 작곡을 하는 말리의 음악에서 충격적인 것은 빈민가 출신으로 정규 교육을 제대로 받지 못했는데도 드러나는 뛰어난 음악성과 가사의 예술성이다. 레게 특유의 강한 비트를 살리면서도 아름다우면서도 쉽게 따라 부를 수 있는 멜로디를 다양하게 자유자재로 만들어내는 말리의 능력은 가히 천재적이다. 특히 절규하는 강한 저항의 노래(〈겟 업, 스탠드 업〉, 〈아이 샷 더 셰리프I Shot the Sheriff〉)부터 감미로운 사랑의 멜로디(〈스리 리틀 버즈Three Little Birds〉), 어깨춤이 절로 나오는 댄스 음악(〈이즈 디스 러브Is This Love〉, 〈엑소더스Exodus〉), 느리면서도 폐부를 찌르는 저항 음악(〈리뎀션 송〉)에 이르기까지 폭넓은 음악 세계는 혀를 내두르게 한다. 이런 음악이 말리 특유의 허스키하면서도 가늘고 혼이 실린 목소리에 실리면, 게다가 길게 땋은 머리와 거미를 연상하게 하는 갈지자 춤까지 어우러지면, 보고 듣는 청중은 저절로 무아의 경지에 빠지게 된다.

여기에 못지않게 신기한 것은 작사 능력이다. '그놈들의 부른 배Them Belly Full'라는 노래 제목이 보여주듯이 말리 노래의 가사는 영어의 주격, 목적격, 소유격 등이 뒤바뀐 자메이카 빈민의 엉터리 영어다. 그러나 사회과학 책에서도 쉽게 찾아보기 어려울 정도의 강한 변혁적 메시지를 단순히 관념적 단어가 아니라 쉬운 말과 마술 같은 시적 표현으로 구체화하여 형상화해내는 능력에는 저절로 옷깃을 여미게 된다. 특히 고전 영시와 한시처럼 대부분 각 행의 마지막 단어의 운rhyme을 기가 막히게 맞춰내고 있다는 점에서 더욱 경이롭기만 하다. 대표적인 것을 두 개만 소개하면 다음과 같다. 우선 짐바브웨의 반제 독립 투쟁을 주제로 한 〈짐바브웨Zimbabwe〉다.

Every man gotta right 모든 사람은 가지고 있다

to decide his own destiny 자신의 운명을 결정할 권리를

and in this judgment 이런 결정에서

there is no partiality 편파성이란 없다

So arms in arms, with arms 무기를 들고 팔에 팔을 끼고

we will fight this little struggle 이 작은 투쟁을 싸워나갈 것이다

'cause that's the only way 왜냐하면 그것만이 우리의 문제를

we can overcome our own trouble 극복할 수 있는 유일한 길이기 때문에

(중략)

No more internal power struggle 더는 내부 권력 투쟁은 말자

we can together, to overcome 우리 모두 함께 이 작은

the little trouble 문제를 극복하자

Soon we'll find out 곧 누가 진짜 혁명가인지는

who is the real revolutionary 밝혀질 것이다

위에서 지적한 독특한 스타일의 〈리뎀션 송〉도 뛰어난 시적 영감과 강한 메시지로 그 뒤 여러 가수가 편곡해서 불렀다.

Old pirates yes they rob I 늙은 해적, 그래, 그놈들이 나를 훔쳤다

Sold I to the merchant ships 나를 상선에 팔아버렸다

Minutes after they took I from 그놈들이 나를 끝없는 심연에서

the Bottomless pit 꺼내자 마자

But my hand was made strong 그러나 내 손은 강하게 만들어졌다

by the hand of the almighty 신의 손에 의해.

We forward in the generation triumphantly 우리는 대를 이어 승리를 향해 나아간다

All I ever had is songs of freedom 내가 가진 건 자유의 노래뿐

Won't you help to sing 이 자유의 노래를

these songs of freedom 부르지 않을 수 있는가

'cause all I ever had redemption song 내가 가진 것이라곤 구원의 노래뿐이기에

Emancipate you from mental slavery 정신적 노예에서 해방하라

None but ourselves can free our minds 우리만이 우리 마음을 해방시킬 수 있다

Have no fear for atomic energy 핵에너지를 두려워 마라

cause none a them can stop the time 왜냐하면 그놈들 중 누구도 시간을 멈출 수 없기에

How long shall they kill our prophets 얼마나 오랫동안 그놈들이 우리 예언자를 죽일 것인가

while we stand aside and look 우리가 옆에 서서 바라보고만 있을 동안

Some say it's just part of it 누구는 그것도 역사의 일부일 뿐이며

We've got to fulfill the book 우리는 예언서를 실현해야 한다고 말한다

밥 말리의 생애에서 중요한 사건은 1978년 아프리카 방문이었다. 노예 출신 흑인들이 아프리카로 돌아가 해방과 구원의 나라를 건설하는 꿈을 꾼

말리가 꿈에 그리던 아프리카 땅에서 발견한 것은 기아와 빈곤뿐이었다. 충격을 받은 말리에게 더욱 상처를 준 사건은 1980년 짐바브웨 독립 기념 초청 연주였다. 백인 식민주의를 몰아낸 반군 지도자 출신의 마르크스주의자 총리와 영국의 찰스 황태자가 배석한 곳에 모여 열광하는 관중 앞에서 말리는 공연을 시작했다. 그러나 연주를 곧 중단해야 했다. 공연을 보려고 몰려왔지만 표를 사지 못해 입장하지 못한 가난한 아프리카 민중들을 무장한 혁명군이 유혈 진압했기 때문이다. 이런 소동을 지켜보면서 말리는 또 한 번 충격을 받았고, 다시 시작된 공연에서 1년 전 짐바브웨의 독립 투쟁을 위해 자신이 작곡한 〈짐바브웨〉를 눈물 속에 불러야 했다.

이런 실망에도 불구하고 말리는 제3세계 민중의 한과 해방을 위해 정열적인 활동을 계속했다. 그러나 유난히 좋아하던 축구를 하다가 발가락을 다쳤고, 그 후유증으로 암이 생겼다. 다친 발가락을 잘라야 한다고 의사가 진단하지만 신체 절단을 금지하는 라스타의 종교적 가르침에 따라 수술을 거부한 말리는 결국 암으로 숨지고 말았다. 한 가지 주목할 사실은 음악으로 세계를 정복한 말리가 생전에는 거대한 미국 흑인 시장만은 점령하지 못했다는 것이다. 미국 흑인 음악 시장을 장악하고 있던 거대 자본들이 레게에 시장을 빼앗기는 것이 두려워 흑인 라디오 방송국에 레게 음악을 소개하지 못하게 방해했기 때문이다. 자본의 탐욕이 말리가 보낸 해방의 메시지를 가로막은 셈이다.

고국을 떠나 세계 곳곳을 여행하던 말리는 한 손에는 성경을 다른 한 손에는 그토록 아끼던 깁슨 전기 기타를 든 채 싸늘한 시체가 돼 자메이카로 돌아왔다. 그러나 말리가 부른 한과 해방의 노래 레게는 변혁성과 대중성, 형식과 내용을 절묘하게 조화시킨 변혁적 대중음악의 고전으로 영원히 우리 곁에 남아 있다.

《월간 말》 1997년 8월

악의 구렁텅이에 빠진 나*

세상은 나를 보고 한국의 '대표적인 진보학자' 중 한 명이라고 한다. '대표적'인지는 잘 모르겠지만 '진보학자'라는 부분에 대해서는 나 역시 그렇게 생각한다. 진보란 모든 억압, 착취, 배제, 차별에 반대하는 것이라고 생각하며, 나는 그런 관점에서 사회를 바라보고 또한 그렇게 살아가려고 노력해왔기 때문이다.

한국 사회를 지배하는 것은 이념보다는 전근대적인 연고주의다. 한국 정치를 지배하는 지역주의가 대표적인 예다. 내 경우 이런 현실에 비판적인 만큼 연고주의의 또 다른 형태인 학연에 연연하지 않으려고 노력해왔다. 그런데 나도 바뀌었다. 선배들이 들으면 "젊은 친구가 나이 타령"이라고 화를 내겠지만, 나이가 들면서 단순히 고교 동문이라는 이유로 특정인을 찍는다는 식의 비합리적인 연고주의가 아니라면 자신의 삶의 일부인 교육적 배경을 거부할 필요는 없다고 생각하게 됐다.

사실 나는 내가 중앙중학교와 중앙고등학교를 졸업한 것을 매우 자랑스럽게 생각한다. 학교에서 배운 3·1운동 선언문의 작성지 등 민족주의적 전

---

* 중앙고등학교 100주년 기념으로 출간한 《계동 일번지》(2009)에 쓴 글이다.

통 때문이라기보다는 이른바 경기고, 서울고 등에 비해 개방적이고 자유분방한 사고를 키워줬기 때문이다. 사실 민족주의 전통이라는 것은 나중에 역사를 공부하고 보니 다른 측면이 있었기 때문이다.

개인적으로 나는 그렇게 평탄한 삶을 살지 못했다. 대학 2학년 때 감옥을 가야 했고, 감옥을 다녀와서도 다시 학생운동을 했다가 제적되고 강제 징집을 당해야 했다. 이후 기자가 돼서도 1980년 '5·18 광주 사태'에 저항해 제작 거부 운동을 벌이다 회사를 떠나 유학을 가야 했다.

돌이켜보건대 내가 이런 파란만장하다면 파란만장한 삶을 살게 된 것은 중앙 때문이다. 사실 우리 집안은 미술가 집안이었고, 나도 고등학교 때 미술반 활동을 열심히 해 미대를 갈 예정이었다. 그러나 아버지가 "미술은 취미로 하는 것"이라며 미대 진학을 반대해 서울대학교 외교학과에 가 외교관이 되어 다양한 풍물을 그리고 싶다는 순진한 생각을 했다. 그런데 3학년 말에 선배들이 입시 지도를 왔다. 1년 선배로 서울대학교 정치학과에 다니던 조환익 형(상공부 차관과 대한무역투자진흥공사ᴷᴼᵀᴿᴬ 사장을 거쳐 한국전력공사 사장 역임)에게 외교학과에 가겠다고 하자 외교학과는 과도 아니라며 정치학과에 오라고 꼬였다. 그래서 '악의 소굴'인 정치학과에 들어가 '나쁜' 운동권 선배들을 만나는 바람에 엉뚱한 삶을 살게 된 것이다.

중앙 선배만 아니었다면 외무고시를 봐 평탄한 삶을 살았을 것을, 중앙 선배 때문에 '악의 구렁텅이(?)'에 빠져 내 적성에도 맞지 않는 엉뚱한 삶을 살게 된 것이다. 중앙이 내 삶을 송두리째 바꾸어놓은 셈이다. 그렇다고 중앙을 원망한다는 뜻은 아니다. 돌이켜 생각해보면, 중앙 덕분에 정치학과로 진학해 세상을 보는 참된 눈을 뜰 수 있었다는 점에서 고맙게 생각한다.

중앙에 관련된 개인적인 에피소드를 몇 가지 소개하고자 한다. 정몽준 전 의원은 내 동기다. 특히 같은 문과에 같은 반이었는데, 다 같이 키가 커서 뒷자리 부근에서 함께 어슬렁거렸다. 2002년에 정 의원이 대선에 출마하자 각 언론들은 '정몽준의 사람들'이라는 특집을 냈는데, 거기에 내가 자연스럽게 들어갔다. 중고교 동기 동창인 한국의 내로라하는 재벌 총수와 한국의 '대표 진보 학자'라니, 얼마나 재미있는 기삿감인가. 그래서 이곳저곳 언론사에서 전화가 많이 왔다.

어쨌든 정 의원이 만나자 해서 만났더니, 대선을 도와달라고 했다. 우정과 이념 사이에서 고민을 했다. 그러나 아무리 가까운 친구라 하더라도 역시 내가 도와주는 것은 맞지 않다고 생각했다. 나아가 나는 당시 '민주화를 위한 전국교수협의회(민교협)'라는 단체의 상임공동의장을 맡고 있었는데, 그 조직의 방침이 집행부는 특정한 정파적 입장을 취하면 안 된다는 것이었다. 그래서 이유를 설명하고 "미안하지만 도울 수 없다"고 했다.

얼마 뒤 정 의원의 대통령선거 캠프 사무실 개소식이 있었다. 직접 도와주지 못하는 것이 미안하고, 또한 친구의 좋은 일에 찾아가는 것은 우리의 미덕인 만큼 문제가 없을 것이라고 생각해 찾아갔다. 그런데 다음날 신문에 '정몽준, 개소식 가져'라는 제목 밑의 작은 제목으로 '손호철 민교협 의장 등 참석'이라고 대서특필을 한 것이다. 그 뒤 난리가 났다. 내가 마치 정 의원을 공식적으로 지지한 것으로 오해한 민교협 회원들의 빗발치는 항의가 쏟아졌고, 결국 소집된 비상대의원회의에서 자초지종을 해명해야 했다. "이념은 이념이고 가까운 친구 간에 관혼상제 참석 등도 못하느냐"고 반박해 이해를 얻어서 무사히 넘어갈 수 있었다.

또 다른 에피소드도 정 의원에 관련된 것이다. 2000년 총선 당시 시민운동단체들은 총선시민연대라는 단체를 만들어 낙선운동을 전개했고, 나는 자문교수단 단장을 맡았다. 회의 결과 낙선 대상을 비리 전과, 쿠데타 등 헌법 파괴 사범으로 합의하고, 여기에 해당되는 구체적 사례를 찾아 낙선운동 대상을 선정하기로 했다. 그런데 마지막 회의에 가니 정 의원이 포함돼 있었다. 이유를 물으니 국회 출석률이 너무 낮다는 것이었다. 월드컵 유치 관계로 주로 외국에 나가 있었던 것이 문제였다. 나는 "원래 합의한 비리 전과나 쿠데타라는 기준에 어긋나니 문제 있다"고 반대했다. 그러나 투표 결과 나만 반대했다.

회의를 끝내고 나오자 평소 좋아하던 후배들이 다가와 "손 선배 경우는 연고주의에서 자유로운 줄 알았더니 손 선배도 별 수 없네요"라고 말하는 것이었다. 정 의원 건에 대해 내가 문제를 제기한 것이 단순히 내 친구이기 때문이라고 생각한 것이다. 물론 그런 관계가 전혀 영향을 미치지 않았다고 생각하지는 않지만, 더 큰 이유는 원래 합의한 원칙에 어긋나기 때문이었다. 그러나 아무도 그렇게 생각해주지 않았다.

문제는 여기에 그치지 않았다. 그날 오후 낙선운동 대상자를 발표했는데, 다음날 새벽 전화벨이 울려 잠을 깼다. "어느 놈이 예의 없이 새벽부터 전화를 해" 하고 화가 나 전화를 받으니 정 의원이었다. 씩씩거리며 "야, 이 ××야! 네가 좋아하는 민주노동당, 울산에서 당선시키려고 나를 일부러 넣었지. 야, 이 나쁜 ××!" 하며 펄펄 뛰는 것이었다. 그 황당함이란! 나는 양쪽에서 욕을 먹고 말았다.

마지막 에피소드는 모교 재단인 고려중앙학원 이사장을 지낸 고 김병관 동아일보사 회장 관련 에피소드다. 2000년, 1년간 캘리포니아 주립대학교 로스앤젤레스 캠퍼스로 안식년을 나가게 되자 정 의원이 송별식을 해줬다. 그런데 정 의원이 사전 예고도 없이 김 회장을 모시고 왔다. "손 교수, 평소 글을 많이 봤는데 중앙 출신인 줄 몰랐네. 정 의원이 동기라며 같이 가자고 해서 왔어요." 나도 몰랐지만, 김 회장도 중앙 선배였다.

저녁을 먹으면서 중앙 이야기가 화제로 올랐다. 그래서 내가 학교 중흥을 위해 외부 컨설팅 회사에 조사를 의뢰하는 등 적극적인 방안을 모색할 필요가 있다는 요지의 이야기를 했다. 그러자 김 회장이 냅킨에 무엇인가를 쓰더니 모두 서명을 하라는 것이었다. '중앙발전위원회' 밑에 '위원장 손호철'을 쓰고, '위원'이라고 쓴 뒤 정몽준 등 참석자들의 이름을 모두 적은 종이였다.

"무슨 말씀입니까." 내가 손사래를 쳤지만 무조건 서명을 하라고 해 모두 서명을 했다. 며칠 뒤 졸업 후 연락이 한 번 없던 고등학교 동기가 전화를 걸어왔다. "중앙고등학교 선생들 사이에 네가 교장으로 온다는 소문이 났는데 사실이냐"고 묻는 것이었다. 그래 다들 내가 누군가 알고 싶어 대형 서점에 가서 내 책을 사보고 있다는 것이었다. 그 황당함이란! 그러나 한 달 뒤 미국으로 안식년을 떠나 기이한 '중앙발전위원회 위원장' 자리도 자연스럽게 끝났다.

참고적으로 한국의 사회과학계에는 '중앙 3인방'이 있다. 진보와 보수의 내로라하는 논객 3명이 중앙 출신이다. 이념적으로 내가 왼쪽에서 진보를 대표하는 논객이라면, 나보다 5년 후배인 성공회대학교 사회학과 조희연 교수(현 서울시 교육감)도 다소 중도 쪽이지만 진보를 대표하는 또 다른 논객이다. 그리고 4년 후배인 연세대학교 사회학과 류석춘 교수(현 자유한국당 혁신위원장)는 뉴라이트 운동에 적극적인, 보수를 대표하는 논객이다. 그래서 농담으로 100주년 기념으로 3인 논쟁을 하면 재미있을 것이라는 이야기를 한 적이 있다.

너의 삶을 살아라

서울대학교 정치학과와 나*

우리는 과학 하면 만유인력의 법칙같이 자연과 사회 현상에 내재한 법칙성을 강조해왔다. 그러나 남미에서 한 나비의 날갯짓이 미국에 폭풍우를 가져올 수 있다는 나비 효과 이론 등이 보여주듯이 이제 현대 과학은 우연성을 강조하고 있다. 나와 서울대학교 정치학과의 관계가 그렇다.

나와 정치학, 그것은 너무도 어울리지 않는 한 쌍이었다. 나는 원래 큰아버지가 한국 최초로 일본의 4년제 정규 미대에 유학을 했고 아버지는 유수한 사진작가인 미술가 집안에서 자랐다. 나도 고등학교 시절 미술반장을 하며 그림을 열심히 그렸고, 미대에 가려고 했다. 그리고 사회 과목은 내가 제일 싫어하는 과목이었다.

그러나 아버지가 그림은 취미로 해야지 직업으로 하면 안 된다며 미대 진학을 극구 말렸다. 그래서 생각한 곳이 서울대학교 외교학과였다. 공부를 잘해 법대도 갈 수 있었지만 판검사는 너무 싫었고, 유치한 생각에 외교관이 돼 남미의 파타고니아같이 세계의 경치 좋은 곳을 다니며 그림을 그려야겠다고 생각했다. 그러나 내 삶은 우연한 사건 때문에 완전히 바뀌고 말았다.

---

*　서울대학교 정치학과 60주년 기념으로 낸《서울대학교 정치학과 60년사》(2009)에 쓴 글이다.

3학년 말에 서울대학교 선배들이 진학 지도를 왔다. 그중 우리 반에 들어온 사람은 고등학교(중앙고) 1년 선배인 정치학과 69학번 조환익 선배(상공부 차관과 코트라 사장을 거쳐 한국전력공사 사장 역임)였다. 내가 외교학과를 가겠다고 하자 조환익 형은 "외교학과는 과도 아니니 무조건 정치학과로 오라"며 정치학과 진학을 막무가내로 강권했다. 순진한 나는 그 말을 듣고 정치학과로 진학했다. 그러나 정치학과는 '외무고시 과'인 외교학과와 달리 '데모 과'였고, 따라서 진학해 만난 것은 바로 운동권 선배들이었다. 결국 한 선배를 만난 덕에 우연히 정치학과로 진학해 '악의 구렁텅이(?)'에 빠짐으로써 외교관이 되어 그림이나 그리며 낭만적으로 살려던 내 인생이 투옥과 제적, 해직 등 파란만장한 삶으로 변하고 만 것이다.

공릉 서울대학교 공과대학 자리에 위치한 교양과정부 시절부터 운동권에 포섭된 나는 2학년이 되어 정치학과에 다니기 위해 현재 대학로 한국방송통신대학교 자리인 문리대에 왔을 때는 이미 의식화가 상당히 진행된 후였다. 그리고 1971년 봄에 실시된 대통령 선거에서 김대중 후보를 위한 대학생 선거참관인단에 참가했다. 여기에서 부정 선거를 목격하고 국회의원 선거 보이콧을 요구하러 학생 대표로 야당인 신민당사를 방문했다. 신민당 지도부를 만나 화기애애한 분위기에서 우리의 요구 사항을 전하고 환대를 받다가 나왔다. 그런데 정부는 이 일을 '신민당사 난입 사건'으로 몰아갔고, 그 바람에 미성년자 시절 (학교를 일찍 들어가 대학 2학년 때 만 18살이었다)에 쟁쟁한 선배들을 제쳐놓고 팔자에 없는 감옥신세를 져야 했다. 다행히 1심에서 용기 있는 판사 덕으로 무죄 판결을 받고 나올 수 있었다.

출옥 후 아버지는 나를 데리고 교수님들을 찾아다니며 "자식을 잘못 가르쳐 죄송하다"고 인사를 하셨는데, 그중 제일 먼저 찾아간 원로 교수는 말이라도 "감옥살이에 얼마나 고생이 많았느냐"고 위로하는 대신 "데모하지 말라는 내 말을 안 듣더니 쌤통이다"라며 마치 '고소해하듯이' 나를 대하는 것이었다. 그동안 상상해온 '스승'에 대한 내 생각에 찬물을 뿌리는 충격적인 이 모습을 보고 연구실을 나서면서 나는 "죽어도 교수는 되지 않겠다"고 결심했다(그러나 결국 교수가 됐으니 인생은 묘한 것이다). 그 뒤에도 나는 학생운동을 계속하다가 1971년 10월 박정희가 학생운동을 탄압하기 위해 선포한 위수령과 함께 다시 체포되어 제적을 당해야 했다. 특히 당시 문리대는 3, 4학년 선배들을 주로 제적했기 때문에 제적당한 2학년은 나 혼자였다.

그런데 더 큰 문제는 다른 선배들은 제적당한 동시에 강제 징집 방식으로 군대로 보내지고 군복무 중 포괄적인 복학 조치가 내려져 제대 후 대학으로 곧바로 돌아와 시간적으로 별 손해가 없었던 반면, 나는 나이가 어려 제적을 당하고도 군대조차 가지 못했다는 사실이다. 따라서 근 2년간 백수 생활을 해야 했는데, 그때가 내 생애에 가장 고통스러운 시절이었다. 다른 친구들은 다 학교에 가 공부하는데 학교도 가지 못하고 젊은 나이에 백수 생활을 해야 했기 때문이다. 그러나 문제는 그것만이 아니었다. 운동권의 문제아들은 싹쓸이해 다 군대로 보내놓았기 때문에 대학가에 불온 유인물이라도 나오면 용의 대상자가 군에 가지 못한 나 같은 사람들뿐이었고, 사건만 터지면 공안 기관에 잡혀가 관련 여부를 추궁당해야 했다.

여기에 못지않게 고통스러운 것은 아버님의 탄식과 걱정이었다. 부모 마음이라는 것이 다 그렇지만, 아버지는 술만 드시면 아들 신세에 대해 탄식을 늘어놓아 나로서는 여간 고통스러운 일이 아니었다. 특히 참을 수 없는 일은 아버지가 '왜 내 자식만 제적을 당해야 하는가' 하는 잘못된 자식 사랑 때문에 가장 친한 친구이자 동지인 같은 과 친구(김효순 전 한겨레신문사 전무)를 정부의 프락치로 몰면서 만나지 말라고 하는 것이었다. 정보기관 관계자가 겁을 주기 위해 "학생운동에 우리가 다 프락치를 심어놓아 일거수일투족을 다 아니까 아들 단속을 잘하라"고 한 말에 넘어간 아버님이 엉뚱하게도 내 절친한 친구를 프락치로 몰아버렸다.

이런 악몽의 시간 2년을 보내고 군에 입대했다. 사실 키가 커서 면제를 받아야 하는데 자기들 맘대로 키를 줄여 강제로 군대로 보냈다. 그런데 전국민주청년학생총연맹(민청학련) 사건이 터졌고, 1971년 위수령 당시 살아남은 김효순 등 동기들이 대거 구속되어 사형과 무기 징역 등 어마어마한 형을 선고받았다. 이 사건이 터진 얼마 뒤 아버지가 면회를 왔는데, 얼굴에 화색이 돌며 하시는 말씀하셨다. "호철아, 너 그때 제적당하기를 너무너무 잘했다." 제적당하기를 잘했다? 그렇다. 1971년에 제적당한 덕에 사형이나 무기 징역을 피할 수 있었다. 미리 제적당한 것이 엄청난 행운이 된 일, 그런 일은 박정희 정권이 우리 시대에 선물한 눈물겨운 코미디였다. 옛말대로 '인생사 새옹지마'다.

그러나 이 일을 통해 내가 배운 것은 단순한 '인생사 새옹지마'라는 교훈이 아니다. 그 말을 어떻게 해석해 자신의 삶에 적용하느냐는 '자기화'의 문제다. '인생사 새옹지마'는 결국 인생에서 한 사건이 어떠한 결과를 가져다줄지는 누구도 모른다는 뜻으로, 이 말을 잘못 소화하면 "따라서 되는 대로 살자"는 식의 숙명론이나 허무주의에 이르게 된다. 그러나 나는 오히려 '인생사 새옹지마'를 적극적으로 해석해 1971년 위수령과 일련의 사건들을 통해 나의 삶에 가장 중요한 원칙을 세웠다. 어차피 불행이 행운이 될지도 모르고 행운이 불행이 될지도 모르는 등 인생을 누구도 예측할 수 없을 바에는 될 수 있는 데까지 원칙을 지키고 산다는 것이다.

한 예로 1980년대 말 유학을 마치고 귀국한 시간강사 시절 일부 선배들은 나를 걱정해 가뜩이나 대학에 자리를 잡기 어려운데 진보적인 색깔을 보이면 더욱 취직이 어려우니 취직할 때까지는 논문을 될 수 있는 한 보수적으로 쓰고 진보적 활동도 자제하라고 충고했다. 그러나 곰곰이 생각해보니 내가 내 색깔을 숨기고 보수적 학계에 아부를 한다고 해서 대학에 취직이 된다는 보장이 있다면 또 모를까, 그렇지 않을 바에는 그렇게 처신을 하다가 취직도 안 되고 '원칙을 버렸다'는 자책감에 빠지느니 차라리 당당하게 행동하면 취직이 안 되더라도 "내가 진보적이라 취직이 안 됐다"는 핑계가 생기고 스스로 원칙을 지키며 싸웠다는 긍지라도 남을 것 같았다. 그래서 눈치 보지 않고 내 생각대로 글을 쓰고 진보적 활동도 마다하지 않았다. 그랬는데도 운이 좋은 탓인지 대학에 취직이 되어 현재에 이르게 됐다.

이야기가 옆으로 흘렀지만 3년의 군복무를 마치고 복학을 하자 정치학과는 관악산으로 이사를 하고 소속 대학도 문리대에서 사회과학대로 바뀌어 있었다. 게다가 학생들 분위기도 달랐다. 개강 파티를 한다고 해서 복학 인사도 할 겸 참가했다가 충격을 받았다. 과대표가 파티가 시작되자마자 한 학생을 소개하며 "이번에 고시에 붙은 고시 경험담을 듣겠습니다"라는 것이었다. 게다가 다들 박수를 치며 존경스러운 얼굴로 그 이야기를 기다리는 것이었다. 그래서 자리를 박차고 일어나 일갈했다.

"여러분의 선배들이 독재와 싸우며 감옥에 가 있고 유신 체제하에서 많은 사람들이 고통받고 있는데, 유신의 하수인이 되는 고시에 통과한 일이 뭐 그리 자랑스럽다고 과 공식 행사에서 고시 경험담을 듣는다니 말이 됩니까." 이렇게 시작한 관악산의 정치학과 생활은 즐거움과는 거리가 먼 고통스러운 나날이었다.

그러나 대학 졸업 후 취직을 하기 싫었고, 또한 옛 경력 때문에 취직이 될 것 같지도 않았다. 그리고 한국 민주주의 등 우리의 문제에 해답을 줄 수 있는 '진정한 공부'가 하고 싶었다. 그래서 대학원에 진학해 시험에 합격했다. 문제는 돈이었다. 그래서 여러 선배들과 의논하자 통신사의 외신부 기자가 되면 아침 6시 반에 출근해 9시 반이면 일이 끝나고 일주일에 야근 1번 정도 하면 되니 통신사를 가라고 권유해 동양통신(현 연합뉴스의 전신)에 입사했다. 그러나 경제부장이 나를 잘 봐서 경제부로 데리고 가는 바람에 대학원은 다닐 수 없게 됐다. 그래서 한국은행 출입 기자가 됐는데, 한국은행 출입

기자는 대부분 경제학과, 특히 서울대학교 경제학과 출신으로 정치학과 출신인 나로서는 '여신', '수신', '통화', '총통화' 등 모든 이야기가 '딴나라 이야기'였다. 그러나 1년 뒤 정치학을 공부하며 습득한 '비판적이며 종합적인 사고 능력'을 발휘해 경제학과 출신들을 누르고 한국은행이 가장 무서워하는 '1급 기자'가 될 수 있었다. 감옥도 가고 고생을 했지만, 서울대학교 정치학과를 가서 정치학을 배우기를 잘했다는 것을 처음으로 실감할 수 있었다.

경제부 기자로 자리를 잡아갈 때 다시 사건이 터지고 말았다. 10·26부터 1980년 봄에 이르는 일련의 격동이었다. 이런 격동은 기자로 안주하려던 내 가슴속 깊이 숨어 있는 '운동권의 피'를 다시 불러일으켰다. 특히 1980년 5월 광주민중항쟁을 북괴와 불온 침투 세력의 사주로 일어난 사건으로 보도하라는 계엄 당국에 저항하는 언론 제작 거부 운동에 적극 참여했고, 그 결과 언론사를 떠나 유학을 가야 했다. 그리고 그 결과 대학 시절 절대 되지 않겠다고 다짐한 교수가 되고 말았다('정치학자 손호철', '교수 손호철'을 만드는 데 가장 기여한 사람은 전두환이고, 이 점에서는 항상 고마워하고 있다).

사실 이제 교수가 되어 학문을 직업으로 삼고 있지만 내 학부 성적은 정말 창피할 정도다. 특히 군에 갔다가 복학을 하기 전에는 운동을 하러 다니느라고 수업에 들어간 기억이 별로 없어 성적이 줄줄이 자동 전화, '디디디'였다. 그러나 미국 대학원에서는 중앙정보국^{CIA} 출신의 극우 교수가 정치적 이유로 준 비 플러스 하나를 제외하고는 모두 올 에이, 에이 플러스와 에이 제로를 기록한 '최우수 학생'이었다. 그리고 이것은 서울대학교 정치학과를 다니며 수업을 듣고, 다양한 책을 읽고, 운동권 선배들과 밤새워 논쟁하며 습득한 비판적이고 종합적인 사고 능력의 결과라고 생각한다. 아니 단순한 사고 능력의 문제가 아니라 정치학을 공부하면서 인간과 삶을, 나아가 내가 젊을 때 하고 싶던 예술까지 총체적으로 (관계론적으로) 바라볼 수 있게 되었다는 점이 가장 큰 성과다.

이 점에서 나와 서울대학교 정치학과의 우연한 만남은 우여곡절과 많은 고통이 있었지만 행복한 조우였다. 다만 서울대학교 정치학과에도 이 만남이 그런 것인지는 알 수 없는 일이다.

민교협 공동의장의 빛과 그림자*

이야기 하나 — BK21 사건

민교협(민주화를 위한 전국교수협의회) 의장이 된 뒤 얼마 되지 않아 김대중 정부가 BK21이라는 신자유주의적 연구 지원 프로그램을 만들어 발표했다. 민교협은 다른 교수 단체들과 연대해 BK21에 반대하는 대규모 집회를 명동 성당에서 열었다. 교수들만의 집회와 가두시위는 4·19 이후 처음이라며 언론도 비상한 관심을 보였다. 그런데 문제는 명동성당에서 출발해 광화문까지 가는 도로 행진에서 발생했다. 워낙 큰 집회라 공동의장인 내가 직접 경찰청에 나와 설명을 하고 승인을 받으라고 경찰이 설명해서 직접 경찰청에 갔다. 행진 경로를 설명하자 대사관을 지나가는 구역이 많아 집시법상 허가를 해줄 수 없다는 것이었다. 난감했다.

그런데 순간적으로 경찰이 경찰의 수사권 독립을 놓고 검찰과 갈등을 빚고 있는 상황이라는 사실이 떠올라 지나가는 말인 것처럼 이 문제를 언급하며 경찰을 편드는 이야기를 했다. 그러자 갑자기 담당 경찰의 표정이 달라지

---

* 민주화를 위한 전국교수협의회 20주년을 맞아 낸 《걸어가면 길이 된다 — 민교협과 나》(2007)에 쓴 글이다.

면서 지도를 놓고 대사관을 피해갈 수 있는 행진 경로를 자신이 찾아서 만들어주더니 여기에 기초해 행진 허가를 내주는 것이었다.

이렇게 천신만고 끝에 허가를 받은 집회를 위해 집회 당일 현수막 등을 가지고 명동성당에 미리 나가 준비를 하고 있었다. 그런데 누군가 뒤에서 혁대를 밑에서 움켜쥐는 것이었다. 대학 시절 학생운동을 할 때 정보과 형사들이 체포할 때 쓰던 수법이었다. 순간적으로 '아니, 지금이 어느 시대인데 교수 집회를 한다고 형사가 나를 잡아' 하는 생각이 들어 "어느 새끼야"라면서 화를 내며 돌아섰다. 그러자 아니 웬걸, 낯익은 얼굴이 나를 쳐다보고 있었다. 아버지였다.

텔레비전 뉴스를 보다가 민교협이 오늘 데모를 한다고 해서 나왔다면서 하시는 말, "야, 학교 다닐 때 그만큼 데모하고 속 썩였으면 됐지 교수됐다고 해서 이제 마음놓고 있었더니 또 잡혀가려고 데모냐!" 그 황당함이란……. 그러자 정보 수집 때문에 나와 있던 경찰, 국정원 등 정보기관 관계자들이 배를 잡고 웃으며 설득했다. "아버님, 이제 누가 손 교수님을 대낮에 잡아가겠습니까. 그러나 안심하시고 들어가세요." 그러자 아버지는 안심하고 집으로 돌아가셨다. 민교협 사상 집회 현장에서 집행부 간부가 부모에게 허리춤을 잡히고 야단을 맞은 사건은 이때가 처음이자 마지막일 것이다.

이야기 둘 — 김진균 선생님과 폭탄주

2000년 4월 총선은 시민단체들의 낙선운동이 인기를 끈 선거였다. 반면 민교협은 민주노총을 비롯한 민중 단체들과 손을 잡고 소시민적인 부정부패 정치인 낙선운동을 넘어서 총선을 김대중 정부의 신자유주의적 구조조정에 대한 심판으로 몰아가기 위해 고전분투했다. 이 문제에 관련해 민교협을 중심으로 민중운동의 총선 대응 방안에 관한 토론회를 종로 5가 기독교회관에서 열었다.

이 자리에서 내가 발제를 했는데, 토론회가 끝난 뒤 뒤풀이를 끝내자 나, 민교협의 어른인 김진균 교수님을 비롯해 최갑수, 박거용 등 민교협 교수들만 남았다. 평소 김진균 선생님을 한번 모셔야겠다고 생각하던 터라 "강남에 아는 조그만 카페가 있으니 그곳에 가서 한잔 모시겠다"고 제의해 술을 한잔했다. 특히 내 주특기인 재야 폭탄주(폭탄주는 원래 미국 노동자들의 술로, 유학 시절 미국 노동운동가에게 배웠다)를 만들어 돌렸고, 김 선생님은 매일 소주에 삼겹살만 먹느라 이렇게 분위기 있는 곳에서 좋은 술을 먹은 지 침 오래됐다며 흥겹게 노셨다.

그런데 얼마 뒤 서관모 교수가 찾아왔다. 김진균 선생님이 암 수술을 받으셨는데 민교협 의장단은 알아야 할 듯해 이야기한다는 것이었다. 놀라서 다음날 당장 병원으로 달려가자, 선생님께서 갑자기 "손 교수, 고마워" 하며 내 손을 꼭 쥐시는 것이었다. "암에 걸리셨는데 고맙다니 무슨 말씀입니까?" 내가 당황스러워하자 선생님은 폭탄주를 드신 날 밤 배가 아프고 토하며 고생을 해 다음날 병원에 갔다가 대장암을 발견했다고 말씀하셨다. 그 말을 듣자 폭탄주 덕에 그래도 암을 조기에 발견했으니 역시 폭탄주는 '민중을 위한 노동자 술'이라는 생각이 들었다. 그러나 동시에 선생님에게 좀더 일찍 폭탄주를 대접했으면 좀더 일찍 암을 발견했을 텐데 하는 자괴감에 가슴이 아팠다.

그 뒤 선생님은 암 치료를 받는 어려움 속에서도 이라크전 파병 반대 모임 등에 가끔 얼굴을 비추시며 공동의장 일에 바쁜 나를 격려해주셨다. 그러다가 정년을 맞으셔서 민교협 집행부가 돈을 모아 축하 저녁을 모시기로 했다. 마침 이 이야기를 들은 김세균 교수가 자신의 형님을 위한 자리인 만큼 형수께서 운영하는 식당에서 저녁을 내겠다고 해 대신 모은 저녁값을 봉투에 넣어 선생님께 전했다. 그러자 선생님께서 2차를 사시겠다며 문제의 그 카페로 가자는 것이었다. 그래서 그곳으로 모시고 갔고, 선생님께서는 술을 하지 않으셨지만 분위기에 맞춰 피곤하신데도 늦은 시간까지 자리를 함께하셨다. 그러나 그 자리가 내가, 그리고 민교협 회원들이 선생님과 함께 한 마지막 술자리가 될 줄은 정말 몰랐다. 안타까운 일이다.

이야기 셋 ─ 나이스 소동

노무현 정부 초기 전교조 등의 추천으로 민교협 공동의장을 지낸 윤덕홍 교수가 교육부 장관에 발탁됐다. 그런데 윤 장관이 전교조와 민중, 시민단체들의 반대를 무릅쓰고 교육 정보를 통합 관리하는 나이스NEIS를 강행했다. 여기에 항의하던 전교조 위원장은 감옥에 가야 했고, 전교조 위원장의 보석 출옥에 맞춰 광화문에서 나이스 반대 촛불 시위가 열렸다. 그래서 민교협 공동의장 자격으로 집회에 참석해 같은 민교협 공동의장으로서 사과드린다는 연대사를 했다.

　얼마 뒤 종로경찰서에서 출두 명령이 떨어졌다. 하도 여러 공대위의 공동 대표를 맡고 있고 여러 집회에 참석해 연설을 해 어느 것이 문제인가 알아봤더니 나이스 건이라는 말이었다. 결국 종로서에 출두했다. 대학 시절 이후 25년 만에 경찰에 출두해 조사를 받은 것인데, 문제의 집회가 불법 집회고 경찰의 해산 명령도 무시해 집시법 위반과 공무 집행 방해죄에 해당된다는 것이다. 그래서 항의했더니 자신들은 모른다며 검찰이 기소 여부를 결정할 것이라고 했다. 화가 나 민교협 집행부와 시민단체에 문제를 호소했지만 다들 "손 교수가 기소가 돼야 운동이 커지고 민교협도 뜬다"며 오히려 좋아했다. 결국 검찰에서 출두하라는 전화가 왔다. 그래서 "출두를 거부하니 구인하라"고 답했다. 그러자 조금 있다가 검사가 직접 전화를 해 하는 말이, 출두 안 하면 경범죄로 기소가 돼 벌금형이 나오게 되니 그렇지 않게 잘 봐주려 하니까 출두만 하라는 것이었다.

그래서 학생운동으로 투옥당한 1971년 이후 30여 년 만에 검찰에 가서 조사를 받았다. 특히 검찰로 가는 택시에서 뉴스를 들으니 탄핵에 몰린 노무현 대통령을 구하기 위해 국민들이 거리로 달려 나와 매일 벌어지고 있는 촛불시위를 둘러싼 불법성 논란에 대해 열린우리당 정동영 대표가 국민의 의사를 표현하는 합법적 시위라고 주장한 내용이 보도되고 있었다. 자신들을 위한 촛불시위는 합법이고 나이스 반대 촛불시위는 불법이라는 말인가 하고 화가 났다. 검사를 만나자 모든 것을 인정하면 정상을 참작해 기소유예 처분을 하겠다고 말했다. 그래서 내가 민교협 의장으로 1년이면 100건 이상의 집회에 참석하고 많은 연대사를 하는데 그때마다 내가 그 집회가 합법 집회인지 확인해야 하느냐고 반박했다.

그러자 그러면 자세한 경위를 조사해야 한다며 집회 경위 등에 대해 무려 5시간 동안 꼼꼼하게 심문을 했다. 그리고 결국 검찰은 나를 증거 부족으로 무혐의 처리했다. 어쨌든 민교협 사상 민교협 활동으로 검찰에 출두해 조사를 받은 최초의 사건인 나이스 촛불시위 사건은 해피엔딩으로 끝이 났지만 자유주의 정권들의 이중성에 그 뒷맛은 지금도 떨떠름하기만 한다.

이야기 넷 — 몇 가지 단상들

모든 민교협 공동의장이 그렇지만 공동의장 시절 주업이 집회와 기자 회견 참석이고 교수는 부업일 정도로 열심히 집회와 기자 회견에 참석했다. 그런데 어려움이 있었다. 대개 아침 10시에 기자 회견이 열리는데, 새벽잠이 많은

데다가(특히 전날 술을 마신 경우) 집회 참석 등으로 차를 가지고 갈 수 없어 대중교통을 이용해야 했다. 집이 분당이라 8시 30분에는 집을 나서야 하는데, 그 시간이 출근 시간대고, 사는 곳이 분당에서도 서울에 가장 가까운 쪽 끝이라 버스가 꽉 차서 오는 경우가 많아 너무 고생을 했다. 그러나 득도 있었다. 공동의장 3년 동안 거의 차를 타지 않아 자동차가 거의 새 차로 남게 된 것, 그리고 기자 회견이 있는 날은 전날에 술을 마시지 않아 건강이 좋아진 것이다.

물론 나 덕분에 민교협 집행부 문화에 변화가 생긴 것은 사실이다. 그전까지 집행부 회의가 끝나면 저녁을 먹고 호프집으로 2차를 가 생맥주를 했는데, 이제는 호프집에서 양주를 사다가 생맥주에 폭탄주를 만들어 먹는 새로운 풍속도가 자리잡았다. 특히 술을 잘 마시지 못해 폭탄주를 거부하는 김서중 교수 등에게 김진균 선생님의 암 발견 일화로 겁을 주며 말이다.

기억에 남는 또 다른 일화는 단명한 '민교협 광화문 시대'다. 민교협 중앙 집행부, 특히 강북 거주 집행부 안에는 오래전부터 민교협이 더 원활하게 사회 활동을 하기 위해 사대문 안으로 들어가야 한다는 주장이 제기돼왔다. 그러던 중 광화문 피어선 빌딩으로 사무실을 옮긴 환경재단의 권유와 주선으로 그곳으로 사무실을 옮겼다. 건물주인 피어선 신학대학교가 민교협이 입주자라는 사실을 알고는 기겁하며 나가주기를 바랐지만 버텨서 일단 사무실을 옮길 수 있었다. 그러나 내가 집행부를 떠나면서 비싼 월세에 따른 재정적 어려움을 이유로 짧은 광화문 시대 실험은 끝나고 옛 보금자리인 낙성대로 돌아오고 말았다.

이런 재정적 어려움의 한 원인이기도 하지만 내 집행부 시절 생겨난 중요한 변화는 전국교수노동조합의 출범이다. 특히 민교협의 중요한 한 축을 구성하고 집행부의 핵심을 담당해온 정예 세력이 교수노조로 빠져나갔다. 민교협과 교수노조의 관계에 대해 여러 차례 중앙위원회 등에서 논의했고 민교협을 교수노조로 바꾸자는 발전적 해체론도 있었지만, 다수가 민교협은 교수노조가 할 수 없는 독특한 구실이 있어 해체하면 안 된다는 견해여서 존속하기로 결정했다. 그러나 재정과 인력 면의 중복에 따른 어려움이 커진 것은 사실이다.

교수노조의 출현이라는 내적 조건의 변화 말고 외부 환경의 변화도 민교협에 닥친 어려움에 일조했다. 바로 김대중 정부와 노무현 정부라는, 자유주의 정권의 등장이다. 내가 민교협 공동의장을 한 시기가 바로 이 때로, 적지 않은 회원들이 이제 민주화가 된 것 아니냐는 생각에서 활동을 접었다. 또한 시민단체들도 정부에 대해 협조적인 태도를 보이는 경우가 많았다. 민교협도 이 두 정부와는 관계 설정을 어떻게 할 것인지 고민을 했다. 청와대가 시민사회단체 대표 초청 만찬에 민교협 의장도 초청했다. 그러나 고민 끝에 초청에 응하지 않았고, 그 뒤에도 이런 태도를 견지했다. 그 대신 이 두 정권의 신자유주의 정책 때문에 고통받는 기층 민중 조직들과 함께하는 연대 활동을 강화했다. 그러나 집행부 충원 등에 어려움이 많아 그전까지 있던 공동의장을 상임공동의장으로 바꾸고 전임 공동의장들을 모두 공동의장으로 만들어서 시간이 나는 공동의장들이 십시일반으로 행사에 참석하는 일종의 풀 제도를 도입해야 했다.

기록을 위해 남겨둬야 할 일은 '장상환 사건'이다. 민교협은 대중운동 조직인 만큼 공동의장 등 집행부는 정당 활동을 금지하고 있다. 그런데 민주노동당이 출범하면서 나와 함께 공동의장을 하던 경상대학교 장상환 교수가 민노당 정책위원장을 맡았다. 그래서 공동의장을 관두도록 권유했는데, 문제의 규정은 보수 정당에나 해당되기 때문에 사표를 못 내겠다고 버텼다. 뿐만 아니라 이 조항은 헌법에 정한 정당 활동의 자유를 침해하는 규정이라며 계속 사퇴를 강요하면 소송을 내겠다는 것이었다. 난감한 일이었다. 논의 끝에 임기가 얼마 남지 않은 만큼 사퇴 처리하지 않고 넘어가기로 했다.

기록을 위해 남겨둬야 할 또 다른 사건은 김대중 정부 초기에 연 국가보안법 폐지를 위한 일일 주점이다. 민교협이 연 처음이자 마지막 일일 주점으로, 여기에서 모은 돈으로 《한겨레》에 교수 1200명이 서명한 국보법 폐지 광고를 크게 냈다. 여기에서 재미를 느껴 감옥에서 룸메이트로 대한민국 최고 제비족을 만나 춤 합숙 훈련을 받은 대한민국 교수 중 최고 춤꾼인 김세균 교수, 노래라면 한가락 하는 최갑수 교수 등을 동원해 돈 많은 강남 유한마담들을 상대로 거액의 입장료를 받는 일일 호스트바를 열어 민교협 활동비를 버는 엉뚱한 생각도 해봤지만, 민교협의 체면을 생각해 포기해야 했다.

2부

호모 쿨투라

조국통일

김추자, 5·18, 레게

"꽃잎이 피고 또 질 때면 그날이 생각나 나는 못 견디겠네."

정말 '간만'에 큰마음을 먹고 영화관을 찾아 〈꽃잎〉을 관람했다.

시사 결과 잘 만든 것 같다는 원작자 최윤 교수의 추천도 있고 해서 기대감에 영화의 시작을 기다렸는데 김추자의 〈꽃잎〉이 잔잔히 흐르는 것이 아닌가? 김추자의 〈꽃잎〉이라니? 5·18과 김추자. 아무리 생각해도 예상을 뒤엎은, 어울릴 것 같지 않은 상상 밖의 한 쌍이다. 한마디로 링에 오르자마자 '벨트 아래를 맞은 권투 선수'의 기분이었다. 그러나 신기한 것은 이런 충격과 달리 시간이 흐르면서 반복되는 〈꽃잎〉의 음악은 영화의 내용 속에 용해되어 애초부터 5·18과 무슨 내적 연관이 있던 것처럼 5·18의 일부로 느껴지기 시작했다는 사실이다. 모든 것은 고정된 실체나 내용은 갖고 있지 않으며 그저 맥락과 '차이의 게임' 속에서 의미를 가질 뿐이라는 '포스트주의'의 언어관과 담론관을 몸소 실감한 느낌이었다. 그리고 최근 화두가 되고 있는 '문화'라는 것을 생각해보았다.

그렇다. 우리 시대의 화두는 '문화'다. 이제 사람들은 더는 사회구성체론도, 국가성격론도, 정치경제학도 이야기하지 않는다. 이제 사람들은 욕망과 육체, 문화와 탈주를 이야기한다. 레닌과 마오, 알튀세르, 박현채가 아니라

존 레논과 클래쉬, 우드스톡, 들뢰즈, 서태지를 이야기한다. 일상성과 체제의 재생산의 문제에서 문화가 차지하는 위치를 생각해볼 때 이런 현상은 당연하며, 때늦은 감이 있다. 특히 정치를 일상적인 좁은 의미의 정치로 국한시켜 사고한 1980년대의 지나치게 편협한 지적 풍토를 생각할 때, 이것은 '발전'이다. 그러나 동시에 불길한 예감이 드는 것은 왜일까?

왠지 자꾸 머리에 떠오르는 것은 20세기 서구 지성사를 탁월하게 개괄한 페리 앤더슨Perry Anderson의 한 저작이다. 이 연구에 따르면 마르크스주의를 중심으로 한 진보적 서구 사상은 전후 철학과 문화 부문에서 활발한 업적을 남긴 반면 정작 정치와 정치경제학에서는 별 성과를 남기지 못했다는 것이다. 앤더슨에 따르면 결국 이런 결과는 서구 진보 운동의 침체와 밀접한 연관이 있으며 흔히 '강단 좌파'라 불리는 학술 운동과 문화 운동이 현실 운동에서 괴리되는 상황을 배경으로 한다는 것이다.

개인적 경험 역시 고개를 갸우뚱하게 한다. 사실 1970년대 유신 세대인 나는 세칭 '과학적 사회과학'의 훈련을 받지 못했다. 오히려 미국 진보 포크 송의 아버지 우디 거스리Woody Guthrie와 1960년대에 〈우리 승리하리라We shall overcome〉 등 반전 포크 음악의 부활을 주도한 고참 포크 싱어 피트 시거Pete Seeger의 포크 송들, 밥 딜런Bob Dylan의 〈블로잉 인 더 윌드Blowing' in the Wind〉, 존 레논John Lenon의 〈이매진Imagine〉과 〈마인드 게임Mind Game〉, 핑크 플로이드Pink Floyd의 〈더 월The Wall〉, 펑크 그룹 클러시Clash의 〈노우 유어 라이트Know your Right〉, 밥 말리Bob Marley의 레게에 심취했다. 그리고 이런 문제의식은 정치경제학과 국가론으로 발전했다.

그러나 1980년대 이후의 흐름은 이런 개인사적인 과정을 정확히 거꾸로 가고 있는 것 같다. 특히 염려되는 것은 이런 '문화'가 변혁적 잠재력을 극대화하기보다는 대부분 자본의 회로 속에 편입되어 있으며 그 내용과 정신보다는 단지 형식과 스타일에 매몰되고 있는 현실적 추세다.

대표적인 예가 레게다. 레게는 한마디로 제3세계 민중을 상징하는 '한과 해방의 음악'이다. 지미 클리프Jimmy Cliff의 선구적 노력을 거쳐 밥 말리를 통해 정점을 찍은 레게는 자메이카의 슬럼에서 생겨나 우리의 동학에 해당하는 '검은 예수'의 민중 신앙에 기초해 탁월한 음악성과 단순한 관념적 급진성을 넘어선 뛰어난 가사를 통해 제3세계 민중의 한을 노래하고 해방의 복음을 전파한 가장 대중적이면서도 가장 혁명적인 음악이다. 그러나 우리에게 들어온 레게는 이런 정신과 혼은 모두 거세되고 "내게 그런 핑계 대지 마" 류의 신파조 사랑 타령에 그저 박자만을 빌려온 '양키 레게'일 따름이다.

분명 문화는 또 다른 정치이고 엄청나게 중요하다. 그러나 '정치'의 대리 만족제인 문화, 그것도 자본에 포섭된 문화가 우리의 희망일 수는 없다.

《서강학보》 1996년 5월 8일

황석영과 이문열

군사 독재 시절 문학계에 벌어진 내표적인 논쟁이 참여 순수 논쟁이다. 순수
파는 예술이란 순수하게 예술적 미를 추구해야 한다고 주장한 반면 참여파
는 예술이 좀더 나은 사회를 위한 것이어야 한다며 반독재 투쟁 등에 앞장
섰다. 참여파로서 옥고를 치른 대표적인 문인 중 한 사람이 황석영 씨라면,
순수파로 분류될 수 있는 문인으로 현실 참여에 거리를 둬온 대표적인 문인
이 이문열 씨다.

다가오는 총선(2004년 4월)에 관련해, 각 정당들이 물갈이 경쟁의 일환으
로 저명인사들을 공천심사위원으로 유치하면서 열린우리당과 한나라당이
각각 황석영 씨와 이문열 씨를 외부심사위원으로 위촉해 화제가 된 일이 있
다. 한나라당 공천심사위원을 수락한 이 씨는 한나라당의 현상황에 대해 독
설에 가까운 비판을 가해 다시 한 번 화제가 됐다.

재미있는 것은 참여파인 황 씨가 심사위원 참여를 거절한 반면 순수파인
이 씨는 참여 요청을 받아들여 공천심사위원으로 활동하고 있다는 점이다.
황 씨의 경우 반독재 투쟁 같은 현실 참여와 특정 정당의 공천심사위원이라
는 정파적 참여는 성격이 다르다는 점에서 참여를 거부한 결정을 이해할 수
있다. 그러나 이 씨가 한나라당 공천심사위원을 수락한 것은 잘 이해가 되

지 않는다. 왜 군사 독재 등에 침묵하던 이 씨가 갑자기 참여파의 기수처럼 적극적인 현실 참여에 나섰느냐는 것이다.

물론 이문열 씨가 현실 참여에 직접 나선 것은 이번이 처음은 아니다. 김대중 정부 후반부 '조중동'으로 표현되는 한국의 주요 신문사들을 대상으로 하는 세무 조사에 관련해서 언론 탄압이라고 강력히 비판하는 칼럼을 쓰며 홀연히 언론 자유의 투사로 우리 앞에 등장한 적이 있다. 물론 문제의 세무 조사는 이 신문 사주들의 언론 자유 침해를 개선하기 위한 목적이 있다고는 하지만, 그 과정에서 반대로 권력에 의해 언론의 자유가 침해될 염려가 있었던 것은 사실이다.

그러나 이런 언론 자유의 침해는 군사 독재 시절의 언론 자유 침해에 견주면 약소한 것이라고 볼 수 있는바, 군사 독재의 언론 자유 침해에 침묵으로 일관하던 이 씨가 갑자기 언론 자유의 수호신으로 변신해 비분강개하고 나선 것은 코미디 같다는 느낌을 준다. 공천심사위원 건도 마찬가지다.

다른 문인들이 군사 독재에 저항하다 감옥에 갈 때, 순수 예술의 이름으로 이 모든 일을 외면하던 이 씨가 갑자기 보수 세력을 개혁하는 데 일조하겠다며 군사 독재 세력의 적자라고 할 수 있는 한나라당의 공천심사위원을 수락하고 나서는 데에는 고개를 갸우뚱하지 않을 수 없다.

사실 이런 경우하고 비슷한 행각을 보인 문학가가 친일파로 유명한 이광수다. 자서전을 보면 이광수는 원래부터 문학을 하려고 한 것이 아니라 과거를 봐 출세를 하려고 했는데 나라가 망해 출세가 어려워지자 문학을 했다는 것이다. 이광수는 원래 학문에 정진하며 촌에 묻혀 살려다가 나라가 망하자 공부를 때려치우고 독립운동이라는 현실 참여를 택한 일제 치하의 많은 지식인들하고는 정반대의 길을 간 것이다.

극단적으로 표현하면 이문열 씨는 이광수와 마찬가지로 참여해야 할 때 침묵하고 침묵해야 할 때 참여한 셈이다. 그리고 이런 모습은 순수라는 이름 아래 초지일관 현실 참여에 거리를 둔 이른바 순수 문학가들하고도 다른 행동 방식이다. 결국 군사 독재 시절 순수라는 이름 아래 침묵하다가 민주화 이후 민주 정부들에 맞서 저항의 칼을 빼 들고 참여파로 나서고 있는 행태를 볼 때, 군사 독재 시절 이문열 씨의 현실 불참은 순수 예술을 향한 신념 때문이 아니라 군사 독재에 대한 정치적 지지 때문이었다고 해석할 수밖에 없다.

황석영 씨와 이문열 씨의 엇갈린 행보를 보면서 우리는 지식인과 예술가가 침묵할 때와 참여할 때가 언제인지를 곰곰이 생각하지 않을 수 없다.

《한국일보》 2004년 2월 10일

리영희와 마광수, 박노해와 장정일

《플레이보이》 누드모델 이승희 씨가 내한해 '노랑나비' 열풍이 일고 있는 와
중에 촉망받는 젊은 작가인 장정일 씨가 소설 《내게 거짓말을 해봐》에 관련
해서 음란 문서 제조죄로 유죄 판결을 받고 법정 구속됐다. 급속히 진행되
고 있는 성 개방의 흐름 속에서 마광수 전 연세대학교 교수에 이은 장정일
씨의 구속은 표현의 자유의 문제에 관련해 사회적 관심이 되고 있다. 그러
나 마광수, 장정일 사건에 관한 그동안의 논의는 문제의 한 면만을 보는 한
계가 있다는 문제의식 아래, 이 문제를 정치학자의 시각에서 '표현의 자유와
정치'라는 측면으로 살펴보려 한다.

단도직입으로 말하자면 나는 사상과 표현의 자유는 반드시 보장돼야 하
며 우리 헌법이 자유민주주의를 국체로 규정하고 있다는 점에서도 문학 작
품에 대한 사법적 처리는 잘못된 것이라고 생각한다. 그러나 문제는 다른
곳에 있다.

표현의 자유는 단순히 외설에 관련된 표현의 자유만을 의미하지 않는다.
표현의 자유는 다양한 정치적 생각, 사상의 자유에 연관된 정치적 표현의 자
유에도 관련이 있다. 사실 문학 작품에서 반미 문제에 관련해 《분지》의 작가
남정현 씨, 《오적》의 작가 김지하 씨 등이 옥고를 치러야 했고, 사회과학 분

야에서는 우리 사회의 우상에 도전한 리영희 전 한양대학교 교수부터 가깝게는 사노맹의 시인 박노해 씨, 나아가 많은 학생과 노동자들이 사상과 표현의 자유에 관련해 사법 처리를 받아왔다.

문제는 이런 정치적 표현의 자유의 문제에 대해 마광수, 장정일 씨가 침묵과 외면으로 일관해왔다는 사실이다. 이 두 사람은 자신들이 표현의 자유의 수호자이자 신봉자, 즉 치열한 자유민주주의자인 것처럼 행세하고 있고 또 많은 사람들이 이렇게 생각하고 있지만, 정치학자가 보기에는 착각일 뿐이고 두 사람은 '얼치기 자유주의자'에 불과하다는 생각을 지울 수 없다.

물론 표현의 자유와 시대의 금기에 도전하기 위해 투옥도 불사한 이들의 용기는 개인적으로 존경한다. 그러나 논쟁을 위해 극단적으로 표현하자면, 이 땅의 젊은이들과 소외 세력들이 정치적 표현과 사상의 자유를 위해 투옥되고 스스로 목숨을 던지는 등 처절한 저항을 하고 있을 때 나 몰라라 하던 이들이 어느 날 '그 잘난'(?) 성적 표현의 자유를 가지고 갑자기 투사가 돼 나타난 것이다. 물론 이런 이들이 개인적으로 우리 사회에서 정치적, 사회적, 경제적 억압보다도 성적 억압이 더 중요한 문제라고 생각할 수도 있다. 이 문제는 많은 논쟁이 필요한 사안이지만, 분명 주관적 판단의 문제로서 이런 판단을 존중해줄 수 있다. 그러나 문제는 정치적 표현의 자유와 성적 표현의 자유 중 무엇이 중요하냐는 것에 상관없이 일관된 민주주의자라면 어느 한쪽만을 집착하고 다른 자유의 침해에 동의하거나 침묵해서는 안 된다는 것이다.

독일에서 득세하던 나치가 가장 먼저 공격한 것은 마르크스주의자였다. 그러자 자유주의자들은 은근히 즐거워하거나 아니면 남의 이야기인 양 외면해버렸다. 그러자 나치스가 그다음에 공격한 것은 유대인이었다. 이때도 자유주의자들은 침묵했다. 그러나 그다음에 나치가 잡아넣기 시작한 것은 자유주의자들이었다. 자유주의자들은 저항했지만 그때는 이미 늦었다. 자유주의자들은 공산주의자들의 자유에 대한 억압이 바로 자신들의 자유에 대한 억압이라는 사실을 몰랐다. 민주주의와 사상, 표현의 자유란 이렇게 총체적이고 특정 분야에 국한될 수 없는 유기적인 것이다. 정치적 표현의 자유에 대한 억압은 곧 문학적 표현의 자유에 대한 억압이다.

사실 이런 자유의 보장이 제도화돼 있는 선진국의 경우 정치적 표현의 자유에 대한 보장이 성적 표현의 자유에 대한 보장보다 훨씬 엄격하다. 반전운동이 기승을 부리던 1960년대 미국에서 벌어진 한 이야기다. 어떤 대학생이 티셔츠에 'Fuck You!'라는 글씨를 써넣고 다니다가 외설 혐의로 경찰에 기소됐다. 그러자 이 대학생은 이 표현이 외설적 표현이 아니라 베트남전 참전 등 미국 정치의 한심한 현실을 비판하는 정치적 구호였다고 주장했고, 재판부는 이 학생이 이 표현을 성적 표현으로 했다면 유죄지만 자신이 정치적 표현이라고 주장하므로 정치적 표현의 자유를 보장하기 위해 무죄를 선고한다고 판결했다.

포르노 문제만 해도 마찬가지다. 포르노의 허용 정도는 커뮤니티의 합의 수준에 좌우해야 한다는 것이 미국의 법이다. 사람들의 사고가 자유로운 뉴욕의 경우 허용 수준이 무척 관대해 아주 노골적인 포르노를 허용하지만, 보수적인 남부의 경우 허용 수준이 엄격해 부드러운 포르노만 허용하는 것을 용인하고 있다. 그러나 정치적 표현의 자유는 그렇지 않다. 전국적으로 엄격하고 일률적인 자유의 보장을 제도화하고 있다. 왜냐하면 정치적 표현의 자유를 커뮤니티에 맡겨놓는 경우 남부의 흑인 억압 등을 허용하는 꼴이 되기 때문이다.

이런 글을 쓰는 목적은 물론 마광수 교수와 장정일 씨에게 과거의 침묵을 탓하기 위한 것이 아니다. 오히려 사상과 표현의 자유의 유기적 총체성을 강조하기 위해서다. 따라서 마광수와 장정일 씨, 나아가 문학의 표현의 자유에 대한 지지자들은 여기에 그치지 말고 아직도 엄청나게 많은 희생자를 양산하고 있는 정치적 표현의 자유라는 문제에도 눈을 돌려 함께 투쟁해야 한다. 마찬가지로 정치적 자유를 위해 투쟁해온 학생운동과 민중운동 역시 마광수, 장정일의 문제가 남의 이야기가 아니라는 점에서 성적 표현의 자유를 위해 함께 싸워 나가는 태도가 필요하다. 뒤늦게나마 학생운동 등에서 남과 다를 수 있는 권리라는 '차이의 정치'에 관련해 동성애의 권리 등 성적 억압에 관한 문제를 해결하는 데 관심을 갖기 시작한 것은 바람직한 일이다.

리영희와 마광수, 박노해와 장정일. 언뜻 보기에 상관이 없는 기이한 조합 같지만 곰곰이 생각해봐야 할 우리 시대의 화두다.

《라블륨》 5호, 1997년

생각은 높이, 삶은 소탈하게

리영희의 교훈

'우상에 도전하는 이성'의 상징인 리영희 선생님이 결국 세상을 떠났습니다. 선생님이 우리에게 끼친 영향, 선생님이 우리에게 주신 가르침은 너무 잘 알려져 있기에 긴 이야기를 하지 않겠습니다. 다만 잘 알려지지 않은 선생님의 숨겨진 측면을 개인적 일화를 중심으로 몇 가지 회상하면서 선생님을 보내드릴까 합니다.

제가 선생님을 처음 뵌 때는 1971년 박정희 정권이 발동한 위수령으로 대학을 잘려서 낭인으로 지내던 시절이었습니다. 선생님 역시 통신사에게 해직되어 놀고 계셨습니다. 그래서 대학 동기인 이근성 《프레시안》 고문, 김효순 전 한겨레신문사 전무 등과 한국일보사 근처 허름한 대폿집에서 자주 선생님을 모시고 이런저런 이야기를 나누며 막걸리를 마셨습니다.

그런데 하루는 선생님이 오셔서 어린애처럼 좋아하셨습니다. 왜 그러냐고 묻자 "이번에 원고료를 타서 처음으로 책상을 샀다"는 것이었습니다. 의아해서 물어보자 좁은 집에 노모까지 모시고 사는데다가 생활도 어려워 집에서 글을 쓸 때 가족들이 밥을 먹는 작은 앉은뱅이 밥상을 닦아서 책상으로 써왔는데 이번에 책상을 샀다는 이야기였습니다.

《우상과 이성》 같은 주옥같은 글들이 변변한 책상도 아니고 밥상에서 쓰였다는 것이 개인적으로 너무도 충격이었습니다. 그리고 선생님의 검소한 생활 철학에 다시 한 번 존경심이 솟아올랐습니다.

그러면서 선생님이 하신 말씀은 지금도 잊히지 않습니다. 당신의 삶의 철학이 "사는 것은 소박하게, 생각은 높게Live simple, think high!"라며 우리도 그렇게 살아야 한다고 말씀하셨습니다. 그렇습니다. 우리는 선생님의 철학하고는 정반대로 물질문명과 소비의 시대 속에서 '소비는 높게, 생각은 너무 단순하고 낮게' 하며 살고 있다고 볼 수 있습니다. 이 점에서 선생님의 그 말씀은 선생님이 여러 책을 통해 우리에게 가르쳐주신 구체적인 지식과 문제의식 이상으로 중요한, 삶에 대한 가르침이고 지식인이 살아가야 할 삶의 자세였습니다. 그리고 그 뒤 살아가면서 개인적으로 물질적 유혹에 흔들릴 때면 항상 선생님의 그 말을 되씹어봤습니다.

더욱 기가 막힌 것은 그 말 뒤에 이어진 선생님의 또 다른 이야기였습니다. "호철아, 그래도 나도 사치가 하나 있어. 먹물의 사치인데, 그것만은 못 버릴 것 같고 안 버릴 거야." 궁금해서 목이 빠져라 선생님 입만 쳐다보는 제게 선생님은 웃으며 이렇게 이야기하셨습니다.

"글을 쓸 때 반드시 좋은 만년필로 쓰는 것이야. 나는 죽어도 볼펜으로 글을 못 써. 글은 자신의 피로 쓰는 거야. 그러니 내가 직접 내 피가 펜에 들어가는 것을 눈으로 보듯이 경건한 마음으로 잉크를 넣고 펜촉을 닦고, 잉크가 다 소모되면 내 피가 그만큼 나갔구나 생각하고 다시 경건한 마음으로 잉크를 넣고 해서 써야지, 어떻게 볼펜처럼 대량 생산된 소모품으로 글을 써. 그리고 만년필 중 하필 좋은 만년필이어야 하는 이유는 글을 많이 쓰니 손목이 아파서 글이 잘 나가야 하기 때문이고"

선생님의 이 말씀은 두 가지 면에서 저를 놀라게 했습니다. 하나는 사치라고 해서 뭔가 거창한 것이 나올까 하고 기대했다가 기껏 만년필로 글쓰기가 사치라고 생각하시는 선생님의 검소한 생활 방식이었습니다. 다른 하나는 만년필로 글을 써야 하는 이유로 밝히신 그 이야기, 즉 글은 피로 쓰는 것이라는 말씀이었습니다. 글은 피로 쓰는 것이다? 얼마나 대단한 말입니까!

노무현 정부가 정권 초기 이라크 파병을 강행하고 있을 때, 민주화를 위한 전국교수협의회 의장으로 일하던 제가 대규모 파병 반대 집회를 조직하면서 사안이 사안인지라 몸이 불편하신 줄 알지만 댁으로 찾아가 도와주십사 부탁을 드려 선생님을 모시고 집회에 참석한 기억이 납니다. 명동성당으로 향하는 차 속에서 예전에 함께 술을 들던 이야기를 하며 빨리 건강해지셔서 다시 약주를 함께할 수 있기를 바란다고 하자 "와인 한 잔 정도는 한다"고 말씀하셨습니다. 그래 제가 사는 분당에 와인을 마실 수 있는 좋은 술집이 있으니 한번 모시겠다고 약속을 했는데, 그 뒤 몇 번 뵈면서도 지키지 못해 그만 거짓 약속이 되고 말았습니다. 죄송합니다.

선생님은 가셨지만, 선생님의 가르침은 영원히 잊지 않겠습니다.

"사는 것은 소박하게, 생각은 높게!"

"글은 피로 쓰는 것이다."

선생님, 안녕히 가십시오.

《프레시안》 2010년 12월 6일

시시포스 엉덩이 밀기*

시시포스의 엉덩이 밀기.

민중 예술이 발달하지 못한 1970년대 지식인들이 즐겨 읽은 최인훈의 소설에 나오는 '식민지 지식인에 대한 비유'다.

굴려 올려도 굴려 올려도 계속 굴러 떨어지는 돌을 그래도 굴려 올리는 시시포스 같은 것이 이론가 또는 사상가다. 하나의 이론이나 사상은 과거의 이론적 맥락과 사회 문제사적 맥락 속에서 생겨나, 시시포스의 돌처럼 굴려 올려지지만, 마치 '위치 에너지'가 '운동 에너지'로 전화해 소모되듯이 그 '이론의 에너지'가 소진되면서 다시 굴러 떨어지고 새로운 돌, 즉 새로운 이론이 다시 굴려진다. 그러나 서구 또는 '중심부'에서 이런 이론의 발생과 소멸은 최소한 그 사회적 필요성과 관련된 내재적 산물이며, 따라서 모종의 '내적 필연성'을 가지고 있다.

반면 이런 이론의 '수입, 소모지'인 '주변부'에서는 전혀 상황이 달라진다. '중심부'에서는 최소한 이런 '내적 필연'을 갖고 시시포스가 이론이라는 돌을 굴려 올린다면 '주변부'에서는 자신이 몸담아 살고 있는 사회에 관련된

---

* 서울대학교 학생들이 꾸린 '관악 학회평론 편집실'이 발간한 《학회평론》 1993년 겨울호에 기고한 권두언이다.

'내적 필연' 없이, 즉 왜 그때 그 이론인가 하는 '내적 필연'이 없이 우선은 우리가 공부하던 때에 '중심부'에서 우연히 우리가 유학 가서 공부하던 대학의 지적 유행이 그것이었다는 이유로 그 돌을 굴리고 있는 경우가 적지 않다는 말이다. 그 결과 굴려 올리는 시시포스의 엉덩이나 뒤에서 밀다가 시시포스가 굴러 넘겨져 내려오면 자신이 왜 함께 굴러 넘겨져 죽어야 하는지 그 이유도 모른 채 시시포스의 엉덩이에 깔려 죽는 '시시포스의 엉덩이 밀기'가 다수 제3세계 지식인의 자화상이라는 주장이다.

대학 신입생 시절 이 이야기를 읽고 최소한 '시시포스 엉덩이 밀기'만은 하지 말아야겠다는 생각을 갖고 노력해왔지만 얼마나 성공했는지는 나 자신도 미지수다.

대학의 존재 이유가 '진리'와 이론의 탐구에 있다면, 이런 이론, 그것도 실천적 이론 탐구의 선진 인자들의 응집체인 학회는 대학의 꽃이라 할 수 있다. 이런 학회의 연합체가 자신들의 이론 탐구 노력을 《학회평론》이라는 형식으로 물질화시킨 것은 그 의미가 지대하다. 더욱이 1970년대 초에 나 자신이 열심히 뛰어다닌 학회 활동(지금은 성남시가 된 판자촌 철거민 강제 이주 지역인 광주 대단지 실태 조사 결과를 보고서로 작성했는데, 결론 부분의 '사회正義의 실현'이 인쇄 담당자의 실수 때문에 '사회主義의 실현'으로 인쇄돼 곤욕을 치른 기억이 생생하다)을 회상하면, 학회 활동의 양적이고 질적인 성장에 고무되는 바가 크다.

이런 《학회평론》의 권두언에 '때 아닌' '시시포스 엉덩이 밀기' 이야기를 들먹이는 이유는 그 글이 대학 시절 내게 준 문제의식을 나 자신에게 다시 한번 상기시키는 한편, 여러분들도 자신이 '시시포스 엉덩이 밀기'에 빠지고 있는지를 부단히 자문해주기를 당부하기 위해서이다.

결국 우리가 '시시포스 엉덩이 밀기'에 빠져들기 않기 위해서는 개방적이되 우리 현실에 기초하는 뚜렷한 구체적인 문제의식을 가지고 해외의 여러 이론들을 공부하고 연구해야 한다. 이런 학습 자세는 최근 들어 이론의 '상품 수명product cycle'이 짧아지고 상품의 생산지인 서구 등과 소비지인 한국 등 제3세계의 지적 경향이 '공시화synchronized'되고 제3세계 이론 시장이 서구 이론의 상품 주기에 공시적으로 통합되고 있다는 점에서 특히 중요하다. 다시 말해 '시시포스 엉덩이 밀기'라는 비유를 빌려서 과거의 경우 그나마 시시포스의 엉덩이를 밀더라도 최소한 상당 기간 동안 언덕의 7~8부 능선 정도는 엉덩이를 밀며 올라갔다 굴러 떨어졌다면, 이제는 엉덩이를 밀며 몸도 채 풀리기도 전에 몇 발자국도 못 올라가 굴러 떨어지는 사태가 염려된다. 그리고 《학회평론》이 한국 지식인의 초상을 '시시포스의 엉덩이나 미는 사람'에서 최소한 우리 나름의 '시시포스'로 전환시킬 수 있는 계기가 되기를 바란다.

개방적이되 구체적이며 비판적이게. 그리고 치열하게 학습하고 탐구하자!

기기설

한때 유행하던 유머 중에 다음 같은 퀴즈가 있다. 여러 직업을 갖고 있는 사람들이 탄 버스가 강물에 빠져 마을 사람들이 구조에 나섰는데, 누구부터 가장 먼저 구조하느냐는 문제다. 답은 정치인이다. 재미있는 것은 그 이유인데, 강물이 오염될까 봐.

이렇게 정치는 우리에게 더러운 것, 썩은 것으로 인식돼 있다. 정치가 이렇기 때문에 정치를 연구하는 정치학도 도매금으로 이런 부정적 이미지의 손해를 보는 경우도 허다하다. 어쨌든 개인적으로 이제 무미건조한 정치학 연구로 밥벌이를 하고 있지만, 고등학교 시절만 해도 화가를 꿈꾸며 학창 시절을 화실과 고궁에서 보냈다. 그 뒤 정치학을 공부하게 되고 사회의식을 갖게 되면서 그 꿈을 잃어버리고 말았다. 그리고 대학 시절에는 역사라는 캔버스에 민중의 피와 땀을 물감으로 해서 온몸으로 그리는 정치야말로 진정한 예술이라는 개똥철학을 펴기도 했다. 그러나 예술과 문화에 대한 갈증은 가시지 않았고, 그래서 생긴 취미 중의 하나가 틈이 나면 박물관을 가는 것이다. 그러다가 생긴 또 다른 개똥철학이 '기기설氣技說'이다.

내 박물관 관람법은 특정한 조각이나 도기 등을 볼 때 그 유물이 그 왕조나 문명의 어느 시기에 해당되는지를 유심히 살피고 여기에 기초해 관찰하는 것이다. 그래서 얻은 개똥철학이 바로 '기기설'이다. 앞의 '기氣'란 기공 훈련, 기철학 등 최근 우리 사회에서 유행하고 있는 것으로, 한마디로 이야기하면 에너지라고 할 수 있다. 반면에 뒤의 '기技'란 기교, 즉 테크닉을 의미한다. 동서고금 여러 문명권의 유물과 예술품을 관찰해서 얻은 결론은 하나의 문명이나 왕조의 초기에는 앞의 '기氣', 즉 힘과 에너지가 넘치지만 뒤의 '기技'인 테크닉이 부족해 조야하고 투박한 경향이 있는 반면, 말기로 갈수록 화려하고 뒤의 기가 넘치지만 앞의 기는 사라지고 부족하다는 것이다. 결국 한 문명의 황금기는 기와 기, 즉 에너지와 테크닉이 조화하는 시기다.

이런 방법은 단순히 유물이나 박물관에 국한되지 않고 우리 주변의 거의 내부분에 해당된다고 할 수 있다. 예술기들도 마찬가지다. 물론 문인, 화가, 음악가들은 개인에 따라 어떤 사람은 원래 작품에 기氣가 넘치는 반면, 반대로 기氣는 부족하지만 다른 기技가 많고 재주가 많은 사람도 있다. 그러나 일반적으로 예술가들은 초기의 경우 열정과 에너지가 넘치지만 또 다른 기技는 부족해 투박한 반면, 나이가 들고 명성을 얻을수록 기교는 늘어나지만 원래의 기氣는 사라져가는 경향이 있다. 결국 예술가의 경우도 가장 뛰어난 작품을 만들어내는 것은 기氣와 기技가 조화하는 기간이다.

학자도 마찬가지다. 젊을 때는 학자의 기技라고 할 수 있는 지식은 부족하지만 학자의 또 다른 기氣인 문제의식과 비판 정신은 충만하다. 그러나 노년이 되면 지식은 많은지 모르지만 문제의식과 비판 정신은 상대적으로 약해지기 마련이다. 따라서 한 학자가 가장 생산적인 시기는 문제의식과 지식, 다시 말해 기氣와 기技가 조화하는 시기다. 대중 연예인, 스포츠 스타들, 하다 못해 술이나 사랑, 연애도 이런 기기설이 적용된다고 하겠다.

물론 주량이란 사람에 따라 차이가 있지만, 젊을 때는 대부분 술 때문에 고생하기보다는 술에서 기技라고 할 수 있는 술값 때문에 고생한다. 요즈음 대학생들은 그래도 신용카드라도 있지만, 우리 세대의 경우 대학 시절에 술값 때문에 시계 한 번 안 맡겨본 사람이 별로 없을 것이다. 그러나 나이가 들어 웬만한 수준의 술은 술값 걱정을 하지 않고 마실 수 있는 나이가 되면, 몸이 망가져, 즉 기^{氣}가 소진돼서 젊을 때는 술값 걱정하지 않고 원 없이 마시고 싶어하던 술을 마시려 해도 마실 수가 없게 된다. 한마디로 술꾼의 황금기는 기^{氣}와 기^技, 즉 건강과 주머니 사정이 조화하는 시기일 것이다. 사랑의 경우도 마찬가지다. 젊을 때는그저 열정만 있지 기술이 없어 연애를 제대로 못하는 경우가 허다하다면 나이가 들면 잔기술은 많지만 열정이 사라지고 만다.

정치도 매한가지다. 정치 신인의 경우 기^{氣}는 충만하지만 정치의 기교가 부족하고, 3김처럼 원로 정치인이 되면 정치 9단이라는 말처럼 기교는 무궁무진해지지만 기^{氣}가 사라져 '늙은 여우'가 되고 만다. 결국 오는 4월의 16대 (2000년) 총선을 겨냥한 정치권의 '젊은 피 수혈'과 '물갈이'란 기성 정치권에서 소진돼버린 기^{氣}를 충전하기 위한 고육지책이라고 할 수 있다.

그러나 문제는 '초기=기^{氣}의 과잉과 기^{技}의 부족, 중간기=기^{氣}와 기^{技}의 조화, 후기=기^{氣}의 부족과 기^{技}의 과잉'이라는 식으로 기^{氣}와 기^{技}의 관계를 자연사적인 진화론적 시각에서 바라볼 수만은 없다는 점이다. 사실 정치권의 젊은 피 수혈론에 관련, 여야가 영입하고 있는 젊은 피 중에는 나이에 걸맞지 않게 기^{氣}는 사라지고 기^{技}만 남은 '무늬만의 젊은 피'가 상당수를 차지하고 있다. 다시 말해, 이 사람들이 깨끗한 이유는 다른 사람보다 청렴해서가 아니라 단지 타락할 기회가 없었기 때문인 경우가 적지 않다.

많은 국민들을 고통 속에 몰아넣고 있는 국제통화기금^{IMF} 위기만 해도 그렇다. 물론 국가의 흥망에는 기^{氣}와 기^{技}의 관계의 변화라는 자연사적 과정이 깊이 관계돼 있다. 즉 초기에는 기^{氣}가 넘치지만 기^{技}가 부족하다가 기와 기가 조화해 황금기를 누리게 되고, 시간이 지나면 기^{技}가 기^{氣}를 압도해 퇴폐와 향락이 판을 치면서 그 나라는 쇠락의 길을 걷게 된다. 그러나 우리 사회의 경우 채 기(氣)가 성숙하기도 전에 기(氣)가 빠져버려 경제위기를 맞고 만 것이다. 사상누각의 가시적 경제 업적에 도취된 거품과 샴페인 터뜨리기로 너무 일찍 헝그리 정신, 즉 기(氣)가 사라져버린 것이다. 기(氣)가 성숙하기도 전에 기(氣)가 사라져버린 조로화, 그것이 우리 사회가 안고 있는 가장 심각한 문제 중의 하나다.

《민교협회보》 2000년 1월호

치열하게 더 치열하게

'인생의 후배'들에게

대학 강단에 서서 학생들을 가르친 지 어언 25년이 흘렀습니다. 매 학기 마지막 수업을 들어가면 항상 떠오르는 것이 소설 속에서 허준의 스승으로 등장하는 유의태입니다. 제자가 인체를 연구할 수 있도록 자신의 몸을 해부용으로 내놓는 유의태를 생각하며 "나는 스승으로서 유의태의 몇 분의 일이나 되는 것인가" 하고 부끄러움을 느낍니다. 그리고 그런 부끄러움을 조금이나마 메우고자, 스승이라기보다는 인생의 선배로서 몇 가지 이야기를 해줍니다. 제 수업을 듣지 않는 학생들을 위해 이 지면을 통해 그런 이야기를 해주고 싶습니다.

첫째, 공동체 의식을 가지고 살아달라는 것입니다. 좌파 사상가인 카를 마르크스의 좌우명은 '인간적인 것치고 우리와 무관한 것은 없다Nothing human is alien to us'였습니다. 우리 주변에서 부딪치는 타인들의 고통은 우리와 무관한 것이 아니라 우리의 이야기이기도 합니다. "누구를 위해 종은 울리느냐고 묻지 말라. 그것은 너를 위해 울리는 것이니."

아니 인간을 넘어서 살아 있는 생명 쳐놓고 우리와 무관한 것은 없습니다. 인간은, 나아가 모든 생명은 서로 연결돼 있기 때문에 거대한 하나의 공동 운명체라고 할 수도 있습니다. 생태계의 위기가 가져오는 생명의 연쇄 반응이 이것을 입증해줍니다. 따라서 스펙 전쟁과 무한 경쟁을 넘어서 공동체와 연대 의식을 갖고 살아가는 것이 중요합니다.

정치와 사회 문제도 그렇습니다. 그런 일들은 나하고 무관한 문제라고 생각할지 모르지만, 우리가 공기를 마시지 않고 살 수 없듯이 정치와 사회 문제는 우리의 삶의 조건을 규정하는, 피할 수 없는 현실입니다. 따라서 한 시인이 쓴 표현대로 500원짜리 돼지갈비가 비계만 나왔다면서 작은 일에만 분노할 것이 아니라 우리의 삶의 조건을 규정하는 정치와 사회 문제에도 관심을 가져야 합니다.

둘째, '뜨거운 가슴에 차가운 머리'를 갖춰주십시오 마르크스가 좌파 사회과학자를 대표한다면 우파 사회과학자를 대표하는 학자 중 한 명이 독일의 사회학자 막스 베버Max Weber인데, 베버의 좌우명이 바로 '뜨거운 가슴에 차가운 머리warm heart, cool head'입니다. 그러나 불행하게도 많은 사람들은 머리가 냉철하면 가슴은 더욱 차가운 '뜨거운 머리에 차가운 가슴cool head, icy heart'이거나 정반대로 가슴이 따뜻하면 머리는 아예 뜨거운 '따뜻한 가슴에 뜨거운 머리warm heart, hot head'인 경우가 많습니다.

다르게 표현하면 지성과 감성과 야성을 두루 갖춰달라는 것입니다. 특히 일반화의 위험이 있기는 하지만, 서강대학교의 경우 에프에이FA 제도(개인적으로 이 제도를 폐지하자고 주장해왔지만 역부족입니다)로 상징되는 규율의 결과인지 젊음의 특권인 패기와 가슴이 부족하지 않은가 싶습니다.

셋째, 무엇을 하든 치열하게 사시기 바랍니다. 개인적으로 대학 시절 데모도 하고, 감옥도 가고, 학교도 제적당하고, 기자가 된 뒤에도 해직을 당해 미국 유학을 가야 하는 등 파란만장한 삶을 살았습니다. 그 뒤 교수가 된 뒤 학생운동 후배들을 만나면 해주는 이야기가 있습니다. 무시무시한 공안 통치를 상징하는 고문 전문가 이근안 이야기입니다. 군사 독재를 지키기 위해 밤잠을 안 자고 학생운동가들을 전기 고문과 물 고문 등 잔인한 방법으로 치열하게 고문하는 이근안보다 여러분이 얼마나 더 치열하게 운동을 했는지를 자성해보라고 말입니다. 그렇습니다. 여러분이 무엇을 하든 치열하게 하는 것, 그것이 중요합니다.

물론 학교 공부에 더해 취업에 필요한 별도의 스펙 쌓기, 비싼 등록금을 마련하기 위한 아르바이트 등 여러분의 삶은 고단하기 이를 데 없을 것입니다. 그러나 그럴수록 물에 물 탄 듯 대강대강 살지 말고, 치열하게 살아야 합니다. 공부할 때는 모든 것을 잊고 공부에 전념하고, 놀 때는 미치도록 놀고, 연애할 때는 5도 화상을 입을 정도의 뜨거운 사랑을 하십시오. 그것이 젊음의 특권입니다. 되돌아볼 때 부끄럽지 않고, 후회도 없다고 자부할 수 있는 치열한 대학 생활을, 나아가 한 생애를 보내기 바랍니다.

서강대학교 교양 특강, 2011년 9월

호모 파베르에서 호모 루덴스로

"유령이 유럽 대륙을 배회하고 있다. 공산주의라는 유령이."

카를 마르크스가 150년 전에 쓴 《공산당 선언》의 유명한 첫 구절입니다. 그러나 마르크스가 다시 태어난다면 《공산당 선언》의 첫 구절은 이렇게 바뀔지 모릅니다.

"유령이 라틴아메리카를 배회하고 있다. 좌파 정부라는 유령이."

그렇습니다. 소련과 동구의 현실 사회주의가 몰락한 뒤 현재 세계는 신자유주의로 물들고 있습니다. 그럼에도 불구하고, 아니 어쩌면 그렇기 때문에 라틴아메리카에서는 좌파 정권들이 등장하고 있는지도 모르겠습니다. 일종의 '안데스 좌파 벨트'가 형성되고 있는 것입니다.

물론 그 중심에는 반신자유주의 투쟁의 선두 주자인 우고 차베스가 있습니다. 볼리비아에서도 반신자유주의를 내건 원주민 출신의 좌파 운동가 에보 모랄레스가 대통령에 당선했습니다. 니카라과에서도 산디니스타 혁명의 주역인 다니엘 오르테가가 다시 선거에서 승리해 정권을 되찾았습니다. 가장 최근에는 에콰도르에서 제2의 차베스를 꿈꾸는 좌파 정치인 라파엘 꼬레아가 대통령 선거에서 승리했습니다. 좌파 정치인들이 간발의 차이로 패배한 나라도 있습니다. 페루와 멕시코가 그렇습니다. 차베스 정도의 반신자유주의 정권은 아니지만, 브라질 노동자당(PT)의 룰라를 비롯해 아르헨티나와 칠레에도 넓은 의미에서는 좌파 정부가 들어서 있습니다.

결국 신자유주의의 폐해는 라틴아메리카 민중들이 좌파 정부에 표를 던지도록 만들고 있습니다. 이런 현상은 우리에게 시사하는 바가 매우 큽니다. 물론 룰라 정부의 실험이 보여주듯이 이런 지지에 힘입어 정권을 잡은 좌파 정부들이 민중의 염원을 얼마나 실현해줄 수 있느냐는 좀더 두고 봐야겠죠. 그렇더라도 아직 라틴아메리카는 우리에게 많은 것을 가르쳐주는 '스승'입니다. 1990년대 이후 한국 경제가 발전하면서 선진화에 대한 낙관론이 대세가 되자, 그동안 우리 사회를 이해하는 데 중요한 이론적 자원으로 생각하던 라틴아메리카를 우리하고 무관한, 낙후한 패배자들로 인식하는 경향이 지배적이 됐습니다. 그러나 라틴아메리카 여행을 통해 이런 인식이 잘못됐다는 사실을 깨닫게 됐습니다.

여행을 통해 깨달은 것이 또 하나 있다면 바로 '라틴식 삶'입니다. 여행을 하면서 새로운 것을 보고 배우는 일도 중요하지만 다른 삶을 경험해보면서 자기 자신을 구성하는 여러 면을 발견하고 성찰하는 것도 중요합니다. 그렇기 때문에 여행이란 자기 자신과 나누는 대화이자 나의 재발견이기도 합니다. 우리는 원래 시간을 잘 안 지키는 느긋한 '코리안 타임'의 나라였습니다. 그러나 그동안의 압축 성장과 속도전 때문에 '빨리빨리'의 나라로 변해버렸습니다. 반면 (스테레오 타입을 만들고 싶지는 않아 조심스럽습니다만) 라틴아메리카 사람들은 시간이 있으면 놀고 즐기는 라틴식 삶을 이어갑니다. 한국 교포들이 모여 사는 로스앤젤레스에 가면 한인 비즈니스 업체의 종업원들이 대부분 라틴아메리카계입니다. 교포들은 월급을 받으면 안 나오고 돈이 떨어지면 다시 일하러 나오는 히스패닉들의 하루살이주의와 게으름을 경멸합니다. 그렇지만 오히려 이 사람들에게서 라틴식 삶을 배워보는 것은 어떨까요. 이제 우리 안에서 일과 경제적 성공의 노예가 된 호모 파베르(작업인)를 호모 루덴스(유희인)로 바꿔가야 할 때인지도 모릅니다.

1997년 경제위기 때 한국에서는 어떻게 이 위기를 극복할지를 놓고 백가쟁명식 주장이 터져 나왔습니다. 그러나 저는 단순히 경제위기를 극복해 고도성장을 회복하는 것이 전부는 아니라고 생각했습니다. 우리 사회를 지배해온 경제 일변도의 문명을 이번 기회에 인간 중심의 문명, 생태 중심의 문명으로 바꿔야 한다고 주장했습니다. 많은 노동자들을 거리로 내모는 대신 노동 시간을 단축하고, 필요하다면 여기에 상응하는 임금 삭감을 통해 위기를 극복해야 한다고 주장했습니다. 단순히 고통을 분담해 노동자 사이의 연대를 유지하려 하는 것이 아닙니다. 이 기회에 덜 생산하고, 덜 소비하고, 조금 더 가난하더라도 자기 시간을 더 많이 가지면서 삶의 질을 높이는 문명의 전환이 필요하다는 것입니다. 제 이런 문제의식은 여전히 유효하며, 라틴식 삶을 경험하면서 오히려 더욱 확신하게 됐습니다.

라틴아메리카 여행은 시간이 많이 걸리고 돈도 많이 들기 때문에 보통 나이 들어 마지막 여행지로 선택하는 경향이 있습니다. 그러나 잘못된 생각입니다. 라틴아메리카는 워낙 멀고, 시차도 크며, 고산 지대가 많아 나이들어서 가면 그만큼 힘들고 고생스럽기 때문입니다. 빚을 내서라도 가능하면 한 살이라도 젊을 때 다녀오라고 말씀드리고 싶습니다. 특히 돈이 들더라도 이스터 섬을 꼭 다녀오십시오. 태평양 한가운데에 있는 오지인데다 교통수단이 제한돼 원시의 모습이 그대로 보존돼 있고, 섬 꼭대기에 앉아 머나먼 지평선을 보고 있노라면 지구가 지나온 억겁의 세월을 온몸으로 느끼지 않을 수 없습니다. 그래서 '우리는 무엇이고, 어디서 왔으며, 어디로 가고 있는 것인가'라는 근본적인 성찰을 할 수 있는 정말 좋은 장소입니다.

라틴아메리카 여행을 처음 시작한 미국 안식년 시절 《미주한국일보》에 한 교포 가정의 이야기가 소개됐습니다. 세탁소를 경영하는 이 가족은 다른 많은 교포 가족들이 그렇듯 이국땅에서 열심히 일하지만 1년에 한 달은 무조건 가게를 닫고 가족이 함께 오지 여행을 떠난다는 것입니다.

물론 그런 일도 여유가 있어야 하는 것 아니냐고 하실지 모르지만, 경제적 여유도 상대적입니다. 가난해도 즐겁게 자신의 삶을 즐기며 사는 것, 그것이 바로 라틴아메리카에서 배울 중요한 교훈입니다.

비바, 라틴아메리카!

《마추픽추 정상에서 라틴아메리카를 보다》 중에서, 2007년

'즐좌'의 추억

'뜨거운 가슴에 차가운 머리warm heart, cool head.' 우파 사회학자 막스 베버가 한 말이기는 하지만, 카를 마르크스의 좌우명인 '인간적인 것치고 우리와 무관한 것은 없다'와 함께 개인적으로 가장 좋아하는 삶의 지침이다.

　오세철 전 연세대학교 교수를 생각하면 이 말을 변형시키고 싶어진다. 뭐라고 바꾸고 싶을까? 답은 '펄펄 끓는 가슴에 차가운 머리Hot Heart, Cool Head'다. 그렇다. 오세철 선배는 가슴이 뜨거운 정도가 아니라 펄펄 끓는다. 20대의 가슴도 그렇게 뜨거울 수는 없다. 술을 마셨다 하면 2박 3일 꼬박 밤을 새면서 끝장을 봐야 하는 두주불사의 열혈남이다. 또한 혁명적 실천에서는 남들이 좌파라고 부르는 나 같은 사람은 극우파로 보일 만큼 발본적인 견지에서 실천을 해온 열혈 전사다. 학문 활동, 뒤늦게 시작한 연극 등 예술 활동에서도 크기 다르지 않다. 그렇기 때문에 오 선배를 보고 있노라면 저렇게 펄펄 끓는 남자랑 살을 맞대고 살면서 화상을 입지 않고 살아 계시는 사모님이 대단하다는 엉뚱한 생각이 들기도 한다.

　아니 '펄펄 끓는 가슴에 차가운 머리'는 오 선배를 부르는 데 적합한 표현이 아닐지 모른다. 오히려 '펄펄 끓는 가슴에 펄펄 끓는 머리Hot Heart, Hot Head'가 적합한 표현이 아닐까? 그렇다. 너무 가슴이 뜨거워 그 열기가 머리까지 감염시킨 '펄펄 끓는 가슴에 펄펄 끓는 머리'! 너무도 뜨거운 혁명적 열정에 기초한 너무도 뜨거운 정치적 판단과 실천은 보통 사람들의 눈에는 머리가 맛이 간 '펄펄 끓는 머리Hot Head'로 보일 것이다.

이런 분이 칠순(2018년 현재는 75세다)이라니? 오 선배야말로 '나이를 먹는다'는 말 그대로 나이를 한 살씩 먹어 치워 점점 젊어지는 것이 확실하다. 오 선배의 칠순을 맞아 몇 가지 개인적 에피소드를 기록하고자 한다.

장면 1 — 남북 정상회담에 반대하자?

김대중 정부의 공과 중 김대중 정부를 신자유주의 정권이라고 비판하는 좌파 진영도 높이 평가하는 부문이 남북 관계다. 개인적으로 나도 그렇다고 생각한다. 남북 문제에 관련된 재미있는 에피소드가 있다.

2000년 봄, 김대중과 김정일의 남북 정상회담이라는 핵폭탄이 터졌다. 진보 좌파 진영이 충격을 받고 있을 때 오 선배가 민주화를 위한 전국교수협의회(민교협)의 좌파들을 중심으로 긴급 모임을 제안했다. 김세균, 나, 강내희 등이 참석했는데, 오 선배가 남북 정상회담 반대 성명을 내자는 충격적인 제안을 했다. 남북 정상회담 등 햇볕 정책은 북한을 미국 주도의 시장 만능 신자유주의에 흡수하려는 흡수 통일이기 때문에 반대해야 한다는 주장이었다.

내가 적극적으로 나서서 저지했다. "남북 정상회담이 그런 면이 있는 것은 사실이지만, 그 밖에도 탈냉전이라는 긍정적 계기도 있는 만큼 무조건 반대한다는 성명을 좌파가 발표해서는 안 된다." 2000년 봄, 남북 평화라는 열띤 분위기에서 남북 정상회담 반대 성명을 내자는 놀라운 생각과 용기라니. 역시 오 선배답다. 오 선배 하면 잊히지 않는 추억이다.

장면 2 — '즐좌'의 탄생

2008년 이명박 정권은 '좌파'가 대중에게서 잊히고 있는 것이 안타까워(?) 사회주의노동자연맹(사노련) 사건이라는 코미디를 일으켜 줬다. 덕분에 오세철 선배가 뒤늦게 언론을 타야 했다. 다행히 법원이 구속 영장을 기각해 오 선배가 석방된 뒤 김세균, 나, 강내희, 최갑수 등이 오 선배를 모시고 간단하고 '찐한' 위로연 겸 '축하연'을 가졌다. 그 자리에서 이야기 끝에 학계의 '좌파'들이 수도 얼마 되지 않고 늙어가는데 얼굴 보기도 어렵다며 정기적으로 만나 어려운 공부나 운동 이야기 말고 술 먹고 노는 자리를 갖자는 이야기가 나왔다. 그래서 탄생한 것이 '즐거운 좌파', 줄여서 '즐좌'다("좌파라는 놈들이 만나 술 먹고 놀기만 해서야 되겠냐"는 한 선배 회원의 문제 제기로 이제는 해산해 사라졌다).

분기에 한 번 모이는 이 모임은 오세철 선배와 김수행 선배를 좌장으로 해서 1960년대 중반에 태어난 후배까지 교수 10여 명이 모였는데, 오 선배는 이 모임을, 특히 이 자리에 등장하는 내 폭탄주를 무척 좋아했다(폭탄주는 군사 문화가 아니라 미국 노동자들의 문화다. 나는 유학 시절 미국 노동 운동가에게서 배운 폭탄주를 열심히 보급하며 '재야 폭탄계의 계주'를 자임하고 있다). 그래서 오 선배는 최근 한 언론 인터뷰에서 우리 모임을 중요한 모임으로 소개하기도 했다. 그 바람에 아마 공안 당국은 그전에는 들어보지 못한 새로운 '지하 조직'인 '즐좌'의 실체를 파악하느라 애 좀 먹었을 것이다.

장면 3 — "오세철, 너 그러면 안 돼!"

즐좌에서 2010년 여름인가 1박 2일로 서울 근교에 물놀이를 갔다. 그동안에는 즐좌의 뜻에 맞게 '세미나'나 이론 논쟁은 하지 않고 즐겁게 놀며 잘 지냈는데, 1박 2일이라 시간이 많으면 분명히 세미나에 들어가 살벌한 논쟁을 벌일 것 같았다. 그래서 시간을 때우기 위해 라틴아메리카 운동권 음악에 관한 강의를 준비했다. 반주를 겸한 저녁을 먹고 강의에 들어가려는 순간 오 선배가 팸플릿을 나눠줬다. 당시 사노련과 사노위(사회주의노동자정당 건설 공동실천위원회)의 통합이 뜨겁게 논의되는 상황에서 좌파 내부의 여러 강령을 제시하고 동의하는 세력은 다 모이자는 주장을 담은 사노련의 유인물이었다.

그러자 평소 점잖기로 대한민국 제일인 김세균 선배가 폭발했다. 이런 유인물을 나눠주는 행동은 정치 논쟁은 하지 말자는 즐좌의 뜻에 어긋나기도 하지만, 두 단체의 통합이 논의되고 있는 상황에서 '선보고 결혼 얘기하면서 다른 사람에게 공개 구혼하는 짓'이나 마찬가지라고 비판했다. 오 선배는 별 뜻 없이 그냥 나중에 한번 읽어보라고 나눠줬다며 해명했지만 한번 터진 논쟁은 여러 회원들 사이에 밤새 이어졌다. 염려한 사태가 터진 것이다.

화가 나 침실로 들어가 잠을 청했다. 시간이 흐르며 대부분 들어와 쓰러져 잤는데, 잠결에 김세균 선배가 술이 취했는지 자기보다 한참 선배인 오 선배에게 반말까지 하며 야단치는 소리만 간간히 들렸다. "오세철, 너 그러면 안 돼!" 이 소리에 놀라 깨니 오 선배와 김 선배만 빼고 모두 침실로 들어와 곯아떨어져 있었다. 두 선배의 논쟁을 이제는 말려야겠다 싶어 거실에 나가니 거실 소파에 앉아 술이 취해 반쯤 감긴 눈을 하고 있던 오 선배가 술 취해 잘 떠지지도 않는 눈을 어렵게 뜨려고 안간힘을 쓰며 말을 걸어왔다. "손 교수, 한잔 더 할까?" 그런데 김 선배의 화난 목소리가 다시 들려왔다. "오세철, 너 그러면 안 돼!" 그래 사태를 무마하려고 살펴보니 김 선배의 모습이 보이지 않았다. 이상해서 두리번거리며 찾아보니 바닥에 취해 쓰러져 자면서 잠꼬대로 "오세철, 너 그러면 안 돼!"를 주기적으로 반복하고 있었다.

아주 가까운 좌파 지식인들이지만 그동안 보여준 오 선배의 고집스러운 정치 노선에 김세균 선배가 얼마나 혼이 나고 열을 받았으면 잠꼬대로 "오세철, 너 그러면 안 돼!"라고 시비를 걸었을까? 잊으려야 잊히지가 않는다. 오 선배의 정치적 고집을 상징적으로 보여주는 에피소드다.

장면 4 — 가까운 미래

오 선배, 조만간 '즐좌 잔당'들끼리 폭탄주나 한잔하시죠? 그리고 이제는 '청년' 졸업하시고 좀 늙으시죠.

오세철, 《술, 학문, 예술, 혁명의 사중주》, 2012년 중 손호철, 〈오세철을 말한다〉

정주영, 이명박, 오세철

"공산당을 합법화해야 한다." 1992년 한 정치인이 한 말이다. 대부분 그 정치인이 진보 정당이던 민중당의 관계자나 냉전 세력이 빨갱이라고 억지를 부리는 김대중 민주당 대표라고 생각할 것이다. 그러나 아니다. 공산당이 가장 싫어하고 자기 자신도 공산당을 가장 싫어할 최고의 재벌 정주영 현대그룹 명예회장이 한 말이다.

최고 재벌답게 공산당을 합법화해도 별 문제가 없고 불법화할 때보다 긍정적인 효과가 훨씬 크다는 자신감을 표현한 것이다. 국민당을 만들어 외도를 한 정 회장의 이 발언을 둘러싸고 냉전적 언론들은 난리를 쳤고 정 회장은 발언이 와전됐다며 발뺌을 했다. 그러나 정책토론회에서 국민당 정책위원장은 문제 발언이 있기 얼마 전 필리핀이 공산당을 합법화한 사실을 상기시키며 필리핀 같은 후진국도 하는데 우리가 못할 이유가 어디 있느냐고 반문했다.

그 뒤 16년이 지난 2008년 봄, 대만이 공산당을 합법화했다. 이 뉴스를 접하면서 우리보다 한참 낙후한 필리핀이 이미 16년 전에 합법화했고 우리하고 비슷한 분단국이면서 북한에 비교할 수 없을 정도로 압도적인 국력의 우위를 점하고 있는 중국을 상대로 대치 중인 대만도 공산당을 합법화하는데 우리는 뭐하고 있나 하는 부끄러운 생각이 들었다. 사실 우리도 사상의 자유를 부정하는 반쪽 불구의 민주주의를 청산하고 진정한 자유민주주의로 도약할 기회가 있었다. 국민이 거대 여당을 만들어준 17대 국회의 2004년 정기국회 때다. 노무현 정부는 국민의 지지에 힘입어 국가보안법 폐지를 추진했다. 그러나 이해찬 국무총리가 불필요하게 한나라당을 차떼기 정당이라고 비난하자 울고 싶은데 뺨을 맞은 한나라당은 등원 거부로 맞섰다. 결국 한나라당을 도와준 이 전 총리의 '이적 행위', 전략 부재와 무능 탓에 다수 의석을 갖고도 노무현 정부는 항복해야 했다. 그리고 그 결과가 이제 부메랑으로 날아오고 있다.

신공안 정국을 조성해 광우병 반대 촛불시위로 촉발된 위기에서 탈출하려고 시도하는 이명박 정부가 오세철 연세대학교 명예교수 등 사노련 관계자들을 국가보안법 위반 혐의로 체포한 것이다. 국가보안법이 다시 살아난 것도 놀랍지만, 특히 사노련은 사회주의를 공개적으로 표방해온데다가 북한을 강하게 비판하는 조직으로, 지하 조직이 아닌 공개 조직, 그것도 '반북적' 공개 조직을 국가보안법으로 체포한 경우는 전례가 없는 일이라 충격을 주고 있다. 이명박 정권이 급하기는 정말 급했나 보다.

과거 오 교수하고 함께 민중당을 주도한 적이 있는 차명진 한나라당 대변인은 "사회주의가 좋다고 생각할 자유는 있지만, 사회주의 이념을 실천하기 위해 강령을 만들고 조직을 만들고 행동할 자유는 없다"고 말했다. 아니 혼자 머릿속으로 생각하는 '두뇌 속 사상의 자유'는 있고 이 사상을 표현하고 결사체를 만들 표현과 결사의 자유, 즉 '두뇌 밖 사상의 자유'는 없다? 자유민주주의의 에이비시도 모르는 '웃찾사'다. 눈물겹게 고마운 한나라당표 '두뇌 속 사상의 자유' 만만세다! 이번 사건이 얼마나 억지인지는 법원이 혐의 소명이 부족하다며 관계자 전원의 구속 영장을 기각한 사실이 잘 보여준다.

8·15 경축사에서 이명박 대통령은 선진화를 위해 매진할 것을 다짐했다. 그러나 우리보다 한참 낙후한 필리핀보다도 최소한 16년이나 뒤지고, 경제 발전에 견줘 인권 후진국 중 하나라고 볼 수 있는 대만보다도 뒤진, 시대착오적인 공안 통치로 되돌아가면서 선진국으로 나아간다니, 선진화치고는 기이하기 짝이 없는 선진화. 이 대통령은 정주영 회장 밑에서 경영을 배운 정 회장의 제자다. 이 대통령이 멘토인 정 회장의 10분의 1이라도 따라간다면 이번 사건 같은 촌극은 피할 수 있었을 것이다. 이 대통령 덕분에 정 회장이 그립다.

《한국일보》 2008년 9월 1일

3부

책과 삶

유신 세대 독서 편력기

1970년대 하면 우리에게 떠오르는 것은 무엇보다도 10월 유신이다. 한국 현대사에서 가장 숨막히는 '억압기' 중의 하나인 유신 시대에 대학 생활을 보낸 '유신 세대'는 이제 어느덧 40대 초중반부터 30대 초중반이 돼 한국 사회의 중간 '허리'를 구성하게 됐다. 유신 시절에 대학을 다닌 세대를 유신 세대로 이해할 경우 1969년에 대학을 입학한 69학번부터 79학번까지, 즉 크게 봐 70년대 학번들을 유신 세대라고 볼 수 있지만, 재학 중 군복무를 마치고 복학해 유신을 맞은 사람들, 유신 시절에 대학을 졸업했지만 후배들하고 연결된 직접적 관계 때문에 고난을 겪은 유신 시절 학생운동 관련 피해자 등을 고려하면 사실상 유신 세대는 65학번까지 거슬러 올라간다고 볼 수 있다.

　이런 유신 세대는 앞에서 지적했듯이 이제 시간이 흘러 우리 사회의 '중간 세대'로, '허리'로 자리잡았다. 특히 이 세대들이 겪은 질식할 것 같은 유신 억압 정치의 경험과 여기에 저항한 반독재 투쟁의 경험은 유신 세대를 각계, 각 분야에서 우리 사회의 진보적 진영에 상대적으로 많이 자리잡게 만들었다. 또한 진보 진영의 역사가 지닌 상대적 일천함 탓에 유신 세대는 각 분야에서 진보 진영의 '중견 세력'으로 자리잡고 있다.

우선 정계만 하더라도 '유신 시대의 사형수'라는 이미지로 일찍이 정계에 진출해 자리를 잡은 이철 의원, 평화민주통일연구회(평민연) 재야 입당파로 13대 의회에 진출해 최고 의정 활동 의원으로 평가받은 이해찬 의원을 비롯해, 이번 14대 총선에서 새로 원내 진입에 성공한 제정구, 유인태, 박계동, 신계륜, 원혜영, 장영달 당선인 등이 유신 세대로서 제도 정치권 안 '진보 블록'의 중추를 담당하고 있다. 진보적 대중 정당을 표방한 민중당도 장기표, 김문수 씨 등 유신 세대가 지도부의 핵심을 구성하고 있다.

이 밖에 언론계의 경우 한국기자협회 회장을 지낸 이근심 《월간중앙》 기자와 《한겨레》의 이원섭 정치부장, 윤후상 경제부장. 김효순 주일 특파원 등이, 학계의 경우 서울대학교 김세균(정치학), 경상대학교 장상환(경제학), 성균관대학교 서중석(한국사) 교수 등이, 법조계의 경우 고 조영래 변호사 등이, 출판계의 경우 나병식 풀빛출판사 대표 등이, 재야 운동의 경우 김근태, 김승호 전국노동운동단체협의회(전노운협) 의장, 최열 공해추방운동연합 공동의장 등이 유신 세대로서 각 분야에서 진보 진영의 중견 세력으로 활발히 활동하고 있다.

한국 사회의 모순을 타파하고 좀더 나은 사회를 건설하기 위한 운동사적 시각에서 볼 때 유신 시대는 기본적으로 단순한 반파쇼 민주화를 지향하는 시민민주주의변혁론[CDR]의 한계를 벗어나지 못한 시기였다. 즉 1980년대 한국 사회의 운동이 '정통의 복원'과 마르크스주의의 시대였다면 1970년대는 기본적으로 자유주의와 러시아의 브나로드 운동식 소시민적 포퓰리즘의 시대였다. 물론 1970년대의 경우도 남조선민족해방전선(남민전)처럼 좀더 근본적인 변혁을 지향한 조직 운동이 존재하고 자유주의 틀을 넘어서는 더 근본적인 이론을 학습하기도 했지만, 운동의 전반적인 색조는 외세에 대한 인식뿐 아니라 억압성의 물적 기초(독점자본주의)에 대한 인식도 사실상 결여된 반유신 또는 반군부 독재의 수준을 벗어나지 못했다.

한 사회의 지성사는 그 사회를 이해하는 데 중요한 한 부분이다. 또한 이런 지성사의 재구성에서 어떤 책들이 주로 어떤 시기에 읽혔는가 하는 '독서사'는 아주 의미 있는 재료가 된다. 《출판저널》의 이번 특집도 바로 이런 문제의식에 기초한 시도일 것이다. 나는 위에서 간단히 살펴본 유신 세대의 현주소, 유신 세대의 운동사적 맥락을 전제로 해서 유신 세대가 주로 어떤 책을 읽고 자기의 사고를 형성해갔는지를 개인적 경험을 중심으로 서술함으로써 유신 세대를 이해할 수 있게 돕는 한편, 전후 한국 지식인의 독서 경향의 역사적 변천을 조망하는 데 조금이나마 도움을 주려 한다.

《출판저널》에서 원고를 청탁받고 내 경험이 유신 세대를 대표할 수 있는 '대표성'을 별로 갖지 못한다고 생각했기 때문에 처음에는 유신 세대를 더 잘 대표할 수 있는 필자를 골라보는 것이 낫겠다고 대답했다. 그러나 일단 청탁에 응한 만큼 나 개인의 70년대 독서 경험을 유신 세대 일반의 독서 경험에 연관시키는 데 도움을 주기 위해 유신 시대의 개인사적 경험을 간단히 소개하려 한다.

나는 서울대학교 정치학과 70학번으로, 70년대 학번 중에는 가장 선배급에 속하고 유신 세대 중에서도 상대적으로 선배급이라고 할 수 있다. 옛 서울대학교 공대 자리에 있던 교양학부(1학년) 시절 교양학부를 겨냥해, 단과대학이 아니라 범서울대 서클로 구성한 유일한 학술 서클인 '후진국사회연구회'에 포섭(?)돼 뭣도 모르고 세칭 '운동권'에 발을 들여놓게 됐다. 연구회 활동을 하면서 뒤에 소개할 1970년대의 '의식화 서적'(물론 현재 기준으로는 '건전 도서'라 할 수 있지만)들을 접하게 됐고, 2학년이 돼 문리대 본 캠퍼스로 등교를 시작한 뒤 얼마 되지 않아 1971년 대통령 선거를 맞아 학생선거참관인단으로 활동했다.

선거 부정을 현장에서 확인한 우리들은 이어 실시할 국회의원 선거를 부정 선거 방지를 위한 제도적 보장이 없는 한 보이콧하도록 야당(신민당)에 촉구하기로 결정했다. 그 대표 중 한 명으로 신민당을 방문해 당대표를 만나 화기애애한 분위기에서 우리의 의사를 전하고 나왔지만, 당국은 '신민당사 난입'이라는 해괴한 죄명을 씌워 구속, 수감했다. 다행히 양심적인 판사(나중에 사법부 정화를 겨냥한 사법 파동의 주요 대상이 된 양헌 부장판사)의 무죄 판결로 석방됐고, 당시 서울 시내 판자촌을 철거해 건설한 광주대단지(현재 성남시) 실태 조사 등 기층 민중과 '낭만적'인 결합도 시도했다. 그러나 그해 10월 위수령 조치로 다시 제적됐다. 당시 제적 학생들은 강제로 집단 징집을 당했지만, 나는 나이가 안 돼 2학년 중 제적된 소수의 타대학 학우들과 함께 강제 징집조차 못 당하고 실업자로 무위도식하는 불운(?)을 겪어야 했다.

그 뒤 1973년 입대 때까지 1년 반은 가장 고통스러운 나날들로, 군에 입대하지 않고 남아 있는 극소수 '잔당'이라는 이유 하나 때문에 데모 등 사건만 나면 수사 기관에 불려다니는 곤욕을 치러야 했다. 다만 그 시절을 견딜 수 있게 해준 것은 학교에 남은 동기들하고 참여한 야학에서 "왜 하느님은 세상을 이렇게 불공평하게 만들었나요?" 하고 물어오던 한 소녀의 정말 티 없이 맑지만 슬픈 눈동자, 그리고 노동 현장과 빈민 현장에 '위장 취업'한 극소수 선각자적 선배들을 만나 나누는 술자리 대화를 통한 '대리 만족'이었다. 군복무 중 그 유명한 민청학련 사건이 터져 동기생들이 사건의 핵심 세력으로 검거돼 무기 징역에서 20년 형을 선고받았지만, 다행스럽게도 일찍 제적된 덕분에 검거를 피할 수 있었다. 역시 인생은 '새옹지마'라는 사실을 실감했다.

1976년 봄 제대 뒤 복학이 돼 다시 대학을 다녔지만 암울한 유신 시대의 캠퍼스, 그것도 정나미 떨어지는 콘크리트의 숲인 새 관악캠퍼스를 다녀야 하는 고통 속에서 학교생활이나 후배들에 별로 어울리지 못했다. 기껏해야 대학원에 남은 선배나 동기들, 나처럼 위수령 때 연령 부족으로 강제 징집도 못 당하다가 나중에 입대한 뒤 복학한 친구들을 만나 교류하면서 그럭저럭 대학 생활을 마쳤다. 그 뒤 유신 압제하에서도 채용 기준이 너그럽던 동양통신(현재 연합통신)에 입사, 경제부 기자로 활동하면서 한국 경제를 분석하는 시각을 키우고 젊은 기자들끼리 조심스럽게 언론 민주화에 대해 고민하다가, 10·26에 이은 유신의 종말과 12·12를 겪었다. 12·12는 왜 이런 비극이 반복되는지에 대한 근본적인 고민을 다시 안겨줬고, 여기에 답하기 위해 유학을 고민한 나는 다음해에 5·18의 우여곡절 끝에 미국으로 떠났다. 이런 개인사가 보여주듯이 나는 저학년 시절 캠퍼스를 떠난 뒤 정상적인 대학 생활을 못한 탓에 대학 시절 체계적인 학습 기회를 갖지 못했다. 따라서 사실 현재 내 학문에 기본적인 틀을 제공한 것은 1980년대 유학 생활과 귀국 뒤의 연구라는 점을 덧붙이고 싶다.

이런 개인사적 배경을 전제로 해 1970년대에 내게 영향을 준 책들을 기억나는 대로 정리해보겠다.

먼저 내가 1970년대에 읽은 중요한 책들은 1학년과 2학년 초에 읽은 '후진국사회연구회'의 세미나 교재들이다. 그 세미나는 근대 사회의 형성에 관한 기초 세미나로서, 그때 읽은 책은 근대 민족국가의 형성과 민족주의의 문제를 다룬 고 최문환 교수의 《민족주의의 전개 과정》, 프랑스 혁명을 계급론적 시각에서 다룬 죠르쥬 루페부르(민석홍 옮김)의 《불란서 혁명사》, 지식인의 이탈 등 혁명을 징후적이고 자연사적 측면에서 다룬 크레인 브링턴의 《혁명의 해부》, 역사철학의 문제를 다룬 E. H. 카의 《역사란 무엇인가?》, 파시즘을 대중사회론적 시각에서 분석한 에리히 프롬의 《자유로부터의 도피》 등이었다. 이 밖에 사회주의 관련 서적으로는 바뵈프부터 생시몽, 카를 마르크스, 레닌에 이르는 사회주의 사상의 전개 과정을 인물기식으로 다룬 에드먼드 윌슨의 《근대혁명사상사》와 서재 장식용 세계 위인 전집 속에 뭔가 잘못(?)돼 들어가 있던 아이작 도이쳐의 《스탈린전기》, 신상호와 양호민의 《모택

동사상》 등을 고작 읽은 정도였다.

경제학 또는 정치경제학에 관해서는 가장 이론적이던 상과대학의 '이론 경제학회'의 동기생들이 모리스 돕의 《자본주의 발전 연구Studies in Development of Capitalism》 등 자본주의 이행 논쟁을 읽는다는 것을 풍월로 얻어들었을 뿐 레오 휴버만의 《자본주의 역사 바로 알기Man's Worldly Goods》를 읽었다. 한국사에 대해서는 정체성 이론과 당파싸움론 등 식민지 사관을 비판한 이기백 교수의 《한국사신론》과 홍이섭 교수의 글을, 한국 경제에 대해서는 한국 자본주의의 축적 과정을 쉽게 서술한 김성두의 《재벌과 빈곤》을, 운동사로는 김낙중의 《한국노동운동사》를 교재로 읽었다. 이 밖에 제3세계 문제에 대해서는 쿠바혁명을 다룬 레오 휴버만의 《들어라 양키야》, 조용범 교수의 《후진국경제론》 등을 공부했다. 철학책으로는 허버트 마르쿠제의 《이성과 혁명》을 김종호 교수 번역본으로 끙끙거리며 공부한 기억이 난다.

개인적으로는 원래 미대 진학을 생각할 정도로 예술에 관심이 많던 탓에 문학계의 순수-참여 논쟁에 관련된 평론, 참여론적 문학 작품, 실존주의적 마르크스주의 또는 소외론을 중심으로 한 청년 마르크스 관련 서적을 주로 읽었다. 대표적인 책으로는 장 폴 사르트르의 《실존주의는 휴머니즘이다》 등 사르트르, 앙드레 지드, 앙드레 말로, 메를로퐁티 논쟁, 시몬 배유의 저서들, 시기는 정확히 기억나지 않지만 나중에는 에리히 프롬이 서문을 쓰고 편집한, 《경제학-철학 수고Economic & Philosophical Manuscripts》 등이 실려 있는 마르크스의 초기 저작집 《마르크스의 인간 개념Marx's Concept of Man》, 콜라코프스키, 아담 샤프 등의 저서들이었다.

문학 작품의 경우 잡지 《아시아》에 연재된 김수영과 선우휘의 순수-참여 논쟁과 임종국의 《친일문학론》, 김수영의 시, 한국 근대사를 다룬 장편 서사시 신동엽의 《금강》, 분단과 좌우익 갈등을 다룬 최인훈의 《광장》과 《회색인》, 김지하의 〈황토〉와 〈오적〉 등의 담시, 초기 민중문학 경향을 보이기 시작한 황석영의 단편 소설들이 기억에 남는다. 외국 문학 작품으로는 한 직업적 혁명가의 삶을 그린(한 평론가가 20세기 휴머니즘의 극치라고 표현한) 앙드레 말로의 《인간의 조건》 등을 주로 읽었다. 이 밖에 잡지로는 《창작과 비평》과 《다리》를 주로 봤다.

제적 뒤 학교에 남은 동기들과 주먹구구식으로 일주일 만에 일본어 책 읽는 법을 배우면서 독서의 폭은 상대적으로 넓어졌다고 볼 수 있다. 이때 주로 읽고 지적 성장에 영향을 준 것은 '이와나미 신서'라는 문고판이었다. 프리츠 파펜하임의 《근대인의 소외》, 루시앙 골드만의 《인문과학과 철학》, 질 마르티네의 《다섯 개의 공산주의》, 톰슨의 《로베스피에르와 불란서혁명》 등 번역서와 일본 학자들이 쓴 《현대 중국사》와 《파리 코뮌》 등 그때만 해도 상대적으로 외서 수입 서점에서 쉽게 살 수 있는 일본책들을 많이 읽었다. 특히 이 중 《러시아 문학사》는 러시아 지식인의 평균 수명이 20여 세에 불과하다는 구절을 읽고 그 지식인 수난사에 충격을 받은 기억이 생생하다.

이 시기에 빼놓을 수 없는 것은 1970년대 모든 지식인에게 충격을 준 리영희 교수의 저서들이다. 리영희 교수의 《전환 시대의 논리》와 《우상과 이성》은 1970년대에 내 지적 편력에서 가장 의미 있는 책 중 하나라고 할 수 있다. 또한 야학운동에 관련해 급진적 교육론의 교과서인 파울루 프레이리의 《페다고지Pedagogy》를 읽은 것도 이 시기로 기억한다.

제대 뒤 복학한 뒤에는 '제록스 영인본'들이 대중화되기 시작한 시기여서 영어 원서 복사본을 많이 읽었다. 그 책들은 몇 가지 유형으로 분류될 수 있다. 폴 바란의 《성장의 정치경제학The Political Economy of Growth》, 폴 스위지의 《자본주의 발전 이론The Theory of Capitalist Development》와 《역사로서의 현재Present as History》 등 먼슬리 리뷰Monthly Review 출판사에서 나온 진보적 책들과 위르겐 하버마스의 《인식과 관심Knowledge & Human Interests》, 테오도르 아도르노와 막스 호르크하이머의 《계몽의 변증법Dialectic of Enlightment》, 마틴 제이의 《변증법적 상상력Dialectic Imagination》, 헤르베르트 마르쿠제의 《일차원적 인간One Dimensional Man》, 《반혁명과 저항Counter-Revolution and Revolts》 등 프랑크푸르트학파의 서적들, 에리히 프롬이 편저한 청년 마르크스의 저서, 아담 샤프 등의 휴머니즘적 마르크스주의 서적들, 루카치 죄르지의 《역사와 계급의식History and Class Consciousness》, 카를 카우츠키의 《계급투쟁Class Struggle》, 블라디미르 일리치 레닌의 《국가와 혁명State and Revolution》 등 금서류의 지하 영인본들이었다. 안드레 군더 프랑크의 종속이론 관련 저서들의 복사본을 읽고 종속이론에 매료되기도 했다.

졸업 뒤 1970년대 말까지 기자 생활을 하는 동안에도 틈나는 대로 책을 사서 읽었는데, 안병직 외 《변혁 시대의 한국사》, 박현채의 《민족경제론》, 변형윤 외 《한국 농업 문제의 인식》 등 한국 현대사를 재조명한 새로운 한국 현대사 연구의 초기 단계 저서들을 주로 봤다.

한마디로 1970년대에 내게 가장 큰 영향을 준 책을 꼽자면 외서는 먼슬리 리뷰에서 낸 책들과 '이와나미 신서'를, 잡지는 《창작과 비평》과 일본의 《세카이世界》를, 문학 작품은 신동엽의 《금강》과 앙드레 말로의 《인간의 조건》을, 사상가는 '청년 마르크스'의 저서들을, 국내 사회과학 서적으로는 리영희 교수의 저서들을 대표적으로 들 수 있겠다.

《출판저널》 1992년 4월 20일

새로 읽은 고전

루이 보나파르트의 브뤼메르 18일

이제 카를 마르크스의 저작들은 의미를 상실한 '잊혀야 할 고전'들인가. 그렇지 않다면 그 저작들의 현재적 의미는 어떤 것일까.

마르크스 하면 으레 《자본론》이 연상되지만 《자본론》은 분량이나 난이도에서 일반 독자가 접근하기 어려운 책이기 때문에 마르크스주의 정치학 또는 역사학의 대표작이라 할 수 있는 얇은 정치 팸플릿 《루이 보나파르트의 브뤼메르 18일》을 권할 만하다. 이 고전은 마르크스의 프랑스 혁명사 3부작 중 하나로, 1848년 프랑스의 2월 혁명이 1851년 나폴레옹의 조카 루이 보나파르트의 쿠데타를 통해 군사 독재 체제로 귀결되는 과정을 분석한 저술이다. 이 책은 특히 우연적 사건들의 연속인 것처럼 보이는 역사의 전개를 어떻게 꿰뚫어 봐 그 속에 내재한 의미와 본질을 과학적으로 파악해내느냐 하는 역사 분석 방법론과 우리의 문제에 밀접히 관련된 적실성, 즉 자본주의 사회에서 국가를 어떻게 이해할까 하는 문제, 특히 제3세계와 한국에서 일상화돼 온 군사 독재 체제를 어떻게 인식할 것인가 하는 문제에 관련돼 시사하는 바가 크다.

현대 사회에 유례없는 마르크스의 '금서화'라는 한국적 특수성 덕분(?)에 내가 이 고전을 처음 접한 때는 1980년 미국 유학 시절이었다. 신문 기자 시절에 12·12와 1980년 광주의 비극을 접하고 왜 우리 사회는 이런 비극을 반복해야 할까 하는 의문에 봉착, 유학길에 오른 내게 세계사적으로 최초의 근대적인 군사 독재 체제라고 할 수 있는 보나파르티슴을 다룬 이 책의 분석은 많은 것을 새롭게 생각하게 해줬다.

이 책의 첫 구절, "어디에선가 헤겔은 세계사적으로 중요한 사건이나 인물은 두 번 반복된다고 지적한 바 있다. 그러나 헤겔은 다음 같은 사실을 덧붙이는 것을 잊었다. 즉 그것이 첫 번째는 비극으로, 두 번째는 희극으로 반복한다는 것"이라는 분석은, 5·16 쿠데타가 '비극'이었다면 비극을 넘어 '희극'이라고 할 만한 1979년 12·12와 1980년 봄의 상황을 어느 의미에서는 적절히 상징해주고 있는 것이 아닐까.

어쨌든 역사 분석이라는 것이 지나치게 사관만 내세울 뿐 구체 분석이 맞지 않는 '이론재단주의'나 거꾸로 현상적 사건이나 인물에 함몰돼 '긴 호흡'의 구조적 맥락과 의미를 사장시키는 미시적 사건사 연구라는 양 편향에 빠지는 경우가 많은 반면, 이 고전은 역사 유물론이라는 사관에 충실하면서도 계급, 계급 분파, 계층, 정당, 사회 집단들 간의 갈등과 투쟁이 어떻게 해서 2월 혁명을 쿠데타와 독재 체제로 귀결시켰는가 하는 역사의 '하향 과정'을 생동감 있게 추적함으로써 역사의 거시 분석과 미시 분석을 변증법적으로 통일시킨 역사(특히 동시대사) 분석의 모델이라 하겠다. 또한 "인간이 역사를 만든다. 그러나 항상 자신이 원하는 대로 만드는 것은 아니다"라는 유명한 구절처럼 이 책은 역사 발전의 구조적 인과 관계와 역사 발전의 주체로서 민중 자신이 역사를 만들어가는 능동적 측면을 어떻게 총체적으로 파악할지를 모범적으로 보여주고 있다.

이런 이유에서 이 책은 "당시의 생동하는 역사를 이렇게 탁월하게 파악한 것이 사실상 유례가 없는, 진정으로 천재의 작품"이라는 평을 받고 있다.

다음에 관심을 끄는 점은, 보나파르티슴의 원인을 사회 세력 간의 팽팽한 힘의 균형 상태에 따라 "모든 계급이 무력하고 한마디 말도 못한 채 총부리 앞에 무릎 꿇을 수밖에 없던" 사회적 교착 상태에서 찾은 뒤에 이런 경우 자본가 계급은 "독재냐, 무질서냐" 사이에서 "당연히 독재를 선택한다"는 분석이다. 즉 보나파르티슴의 원인을 '자유, 평등, 박애'를 내걸고 혁명을 주도한 부르주아의 위선성에 대항한 노동자 계급의 정치적 활성화와 편협한 자기 이익에 혈안이 된 다양한 자본 분파 간의 갈등으로 야기된 사회적 교착 상태와 무질서로 파악함으로써 토착 자본가 계급의 취약성에 따른 사회적 교착 상태의 구조화에서 제3세계의 독재 체제가 정상적 국가 형태가 되는 원인을 찾으려는 일부 현대 정치 이론에 이론적 초석을 제공하고 있다.

자본주의 국가에 대해서도 마르크스는 보나파르트 통치하에서 "국가는 그 자신을 완전히 독립적으로 만든 것 같다"고 분석해 국가의 자율성에 주목하면서도, 보나파르트가 보수적인 농민들의 지지를 받아 국민투표를 통해 지배를 정당화시킨 데 관련해서 "국가 권력은 허공에 매달려 있는 것이 아니다. 보나파르트는 프랑스 사회에서 가장 수적으로 많은 계급인 분할지 농민 계급을 대변하고 있다"고 쓰고 있다.

또한 동시에 "보나파르트는 모든 계급의 가부장적 시혜자로 보이고 싶지만 한쪽에서 빼앗지 않고는 다른 한쪽에 줄 수가 없었다"거나, "부르주아 질서를 수호하는 것이 자신의 임무라고 느꼈다. 부르주아 질서의 힘은 중간 계급(부르주아) 속에 있었고, 따라서 보나파르트는 자신을 중간 계급의 대변자로 보고 그런 의미에서 법령을 내렸다"고 덧붙이고 있다.

이런 분석은 자본주의 국가가 갖는 상대적 자율성과 이것을 지지하는 계급적 지지 기반, 그리고 그 객관적 기능이라는 언뜻 상호 모순적으로 보이는 국가 분석의 여러 측면을 어떻게 통일시켜 파악해야 할지를 보여주고 있다.

위의 분석은 현존 사회주의의 위기에 따른 마르크스주의의 위기하고 별개로, 또한 이 분석들을 동의하는지 여부하고는 별개로, 계속 우리에게 많은 것을 시사하는 뛰어난 역사 분석과 정치 분석의 고전이라고 할 수 있다.

마지막으로 주목할 점은 그물망처럼 사회의 모든 제도 기구를 얽어매어 모든 숨구멍을 질식하게 하는 경악스러운 기생적 기구를 통해 "사회의 가장 보편적 존재 양식부터 개인적인 사적 생존의 문제에 이르기까지 시민사회를 얽어매고 통제하고 조정하고 감독하며 교육시키는" 보나파르트 국가에 대한 마르크스의 신랄한 비판이 아이로니컬하게도 현존 사회주의 국가에 그대로 들어맞는다는 사실이다.

현존 사회주의 체제들이 복합적 이유에 따라 마르크스가 꿈꾸던 '진정한 민주주의'로서 '사회주의적 민주주의'에서 멀어져 국가가 만능적 기생체로 '시민사회' 위에 군림하는 사회로 변질돼버림으로써 현재의 위기를 가져오게 된 것이 아닐까. 현존 사회주의의 위기를 바라보며 이런 문제의식에서 《브뤼메르 18일》을 다시 한 번 읽는 것은 색다른 의미가 있다 하겠다.

《중앙일보》 1991년 5월 25일

하워드 패스트와 《스파르타쿠스》

한국 사회에서 '계급'을 이야기하는 것은 금기에 가깝다. 특히 오랜 군사 독재 시절에는 더욱 그랬다. '계급'을 이야기하는 일은 '폭력 계급 혁명'을 선동하는 '빨갱이'로 낙인찍혀 사법적인 처벌을 감수해야 했다. 지금도 크게 나아지지 않았다. 상류층, 중산층, 하류층 등 '계층'을 이야기하는 것은 괜찮지만 '노동자 계급'과 '자본가 계급'을 이야기하면 '불온한 사람'이라며 색안경을 끼고 본다.

그러나 인류의 역사가 계급의 역사, 계급투쟁의 역사라는 사실을 부인할 수 있을까? 계급이란 진보나 보수 같은 이념에 상관없이 누구도 부인할 수 없는 객관적인 역사적 사실이다. 계급을 이야기하면 빨갱이라고 목청을 높이는 극우 논객들의 경우도 200년 전에 태어났으면 논객은커녕 글자라고는 배울 기회조차 전혀 없는 노비가 됐을 가능성이 크다. 역사를 더 거슬러 올라가 그 사람이 1500년 전에 태어났으면 노예가 돼 영화 〈글래디에이터〉에 나오는 검투사가 됐을지도 모른다. 이렇게 인류는 오랜 과거에는 인류가 노예와 노예주라는 계급으로, 그 뒤 중세에는 영주와 농노라는 계급으로, 현대 사회에는 자본가와 노동자 계급으로 나뉘어 갈등해왔으며, 노예나 노비 같은 피지배 계급의 피나는 투쟁과 저항의 결과로 이제 그나마 우리는 지금

같은 평등과 자유를 누릴 수 있게 됐다. 이것은 진보냐 보수냐 하는 이념에 상관없이 역사적 사실이다.

이런 역사적 사실을 깨닫게 해주고 인류의 역사를 통해 피땀을 흘려 일하면서도 억압당해온 피지배 계급들이 더 잘살 수 있는 사회를 만들기 위해 살아야겠다고 생각하게 만들어준 것은 대학 시절에 읽은 한 역사 소설이다. 바로 하워드 패스트라는 미국의 한 '반골 소설가'가 쓴 《스파르타쿠스》다.

사실 대학을 들어가기 전만 해도 나는 사회적 현실에 전혀 관심을 갖고 있지 않았다. 대신 미술에 관심을 갖고 미술대학 진학을 준비하던 미술학도였다. 그러나 부모님이 미술은 취미로 하는 것이라며 미대 진학을 반대하면서 외교관이 돼 가보기 어려운 라틴아메리카 같은 곳에 가 그림을 그리고 싶다는 유치한 생각에 서울대학교 외교학과를 가려 했다. 그런데 고등학교 3학년 말에 입시 지도를 온, 서울대학교 정치학과를 다니던 선배가 내 이야기를 듣고 "외교학과는 과도 아니니 정치학과를 오라"고 권유해 멋도 모르고 정치학과로 진학했다. 그런데 정치학과는 외무고시를 준비하는 외교학과하고 다르게 운동권 분위기가 지배적이었다. 선배들이 권유해서 여러 비판적인 책을 읽게 됐는데, 처음 읽은 책이 바로 《스파르타쿠스》였다.

나는 명감독인 스탠리 큐브릭이 커크 더글러스, 로렌스 올리비에, 짐 시몬스, 토니 커티스 등 쟁쟁한 배우들을 출연시켜 만든 같은 제목의 영화를 통해 이미 소설의 줄거리를 알고 있었다. 특히 짐 시몬스가 커크 더글러스의 아이를 배고서 그 아이의 미래를 이야기하는 장면이라든가, 로마군이 스파르타쿠스(커크 더글라스)와 절친한 친구(토니 커티스)에게 격투를 시키며 "이기는 사람을 십자가형을 처하겠다"고 하자 친구가 아니라 자신이 십자가형의 고통을 당하려는 생각에 서로 죽이기 위해 전력을 다해 싸우는 장면 등을 보고 여러 차례 눈물을 흘리며 감동을 받았다.

그러나 영화를 볼 때는 중학생이어서 노예 사회와 계급이라는 문제를 깊이 생각해보지 못했다면, 대학생이 돼서 읽은 소설은 충격으로 다가왔다. 왜 어떤 사람들은 짐승보다 못하게 살아야 하고 소수의 눈요기를 위해 생명을 걸고 서로 싸워야 했을까, 왜 소수의 사람들은 똑같은 인간을 짐승 이하로 다루며 탐욕 속에 살아가야 했을까를 생각하며 분노했다. 그리고 스파르타쿠스처럼 계급 사회와 사회적 불의에 저항한 사람이 없었으면 우리는 지금도 노예 사회에 살고 있을지 모른다는 생각에 숙연해졌다.

소설 《스파르타쿠스》의 이야기는 얼마 전 텔레비전 미니시리즈로 제작돼 크게 히트를 쳐서 잘 알려져 있기 때문에 자세히 소개하지 않겠다. 중요한 것은 패스트가 잘 알려져 있지 않던 기원전 7세기 로마 노예 반란의 주역인 스파르타쿠스의 이야기를 소설로 써 노예 사회와 이런 불의에 맞선 인간의 저항을 널리 알렸다는 점이다. 특히 주목할 점은 패스트가 스파르타쿠스를 소설로 쓴 상황이다. 1914년 유대계 노동자의 아들로 태어난 패스트는 고등학교를 졸업한 뒤 여러 직업을 전전하다가 쓴 소설로 대중에 알려졌는데, 매우 진보적인 시각을 지닌 작가였다. 그런데 조금이라도 진보적인 생각을 갖고 있으면 공산주의자로 몰아간 매카시즘이 기승을 부리던 1950년대 초, 주변의 공산주의자들을 고발하라는 '반미활동조사위원회Un-American Activities Committee'의 요구를 무시하다가 투옥됐다. 패스트는 감옥에서 인간의 자유를 제약하는 이런 불의에 저항하는 정신을 그리기 위해 《스파르타쿠스》을 쓸 구상을 시작했다. 감옥에서 나온 뒤 여러 문헌을 조사해 소설을 완성하지만 유명 출판사들은 블랙리스트에 오른 패스트의 작품을 출간해주지 않았다. 할 수 없이 패스트가 스스로 출판사를 차려 1951년에 소설을 출간하는데 수백만 부가 팔리는 베스트셀러가 됐고, 50여 개 언어로 번역됐다.

나는 진보란 '모든 억압, 착취, 차별, 배제에 대한 저항'이라고 생각하고 그런 길을 살려고 노력해왔다. 그 결과 대학 시절에는 학생운동으로 제적을 당하고 투옥되기도 했다. 졸업 뒤 기자가 돼서도 1980년 봄 신군부의 언론 탄압에 저항하다 직장을 쫓겨나 유학을 가야 했다. 돌아와 교수가 돼서도 여러 사회운동에 참여하고 있다. 그리고 이런 내 삶에 중요한 영향을 미친 책이 바로 《스파르타쿠스》다. 지금도 가끔 사회운동에 지쳐 운동을 포기하고 싶을 때면 소설 속의 한 구절을 찾아 읽는다.

"가끔, 아주 오랜 시간이 흐른 뒤, 수백 년 만에 한 번쯤 온 세상을 향해 외치는 사람이 나타난다, 그리고 몇 세기가 지나가고 세상이 계속 돌아가도 그는 결코 잊히지 않는다. 바로 얼마 전까지만 해도 그는 한 사람의 노예에 불과했다. 그러나 이제 스파르타쿠스라는 이름을 모르는 사람이 어디 있는가? 지금 그는 5만 명에 가까운 군대를 지휘하고 있다. 그리고 그 군대는 어떤 면에서는 역사상 최강의 군대다. 가장 단순하고 소박한 의미에서 자유를 위해 싸우는 군대이기 때문이다. 역사상 지금까지 수많은 군대가 있었다. 그러나 그 군대들은 국가, 도시, 부, 특정 지역의 통제권을 놓고 싸웠다. 그러나 여기 인간의 자유와 존엄성을 위해 싸우는 군대가 있다."

그렇다. 우리의 생각이 진보건 보수건, 우리는 지금 우리의 자유를 스파르타쿠스에 빚지고 있다. 그리고 우리 후손들의 미래는 오늘의 부정의에 저항해 싸우는 '21세기의 스파르타쿠스'에 달려 있을 것이다.

출처 미상, 2015년

안토니오 그람시와 《옥중수고》*

현대 마르크스주의의 '바이블'

20세기의 마르크스주의 저작 중 아직도 가장 큰 영향력을 갖고 있는 책은 무엇일까요? 안토니오 그람시Antonio Gramsci(1891~1937)의 《옥중수고Quaderini del Carcere》(정확한 번역은 《옥중수고 선집》입니다. 물론 블라디미르 일리치 레닌의 《국가와 혁명》도 공산주의 혁명과 많은 공산주의 국가의 이념에 엄청난 영향을 끼쳤습니다. 레닌의 경우 1980년대 말 소련과 동구가 몰락한 뒤 영향력이 급속히 약해졌습니다. 그런데 그람시는 그렇지 않습니다. 특히 주목할 것은 그 영향력이 결코 좌파에 국한되지 않는다는 점입니다. 요즘 유행하는 '시민사회' 개념이나 헤게모니, 포드주의 같은 주류 이론에서 많이 쓰는 개념이 바로 이 책에 빚지고 있습니다. 이런 점에서 현대 마르크스주의 저작 중 '최고의 고전'이라고 말할 수 있습니다.

---

* 예전 간행물윤리위원회에는 매달 좋은 책을 선정해 발표하는 '좋은 책 선정위원회'가 있었다. 이 위원회의 위원으로 활동하던 시절, 위원회와 《중앙일보》가 공동 기획으로 각 분야에서 '현대의 고전'이라고 할 수 있는 책들을 선정해 소개하는 글들을 모아 한 권의 책으로 냈다. 내가 정치학 분야의 현대의 고전으로 《옥중수고》, 《집단행동의 논리》, 《정치권력과 사회계급》, 《폴리아키》, 《복지자본주의의 세 가지 세계》 등 다섯 권을 골랐다.

1891년생으로 20세기 초반에 활동한 그람시는 이탈리아 공산당 소속으로 상원의원에 당선했지만 베니토 무솔리니의 파시즘 정권이 들어서면서 감옥에 갇히고 맙니다. 감옥에서 그람시는 왜 이탈리아 노동자들이 공산당이 아니라 파시즘 같은 극우 세력을 지지하게 됐는지를 비롯해 서구 진보 운동이 안고 있던 많은 문제에 대해 고민하고 글을 쓰다가 1937년 옥사했습니다. 다행히 이 원고는 감옥 밖으로 반출돼 《옥중수고》라는 이름으로 1948~1951년에 여섯 권으로 출판됐습니다. 이 중 중요한 부분을 책 한 권으로 간추린 《옥중수고 선집Selections from Prison Notebooks》이 1971년 영어로 번역, 소개되면서 폭발적인 영향력을 갖게 됐습니다.

그람시가 가진 문제의식의 핵심은 이탈리아를 비롯한 서구 사회는 낙후한 러시아와 다르며, 러시아 혁명 같은 무장봉기(기동전)하고는 다른 혁명 전략(진지전)이 필요하다는 것입니다. 이런 문제의식에서 주목한 것이 바로 시민사회입니다. 전통적으로 마르크스주의는 한 사회가 국가라는 상부구조와 경제라는 토대로 구성돼 있다고 주장해왔습니다. 그러나 그람시는 국가와 토대 사이에 학교, 교회, 언론, 친목회 등 다양한 사적인 조직들의 집합체인 시민사회라는 것이 존재한다고 생각했습니다. 그리고 어느 사회건 물리력만으로 유지될 수 없으며 헤게모니라고 부르는 국민 동의가 필요한 만큼, 경찰과 군대 등 공적 조직인 국가가 공권력이라는 강제력을 담당한다면 여론 같은 헤게모니는 주로 시민사회에 의해 만들어진다고 봤습니다.

이런 문제의식에 기초해 그람시는 러시아와 서구의 차이를 주목했습니다. 러시아는 국가가 과대 성장해 모든 것을 지배하고 있던 반면 시민사회는 미성숙하고 약했습니다. 따라서 국가의 물리력을 기동전으로 무력화하자 그 체제는 무너졌습니다. 그러나 서구는 시민사회가 발달해 국가하고 균형을 형성하고 있습니다. 그런 이유 때문에 국가의 물리력을 무장 투쟁으로 무력화하더라도 학교, 교회, 보수 단체 등 시민사회에 산재한 자본주의의 참호들이 버티고 있어 체제는 무너지지 않는다는 것입니다. 따라서 시민사회 속에 다양한 진보적 조직(진지)들을 만들어 교육과 문화, 선전 등을 통해 대항 헤게모니를 확대해가는 장기간의 진지전을 펴나가야 합니다.

그람시는 또한 미국 포드 자동차의 실험 등에서 '저임금, 장시간 노동'의 낡은 자본주의체제와 다른 '포드주의'라는 변화를 선구적으로 주목했습니다. 기계화를 통해 대량 생산을 하고, 대량 생산의 결과인 생산성 향상을 임금 상승에 연계해 상대적 고소득 노동자를 만들어내고, 이 고소득 노동자들이 대량 생산된 자동차 등을 사게 해 체제 안에 안주하도록 유도하는 새로운 자본주의 체제가 등장하고 있다는 점을 강조했습니다.

러시아 혁명 같은 혁명이 불가능해진 현대 사회의 특징들에 관련해 그람시는 진보 이론가들과 실천가들의 주목을 계속 받고 있습니다. 특히 그람시가 평소 민속, 상식, 문화를 강조한 만큼 문화 이론에 지대한 영향을 끼치고 있습니다. 주류 이론의 경우 자신들도 모르는 사이에 시민사회론 등을 통해 그람시의 이론적 유산을 받아들이고 있습니다. 이런 영향력 덕으로 《옥중수고》 중 영어로 출간되지 않은 미출간 원고들을 다섯 권으로 완역해서 출간한다는 계획 아래 세 권이 얼마 전 출간됐고, 나머지 두 권도 이어서 출간될 예정입니다.

뒷이야기 ― 김영삼 초기보다 자유롭던 무솔리니 감옥의 산물

세계사에 남은 중요한 저서 중 상당수는 감옥에서 쓴 것입니다. 감옥이라는 특수한 환경과 집중력 등이 이런 일을 가능하게 만들었다고 볼 수 있습니다. 그람시의 《옥중수고》도 감옥에서 쓴 책입니다.

미국 유학 시절 《옥중수고》를 처음 접하고 받은 느낌은 부러움이었습니다. 그람시는 다른 곳도 아니고 무솔리니의 파시즘 감옥 안에서 이 책을 썼습니다. 그리고 우리의 고전인 홍명희의《임꺽정》도 일제하 감옥에서 집필이 시작됐습니다. 그러나 제가 감옥에 있던 1970년대는 말할 것도 없고 1994년 10월까지 한국은 감옥에서 글을 쓸 수 있는 권리는 없었습니다. 무솔리니와 일제가 허용한 감옥 안 집필권을 우리는 1994년까지 허용하지 않았다는 이야기입니다. 다시 말해 그람시가 박정희 정권이나 전두환 정권은 말할 것도 없고 노태우 정권이나 김영삼 정권 초기에 감옥에 갔으면 인류는 결코《옥중수고》같은 사상적 유산을 갖지 못했을 것입니다.

그람시는 매우 가난하게 자랐고, 척추 장애를 지닌 장애인이었습니다. 토리노 대학교에 입학한 뒤 진보적 사상을 접하기 시작해서, 이탈리아 공산당을 창설했고, 상원의원에 당선했습니다. 그러나 무솔리니의 파시즘 체제가 들어선 뒤 투옥돼 감옥에서 40대 중반 나이에 병사한 불운의 사상가이자 정치인입니다.

재판에서 검사는 그람시의 탁월한 지적 능력에 염려를 드러내며 체제 유지를 위해 "우리는 이 사람의 두뇌를 20년간 중지시켜야 한다"고 주장한 일화가 유명합니다. 그러나 그람시는 뛰어난 두뇌로 2848쪽에 이르는 지적 보물을 남겼습니다. 검사는 문제의 반쪽밖에 보지 못한 것입니다. 사형을 시키지 않는 한 감옥에 가둔다고 해서 그람시의 두뇌 활동을 멈추게 할 수 없다는 사실을 보지 못한 것입니다. 아니 어쩌면 자신을 감옥에 가둔 검사와 파시즘 '덕분'(?)에 그람시는 집중해 3000쪽에 가까운 저술을 남길 수 있었는지 모릅니다.

두 가지 더 덧붙일 이야기가 있습니다. 무솔리니 감옥은 집필을 허용할 정도로 자유로웠지만, 그래도 감옥이라 검열이 있는 점을 고려해 그람시가 많은 부분을 은유로 써서 이해가 쉽지 않다는 점입니다. 이를테면 노동자 계급은 기본 집단으로 불렀습니다. 또한 공산당은 '현대의 군주Modern Prince'로 썼습니다. 니콜로 마카아벨리가 이탈리아의 통일을 위해 《군주론》을 쓴 데 빗대어 공산당을 현대의 군주라고 쓴 것입니다.

마지막으로 우리가 《옥중수고》를 읽을 수 있는 것은 역설적으로 그람시가 타도하려 한 이탈리아자본가, 특히 금융자본 덕이라는 사실입니다. 이탈리아 공산당은 무솔리니의 눈을 피해 그람시의 옥중 원고를 몰래 빼돌려 이탈리아 주요 은행의 비밀 금고에 보관했습니다. 그 덕에 그람시가 직접 쓴 원고들이 파괴되지 않고 살아남을 수 있었고, 2차 대전이 끝난 뒤 빛을 볼 수 있었습니다.

《옥중수고》에서

지식인과 생산 세계의 관계는 기본적인 사회 집단의 경우에서처럼 직접적이지 않으며, 다양한 수준에서 사회의 전체 구조에 의해, 그리고 지식인이 바로 '기능인'으로 되어 있는 복합적인 상부구조에 의해 '매개'된다. 다양한 지식인층의 '유기적 자질(organic quality)' 및 이들의 기본적 사회 집단과의 관련 정도를 측정하는 것과, 그들의 기능 및 상부구조의 등급을 기저에서 최상위까지(구조적 토대에서 상향하여) 매기는 것, 양자 모두가 가능해야 한다. 그때 우리가 할 수 있는 일은 두 가지 주요한 상부구조 '수준'을 고정하는 것이다. '시민사회'라고 불릴 수 있는 것, 즉 흔히 '사적'이라고 불리는 유기체들의 총체와 '정치사회' 혹은 '국가'라고 불릴 수 있는 것이 그 두 가지다. 이런 두 가지 수준은 한편으로 지배 집단이 사회 구석구석에서 행사하는 '헤게모니' 기능과 다른 한편으로 국가와 법률상의 정부를 통해 행사되는 '직접적인 지배'나 통치 기능에 조응한다. 문제의 그 기능은 정확히 구조적이고 연관적이다. 지식인은 사회적 헤게모니와 정치적 통치의 하위 기능을 수행하는, 지배 집단의 '대리인'이다.

이상은 다음과 같은 의미를 함축한다.

(1) 기본적인 지배 집단이 사회생활에 부과하는 일반적인 지도에 대한 주민 대다수의 '자발적' 동의, 이런 동의는 지배 집단이 생산 세계에서의 위치와 기능 덕택으로 누리는 위신(그리고 그 결과 얻게 되는 신임)에 의해 '역사적으로' 이루어진다.

(2) 국가 기구는 능동적으로든 수동적으로든 '동의하지' 않는 집단을 '합법적으로' 징계하는 강제력을 행사한다. 또한 이런 국가 기구는 자발적 동의를 얻어내는 데 실패했

을 때 오는 지배와 지도의 위기의 순간에 대비하여 사회 전체에 걸쳐 구성되어 있다.

(중략)

물론 헤게모니가, 그 헤게모니 안에 포섭되어야 할 집단들의 이해관계와 경향을 고려하여 어떤 타협적인 균형을 형성하는·것 — 다시 말하여 지도적인 집단이 경제적·조합주의적 측면에서는 희생을 감수해야 한다는 것 —을 전제한다는 것은 사실이다. 그러나 그러한 희생과 그러한 타협이 본질을 건드릴 수 없다는 것 또한 분명하다. 왜냐하면 헤게모니가 비록 윤리적·정치적이긴 하지만, 그것은 또한 경제적이지 않을 수 없으며 경제적 활동의 결정적인 핵심에서 지도적 집단이 수행하는 결정적 기능에 근거하지 않을 수 없는 것이기 때문이다.

(중략)

러시아에서는 국가가 모든 것이었고 시민사회는 아직 원시적이고 무정형한 것이었지만, 서구에서는 국가와 시민사회 사이에 적절한 관계가 형성되어 있었고, 국가가 동요할 때에는 당장에 시민사회의 견고한 구조가 모습을 드러내었다. 국가는 단지 외곽에 둘러쳐신 외호(外濠)에 불과하며 그 뒤에는 요새와 토루(土壘)의 강력한 체계가 버티고 있었다. 물론 요새와 토루의 수는 나라마다 차이가 있었지만, 바로 그렇기 때문에 개개의 나라에 대한 정밀한 탐색이 요구되었던 것이다.

맨슈어 올슨과《집단행동의 논리》

왜 다수 국민은 이익집단에 패배할까

최근 서구에서 가장 인기를 끌고 있는 사회과학의 이론적 경향은 무엇일까요? 바로 투표 등 정치적이고 사회적인 행동을 계량화하기 쉬운 경제학 원리로 설명하는 것입니다. 이 이론은 인간은 기본적으로 최소의 비용으로 자신의 효용을 극대화하는 방향으로 모든 행동을 선택한다고 가정한다는 점에서 '합리적 선택' 이론이라고 부릅니다. 좌파 이론가들은 현대 국가의 재정 적자 누적과 복지국가의 위기를 자본주의의 구조적 모순이 낳은 결과라고 보지만, 합리적 선택 이론은 다른 해석을 제시합니다.

민주주의에서 정치인은 장기적으로 나라야 어찌되건 자신이나 자신의 당이 선거에서 승리할 가능성을 극대화하기 위해 행동하기 때문에 당선에 유리한 선심 정책을 펴고 대중에게 인기가 없는 세금 부과는 피하다보니, 결국 정부 지출은 늘고 세금은 줄어 재정 적자가 일어난다는 것입니다.

합리적 선택 이론에 기초해 이익집단부터 계급에 이르는 다양한 집단들의 행동을 설명한 책이 맨슈어 올슨Mancur Olson(1932~1998)의《집단행동의 논리The Logic of Collective Action》입니다. 이 책은 정치학을 비롯한 현대 사회과학의 합리적 선택 이론의 선구적 저작이라는 점에서 현대의 고전이라 부를 만합니다.

이 책은 마르크스주의의 예언하고 다르게 자본주의 사회에서 왜 노동자 혁명이 잘 일어나지 않는지를 독특한 방식으로 설명합니다. 노동자들도 한 명의 인간으로 자신의 행동 비용과 소득에 대한 합리적 계산에 따라 행동합니다. 문제는 혁명 같은 집단행동의 경우 비용이 이득보다 크다는 것입니다.

집단의 규모가 크면 클수록 집단행동의 비용이 이득보다 커지기 때문입니다. 혁명이 일어나 노동자가 잘사는 세상이 오면 혜택은 혁명에 참여했든 안 했든 모든 노동자가 받는다는 점에서 무차별적입니다. 그러나 혁명에 참여했다가 목숨을 잃거나 경찰에 구속되거나 하는 비용은 혁명에 참여하는 사람만 뭅니다.

따라서 집단이 큰 경우 모두 집단행동에 참여하지 않으면서도 그 행동이 성공해 혜택이 생기면 그 혜택을 받으려 하는 무임승차자free rider가 되려 하기 때문에 집단행동이 성공할 확률이 낮다는 것입니다. 집단행동은 혜택이 비용보다 클 때 일어나는데, 문제는 혜택을 계산할 때 자신이 집단행동에 참여하며 그 행동이 성공해 혜택이 생겨날 확률을 곱해야 한다는 것입니다.

그리고 큰 집단의 경우 자신의 참여 여부가 그 집단행동의 성공 여부를 결정할 확률이 낮기 때문에 혜택보다 비용이 크고, 따라서 집단행동에 참여하지 않고 무임승차자가 될 확률이 높습니다.

나아가 이 책은 이익집단과 로비의 정치가 안고 있는 문제점을 이런 방법론을 이용해 설득력 있게 설명하고 있습니다. 이를테면 미국의 경우 총기 소유가 자유화돼 있어 많은 사람이 총기 사고로 목숨을 잃습니다.

그러나 총기 판매를 규제하는 법을 만들려는 노력은 총기 제조 회사를 중심으로 한 미국총기협회NRA라는 이익집단의 로비로 번번이 실패합니다. 바로 무임승차자 때문입니다. 총기 소유 자율화에 따른 사고의 피해자인 일반 국민은 그 집단의 규모가 엄청나게 커 대부분 다른 사람이 규제 운동을 해주기를 바라는 무임승차자가 됩니다. 반면 총기 제조업자 등은 소수이기 때문에 거의 무임승차자 문제 없이 똘똘 뭉쳐 총기 규제 반대 운동을 함으로써 매번 싸움을 승리로 이끈다는 겁니다.

이런 논의는 민주주의에 중요한 함의를 갖습니다. 민주주의는 다수의 의견이 지배하는 다수의 지배 체제지만 다수는 무임승차자의 원리에 따라 소수 이해관계자와 특수 이익집단에 패배하는 경향이 있다는 것입니다.

그 결과가 흔히 미국 정치의 가장 심각한 문제점으로 이야기되는 이익집단과 의회의 해당 상임위, 행정 부서 간의 공생적인 '철의 삼각 동맹'입니다. 이렇게 이 책은 집단행동 논리를 이용해 현대 민주주의가 갖고 있는 위험과 문제점을 잘 분석해내고 있는 뛰어난 저작입니다.

뒷이야기 — 경제학자가 쓴 현대 정치학의 고전

제가 근무한 서강대학교 정치외교학과에 맨슈어 올슨과 같은 합리적 선택 이론의 전문가인 한 선배 교수가 있었습니다. 서울대학교 정치학과 선배이기도 한 이 선배는 정치학이 전공이지만 미국 유학을 가서 가장 먼저 한 일이 수학 분야의 세계적인 명문인 캘리포니아 공과대학교(칼텍) 대학원에 가서 수학을 공부한 것입니다. 이렇게 현대 정치학, 특히 합리적 선택 이론에는 수학적 사고가 중요한 구실을 합니다.

《집단행동의 논리》로 합리적 선택 이론, 나아가 정치학의 발전에 획기적인 기여를 한 맨슈어 올슨도 원래 정치학자가 아니라 경제학자입니다. 노스다코타 주립대학교라는 '시골' 대학에서 경제학을 공부한 올슨은 뛰어난 성적으로 옥스퍼드 대학교에 장학생으로 유학을 갈 수 있었고, 돌아와 하버드 대학교에서 경제학 박사를 받았습니다. 그 뒤 정부 고위 공무원으로 잠깐

일한 때를 빼고는 죽 경제학 교수로 일했습니다.

그런 만큼 정치학자들하고 다르게 인간의 정치적 행동을 경제학적으로 설명한다는 독특한 발상을 할 수 있었다고 볼 수 있습니다. 올슨이 《집단행동의 논리》를 쓴 1965년, 정치학계에서는 민주주의란 기본적으로 다수가 승리하는 시스템이기 때문에 다수를 차지하는 집단이 사회에서 많은 영향력을 행사하고 사회적 갈등에서 승리할 수 있는 것이라고 생각했습니다. 그러나 현실은 전혀 그렇지 않았고, 이 문제를 올슨은 경제학적 원리와 수학적 모델을 통해 "규모가 큰 집단의 구성원은 규모가 작은 집단보다 무임승차할 유인이 크다"는 무임승차 논리에 따라 체계적으로 설명할 수 있었습니다.

나아가 올슨은 1982년에 펴낸 《국가의 흥망성쇠The Rise and Decline of Nations》에서 이익집단들이 벌이는 로비 활동이 국가의 잠재성장률을 갉아먹기 때문에 강대국이 쇠락했다고 지적합니다. 오래된 국가들은 시간이 흐르며 면화 생산자, 철강 회사, 노동조합 같은 이익집단들이 생겨나 로비를 통해 이익을 관철함으로써 보호무역주의가 강화되고 혁신이 늦춰지며, 이런 상황은 곧 국가 경쟁력 저하로 이어진다는 것입니다. 대신 신생국들은 이익집단이 아직 안 생겨 경제가 발전하고 신흥 강대국으로 부상한다는 설명입니다.

이런 설명은 우리가 보지 못한 것을 보게 함으로써 정치학의 발전에 큰 기여를 했지만, 동시에 한계가 있는 것도 사실입니다. 만일 올슨이 한 주장에 따른다면 러시아 혁명부터 멕시코 혁명, 베트남 혁명, 쿠바 혁명에 이르는 숱한 혁명들은 어떻게 가능한 걸까요? 멀리 갈 필요 없이, 4·19와 5·18, 촛불혁명은 어떻게 설명할 수 있을까요? 또한 신생국은 역사가 짧아 이익집단이 적어서 성장을 잘한다는데, 식민지반봉건사회론이나 종속이론 등 좌파 이론이 보여주듯이 신생국은 식민지의 산업화를 바라지 않는 제국주의 국가와 식민지 지주라는 강력한 이익집단이 산업화를 가로막고 있다는 사실을 보지 못하고 있습니다.

《집단행동의 논리》에서

추측건대 한 집단이 그들의 이익에 봉사하기 위해 행동한다는 관점은 집단 내의 개개인들이 자신의 이익을 위해 행동한다는 관점에 기반하고 있다. 만약 집단 내의 개개인들이 이타적이어서 그들 개인의 복지를 경시한다면 그들이 집단적으로 어떤 이기적 공통 목표나 집단 목표를 추구한다는 사실조차 의심스럽게 된다. 그러나 그러한 이타주의는 예외적인 것이다. 이기적인(self-interested) 행동은 적어도 경제적인 문제와 관련되어 있을 때엔 보통 하나의 규칙으로 간주된다. 개인 실업가가 더 많은 이익을 추구하거나 개인 노동가가 더 높은 임금을요 구하거나, 또는 개인 소비자가 좀더 낮은 상품값을 요구하는 것은 별로 놀랄 만한 일이 아니며, 집단이 그들의 집단 이익을 위해 행동하는 경향이 있다는 견해는 논리적으로 널리 받아들여진 합리적이고 이기적인 전제를 따른 것이다. 다시 말해서, 만약 집단의 구성원들이 공통의 이익이나 목적을 가지고 있고 그 목적이 달성될 때엔 그들의 형편도 함께 더욱 좋아진다면, 그것은 그 집단 내의 개인들이 합리적이고 이기적일 때 그들은 그 목적을 달성하기 위해 행동할 것이라는 사실을 논리적으로 설명해준다.

그러나 사실은 집단이 이기적으로 행동할 것이라는 관점이 합리적이고, 이기적인 행동의 전제를 논리적으로 따르고 있다는 것은 틀린 얘기다. 즉 한 집단 내의 모든 개인들이 그들의 집단 목적을 달성하게 된다면 개인적인 이익을 얻을 수 있기 때문에, 그들이 합리적이고 이기적일지라도 그 목적을 달성하려고 행동한다는 사실은 진실이 아니다. 실제로 한 집단 내 구성원의 숫자가 매우 적지만 않다면, 그리고 그들의 공통 이익을 위해 개인들을 행동하게 만드는 강제나 어떤 다른 고안물이 없다면, 합리적이고 이기적인 개인들은 그들의 공통 이익이나 집단 이익을 위해 행동하진 않을 것이다.

(중략)

대집단의 구성원들이 합리적으로 그들의 개인적인 복지를 최대화하고자 한다 해도 그들은 그렇게 하도록 만드는 강제가 없거나, 공통 이익이나 집단 이익의 달성과는 좀 거리가 먼 얼마간의 개인적인 유인(誘因)들이 제공되지 않는다면, 그들은 그들의 공통 이익이나 집단 이익의 진전을 위하여 행동하진 않을 것이다. 집단 성원들에게 개인적으로 제공되는 이런 유인들은 집단 목표를 수행하는 데 따르는 대가나 수고를 감수하는 데 도움을 준다. 그러한 대집단은 어떤 강제가 없는 경우, 위에서 언급한 각기 다른 유인이 없는 경우 그들의 공통 목적을 달성하기 위해 조직을 형성하지 못할 것이다. 이런 점은 공통 이익이나 목표를 달성하는 방법에 대해 집단 전체의 만장일치적인 동의가 있을 때라 하더라도 그러할 것이다.

따라서 집단은 그들의 이익을 확대시키고자 하는 경향이 있다고 하는, 사회과학 전반에 걸쳐 일반화된 이런 관점은, 적어도 그것이 (보통 그러하듯이) 성원 개개인이 그러하므로 집단도 그들 자신의 이익을 위해 행동한다고 하는 (때로는 암시적인) 가정에 기초하고 있을 때엔 그 의미가 불분명해진다. 이타적 개인들과 비합리적인 개인들 모두를 구성원으로 두고 있는 집단이 때때로 그들의 공통 이익이나 집단 이익을 위해 행동할 것이라는 관점엔 논리적으로 역설의 가능성이 있다.

니코스 풀란차스와 《정치권력과 사회계급》

'상대적 자율성' 개념 유행시킨 신국가론

개인의 삶을 좌우하는 가장 거대한 힘 하나를 꼽으라면 아마 국가일 것입니다. 세금부터 교육, 군대, 규제 등 그 영향력은 끝이 없습니다. 따라서 지난 수천 년 동안 정치학의 중심 주제가 국가인 것은 당연한 일입니다. 그러나 2차 대전 뒤 정치학도 자연과학처럼 객관적인 연구를 해야 한다는 과학주의 흐름 속에서 국가는 비과학적인 낡은 개념으로 매도돼 정치학 연구에서 사라져버렸습니다. 이런 상황에서 국가론을 부활시킨 것이 프랑스의 신좌파 이론가 니코스 풀란차스Nicos Poulantzas(1936~1979)가 1968년에 출간한 《정치권력과 사회계급Pouvoir politiques et classes sociales》입니다.

이 책은 전문가들도 읽기에 고통스러운 어려운 개념들로 가득찬 난해하기 짝이 없는 책이라는 문제점을 안고 있습니다. 그렇지만 공백으로 남아 있던 마르크스주의 국가론을 처음으로 체계화한 저작으로서, 마르크스주의의 약점이라고 불리던 국가론 분야를 오히려 마르크스주의가 주류 이론에 견줘 경쟁력을 갖춘 분야로 만든 역사적 저작입니다. 나아가 이 책은 그동안 사라져 있던 국가론의 폭발을 마르크스주의는 말할 것도 없고 주류 이론에도 가져다준 기폭제였다는 점에서 '신고전'으로 불릴 만한 충분한 자격을 갖추고 있습니다. 사실 한때 사회과학을 공부하는 학생이면서 모를 경우에 지진아 취급을 받던 국가의 '상대적 자율성'이라는 개념을 유행시킨 것도 바로 이 책입니다.

기존의 마르크스주의 이론은 국가와 정치는 경제에 의해 결정되며 자본주의 국가는 자본가 계급의 도구라는 조야한 이론이 주류였습니다. 특히 국가를 장악하고 있는 고위 공직자 등이 대부분 자본가 출신이라는 사실을 보여줌으로써 자본주의 국가가 자본가 계급의 도구라는 것을 증명하려 했습니다. 반면 풀란차스는 국가가 경제에 의해 결정되지만 경제의 단순한 반영물이 아니라 나름의 상대적 자율성을 갖고 있으며 자본주의 국가는 봉건제 등 다른 계급 국가하고 다르게 자본가 계급이 직접 통치하지 않는 특징이 있다고 주장했습니다.

자본은 하나가 아니라 이해관계를 달리하며 경쟁하는 복수의 자본으로 구성돼 있기 때문에 자본가 계급이 직접 국가를 장악하고 통치하는 경우 국가를 장악한 특정 자본의 단기적이고 편협한 경제적 이익을 대변함으로써 자본가 계급 전체의 진정한 이익을 반영할 수 없습니다. 오히려 국가가 자본가 계급에 대해 상대적 자율성을 가지고 자본가들의 단기적이고 편협한 이익에 반하는 행동을 펼 수 있을 때 자본가 계급의 장기적이고 좀더 근본적인 이익을 지켜줄 수 있으며 자본주의가 무너지지 않고 유지될 수 있게 만들수 있습니다.

결국 이 책에 따르면 김대중 정부가 재벌들의 반대를 무릅쓰고 추진한 재벌 개혁이 표면적으로는 반재벌 정책으로 보이고, 따라서 김대중 정부가 반재벌과 반자본의 국가인 듯 보이지만 그렇지 않다는 것입니다. 오히려 국가가 상대적 자율성을 가지고 재벌 개혁을 추진하는 것은 재벌의 장기적 이익을 보장해주는 친재벌과 친자본 정책이라는 분석에 이르게 됩니다.

특히 풀란차스는 소련식의 교조적 마르크스주의 말고도 유럽의 사회민주주의를 비판하기 위해 이 책을 썼습니다. 노동자 계급 등이 선거를 통해 국가를 장악하면 사회주의가 될 것이라는 사회민주주의의 '국가 장악' 전략은 자본주의적인 이유로 자본가 계급이 국가를 장악하고 있다고 보는 '도구주의' 국가론에 기초해 있습니다. 따라서 국가를 장악한 사람만 바꾸면 국가 성격이 바뀔 것이라고 착각하는 잘못을 저지르고 있습니다. 그러나 국가의 자본주의적 성격은 구조적인 특성이기 때문에 설사 좌파가 국가를 장악하더라도 반자본적인 정책을 펼 수 없으며, 따라서 자본주의 국가를 장악하는 것이 아니라 분쇄해야 한다는 급진적 결론에 이르게 됩니다.

그 뒤 풀란차스는 이 책이 지나치게 구조결정론적이라고 자기비판을 한 뒤 국가는 다양한 사회 세력들 사이의 힘 관계의 응집이자 전략이라는 '전략관계'적 국가론을 발전시켰습니다. 또한 '장악론'과 '분쇄론'을 넘어 국가 안팎의 이중 투쟁을 통해 국가 성격을 변혁시켜 나가야 한다는 '국가변혁론'으로 나아갔습니다. 이런 전략관계론은 지금도 국가론 연구의 기본 지침이 되고 있는 가장 선진적인 이론입니다.

뒷이야기 ― 20세기 국가론 부활의 일등 공신

"한마디로, 새로운 세상을 본 기분." 1980년대 초반 미국에서 박사 과정을 밟고 있을 때 니코스 풀란차스의 《정치권력과 사화계급》을 처음 접하고 받은 충격은 지금도 잊을 수 없습니다. 이중적 의미에서 그렇습니다. 저는 1970년대 정치학과에서 그 무렵 미국에서 유행하던 행태주의behavioralism라는 과학주의 정치학을 배웠는데, 아리스토텔레스의 《정치학》부터 1960년대까지 정치학의 핵심 주제이던 국가에 관한 연구, 즉 국가론이 낡은 비과학적 연구이고 정치학은 국가가 아니라 '정치 체제political system'을 공부한다고 귀가 닳도록 들어야 했습니다. 또한 여기에 대립하는 좌파라고 해봐야 조야한 이론만 보다가 뉴레프트북스NLB가 영어로 번역해 낸 풀란차스의 치밀한 이론을 보니 그야말로 '신천지'였습니다.

과거 마르크스주의는 카를 마르크스의 《자본론》처럼 정치경제학은 뛰어나지만 국가론과 정치학이 취약하다는 평가를 받아왔습니다. 그러나 풀란차스의 이 책은 현대 정치학에서 사라진 국가론을 복원시켰고, 지금까지 취약하게 여겨지던 국가론을 좌파 이론의 강점으로 만들었습니다. 그 뒤 국가 연구 하면 마치 좌파인 것처럼 선입견을 갖게 됐습니다.

그리스 공산당의 당원이던 풀란차스는 독일을 거쳐 프랑스로 건너가 구조주의 철학자 루이 알튀세르 밑에서 철학과 사회학을 공부한 뒤, 서른두 살에 현대 정치학의 고전인 이 책을 출간했습니다. 또한 이 책은 난해한 구조주의 용어 탓에 웬만한 사람은 독해가 불가능할 정도로 어려운 점에서 유명합니다. 풀란차스는 국가를 자본주의의 도구로 보는 조야하고 전통적인 '도구주의' 대 (상대적 자율성을 특징으로 하는) '구조주의' 사이의 이른바 국가론 논쟁으로 대중화되고 유명해집니다. 그 결과 사회과학, 특히 정치학을 공부하면서 국가의 상대적 자율성이라는 말을 모르면 대화에 낄 수 없을 정도로 유행을 탑니다.

이론사적으로 엄청난 기여를 한 이 책은 구조결정론이고 기능주의적 설명이라는 결정적인 한계도 지닙니다. 이 책이 출간될 때는 자본주의가 전후 안정을 유지하던 시기로, 왜 자본주의가 망하지 않고 안정적으로 유지되는지를 설명하는 데 구조주의적 설명이 설득력이 있었습니다. 그렇지만 '68혁명'이 터지고 자본주의 체제의 위기가 가시화됩니다. 68혁명은 미셸 푸코 등의 포스트구조주의, 포스트마르크스주의의 기폭제가 됩니다. 풀란차스도 자기가 쓴 책을 자기비판하고 구조적 인과성보다 계급투쟁이 중요하다는 견해를 표명하며 '후기 풀란차스'로 넘어갑니다.

68혁명 말고도 풀란차스에게 중요한 영향을 미친 요소는 그리스의 정치 상황입니다. 그때 그리스는 강력한 군사 독재가 지배하고 있었는데, 그리스 공산당이 그리스에 관한 글을 부탁하자 당대 최고의 좌파 국가론자의 지식을 동원해 풀란차스는 유럽의 주변부에 자리한 그리스는 주변부 자본주의라는 특성 때문에 군사 독재가 장기적으로 구조화된다는 뛰어난 분석을 내놓습니다. 그러나 그 글이 나온 뒤 몇 달 되지 않아 그리스 군정은 무너지고 맙니다. 이런 상황을 지켜본 풀란차스는 대중투쟁의 힘을 다시 한 번 인식하게 됐습니다.

후기 저작인 《국가, 권력, 사회주의State, Power, Socialism》에서 풀란차스는 미시 권력을 강조하는 푸코 등 해체주의자들의 관점을 받아들이면서도 국가와 계급이 중심에 있다는 점을 강조하고, 지금도 설득력을 가지고 있는 전략관계적 국가론을 개진합니다. 그러나 풀란차스의 글은 마르크스주의의 근본적인 문제의식과 포스트주의 사이에서 위험한 줄타기를 하는 극한에서 몸부림칩니다. 그리고 1년 뒤 자기 집 창문 밖으로 떨어져 죽은 시신으로 발견됩니다. 이론적 한계가 풀란차스를 자살로 몬 것인지 아니면 다른 동기가 있는지, 알 수 없는 일입니다. 그러나 죽음의 원인이 무엇이건, 풀란차스가 최소한 '국가론의 부활'이라는 유산을 남기고 떠나간 점만은 확실합니다.

《정치권력과 사회계급》에서

자본주의 국가의 기본적이고 독특한 양상은 주체 — 이런 국가에서는 '여러 개인', '시민', '정치적 인격'으로서 고정되어 있다 — 를 '생산의 담당자'로서 결정하는 내용이 그 가운데 담겨 있지 않다는 사실인 것처럼 보인다. 이런 예는 다른 국가 유형에는 없었던 것이다. 동시에 이런 계급 국가는 그 이상의 특유한 징후를 보여주고 있다. 즉 계급

의 정치적 지배가 스스로의 제도들에서는 계속 나타나지 않고 있는 것이다. 자본주의 국가는 자신을 대중적 계급 국가로서 나타내고 있다. 그 제도는 '개인' 또는 '정치적 인간들'의 자유 및 평등이라는 원칙의 테두리에서 조직되어진다. 이 국가의 정당성은 이제 군주제의 원칙 속에 함축된 신성한 의지에 기초하고 있는 것이 아니라, 형식적으로 자유롭고 평등한 개인-시민들의 총체에, 그리고 인민 주권 및 인민에 대한 국가의 세속적 책임에 기초해 있는 것이다.'인민' 그 자체가 국가의 결정 원리로 내세워지고 있다. 그 인민은 사회 여러 계급 내에 배분된 생산 대행자들로서 구성되는 것이 아니라 개인-시민의 집합으로서 구성된다. 이러한 개인-시민의 국민적 정치 공동체에의 참여 양식은 '일반 의지'로서 표현되는 보통선거권에서 명확히 나타나고 있다. (중략) 이렇게 근대 자본주의 국가는 그 자체가 사회 전체의 일반 이익을 구현한 것으로, 즉 '국민 (nation)'이라는 정치체(body politic)를 구체화한 것으로 나타나는 것이다.
(중략)
자본주의 국가의 이런 상대적 자율성은 자본주의 생산양식이 지배하는 사회구성체 내의 다양한 계급들에 대한 국가의 엄격한 정치적 기능에서 생겨나는 것이다. 좀더 정확하게 말하면, 상대적 자율성은 다음의 기능들에서 유래한다.

(1) 지배 계급에 대한 '정치적 조직' 인자로서의 국가의 기능

사회·경제적 관계의 고립 및 부르주아 계급의 분파로의 세분화 등으로 인하여 지배 계급이 종종 스스로의 노력으로는 피지배 계급에 대하여 헤게모니 수준으로까지 자기 자신을 높일 수가 없기 때문이다. 마르크스, 엥겔스, 레닌이 자주 자본주의 국가를 '지배 계급의 조직', 다시 말하면 '계급 지배의 조직'으로 특징짓고 있는 것을 우리는 이러한 관점에서 이해하여야 한다.

(2) '정치적 해체' 인자, 즉 노동 계급이 자기 자신을 '자율적' 정당으로 조직하지 못하게끔 하는 국가의 기능

노동 계급의 정치 조직 — 그 정치 투쟁 — 은 지배 계급의 헤게모니 조직을 불가결하게 하는 동시에 이것을 방해하는 인자이다. 이 경우 국가는 지배 계급을 정치적으로 조직화하고, 동시에 노동 계급의 정치적 해체를 보장해주고 있다. 노동 계급의 경제 투쟁에 의해 드러나는 지속적인 고립 효과는 노동 계급으로 하여금 자신의 통일을 실현할 자율적 정당을 위하여 필연적으로 정치적 조직화를 요구하게끔 만든다. 그러나 국가의 기능은 자신을 인민-국가의 정치적 통일성의 대표자로 드러냄으로써(자신의 고유한 효과인) 이런 고립성 속에 노동 계급을 존속시키고 있는 것이다. 이것은 지배 계급에 대한 국가의 상대적 자율성에 기여하게 된다.

로버트 달과 《폴리아키》

자유민주주의 체제 특성, 체계적으로 규명

현대 사회에서 정치적으로 모든 사람들이 합의하는 가치가 있다면 바로 민주주의입니다. 자유민주주의, 사회민주주의, 사회주의적 민주주의, 민족적 민주주의, 교도민주주의 등 다양한 이념과 정치 세력이 자신들의 주장을 민주주의라고 주장하고 있습니다. 그러나 소련과 동구의 몰락 이후 다양한 민주주의 중 다른 경쟁 상대들을 무너뜨리고 특권적 지위를 누리게 된 것이 서구 자본주의 진영을 중심으로 발달한 자유민주주의 또는 다원민주주의입니다. 이런 사실에 관련해 현대 민주주의, 특히 자유민주주의에 대한 최고의 이론가라고 볼 수 있는 로버트 달$^{Robert\ Dahl}$(1915~2014)이 1971년에 출간한 《폴리아키^{Polyarchy}》는 자유민주주의에 관한 고전입니다.

이 책은 원래 정치적 민주주의를 중심으로 하는 자유민주주의를 가능하게 하는 조건이 무엇인지를 깊이 있게 실증적으로 분석한 책입니다. 자유민주주의를 가능하게 하는 조건들을 사회경제적 발전 수준, 경제사회적 불평등의 수준, 문화적 다원주의의 존재 여부 등 7가지 조건을 중심으로 깊이 있게 분석하고 있습니다. 그러나 이 책이 현대의 고전으로 취급받고 있는 이유는 복잡한 민주주의의 전제 조건에 대한 경험적 분석 때문이 아닙니다. 오히려 이 책의 출발점이 되는 것으로, 달이 권력의 축이 다원적으로 분산돼 있다는 의미에서 '다원민주주의 체제polyarchy'라고 부른 자유민주주의의 특징들에 관한 정의 때문입니다. 자유민주주의의 발전 조건을 분석하기 위해 먼저 자유민주주의란 어떤 정치 체제인지를 정의하고 있는 부분이 이 책을 현대의 고전으로 만들어주고 있습니다. 달은 이 책에서 다른 어떤 저술보다도 자유민주주의 체제를 다른 정치 체제에서 구별해주는 질적인 특징이 무엇인지를 가장 구체적이면서도 체계적으로 제시함으로써 자유민주주의 연구의 고전으로 취급을 받게 된 것입니다.

달은 자유민주주의의 특징으로 세 가지를 제시하고 있습니다. 첫째, 국민들이 자신의 정치적 선호를 형성할 자유, 둘째, 개인적 또는 집단적 행동을 통해 동료 시민이나 정부에 자신의 선호를 알릴 자유, 셋째, 그 선호가 내용이나 근원 때문에 차별받지 않고 정부에 의해 동일하게 존중받을 수 있는 권리입니다. 그리고 이런 세 가지 조건을 충족시키기 위한 여덟 가지의 제도적 권리를 제시합니다. 결사의 자유, 사상과 표현의 자유, 투표권, 피선거권, 정치 지도자들이 지지를 호소할 권리, 대안적 정보 접근권, 자유롭고 공정한 선거, 정부 정책을 만드는 기관이 투표나 시민들의 선호에 의존할 것 등입니다. 우리가 자유권이라고 부르는 사상, 표현, 언론, 결사의 자유를 자유민주주의의 핵심으로 정립한 것입니다.

이런 전통을 이어받아 '민주화의 제3의 물결'이라고 부르는 1980년대 민주화를 연구한 세계적으로 권위 있는 민주화 공동 연구도 마찬가지로 다른 부분이 민주화되더라도 공산주의 같은 특정한 이념이나 정당을 금지하는 정치 체제는 자유민주주의가 아니고 제한적 정치적 민주주의에 불과하다고 분석하고 있습니다.

주목할 것은 한국의 현실입니다. 사실 우리의 경우 자유민주주의를 국시로 내걸어왔습니다. 또한 과거 군사 정권들, 그리고 최근에는 거기에 뿌리를 둔 냉전적 보수 세력들이 좌파에 맞서 자유민주주의를 수호해야 한다고 주장하고 있습니다. 그러나 이런 사람들이 생각하는 자유민주주의란 자유민주주의가 아니라 단순한 반공주의에 다름 아닙니다. 그리고 이런 사람들은 단순한 반공주의를 지키기 위해 자유민주주의라는 이름 아래 국가보안법 등을 통해 사상과 표현의 자유 등 자유민주주의를 압살하는 희극을 저질러왔고, 지금도 저지르고 있습니다. 이런 점에서 자유민주주의가 무엇인지를 정확히 정의한 이 고전은 지금도 우리 사회에서 너무도 생생한 현재적 의미를 지닌 살아 있는 고전입니다. 특히 입만 열면 자유민주주의 수호를 외치는 냉전적 보수 세력의 정치인과 지식인들이 반드시 읽어봐야 할 필독서입니다.

뒷이야기 ― 자유사회주의자로 전환한 자유민주주의의 '대변인'

미국 유학을 가자마자 급진적인 이란 출신 유학생하고 룸메이트를 했습니다. 그 친구가 어느 날 책을 한 권 가져와 미국을 폭로한 좋은 책을 샀다고 내놓았습니다. 로버트 달이 쓴 《누가 (미국을) 지배하는가?Who Governs?》라는 책이었는데, 다음 날 아침 그 친구가 자기가 속았다며 길길이 뛰며 침실에서 나타났습니다. 제목하고 다르게 그 책은 한 지방 도시를 실증적으로 분석해 미국은 아무도 지배하지 않는 다원민주주의 사회라고 주장하고 있기 때문이었습니다.

　달은 미국이 소수 엘리트가 지배하는 비민주적 사회라는 찰스 라이트 밀스C. W. Mills의 주장을 반박함으로써 이 책 하나로 미국의 자유민주주의 체제에 관한 최고의 이론적 대변인으로 각광받게 됐습니다.

　그 뒤 저는 대학원 수업에 관련해 자유민주주의에 관한 현대적 고전인

《폴리아키》를 읽게 됐고, 그 기회 덕에 자유민주주의가 무엇인지를 명확하게 인식하게 됐습니다. 그리고 한국의 독재자들이 얼마나 자유민주주의라는 이름으로 황당한 짓을 해왔는지를 실감하게 됐습니다. 나아가 달이 자신을 스타로 만들어준 《누가 지배하는가?》를 둘러싼 논쟁을 거쳐 자아비판을 하고 경제적 민주주의에 천착하는 등 급진적 견해로 바뀌어가게 된 사실을 알게 됐습니다.

사실 달은 소련과 동구가 몰락한 뒤에도 점점 급진적으로 나아가 한때 자유민주주의의 최고의 이론적 대변인에서 자신의 정치적 노선이 자유주의와 사회주의를 결합시킨 자유사회주의자라고 공언하는 진보적 이론가가 되고 말았습니다.

《폴리아키》에서

나는 민주주의의 핵심적 특징이 정부가 정치적으로 동등한 시민들의 선호에 지속적으로 반응하는 것이라고 가정한다. (중략) 나아가 정부가 상당 기간 동안 정치적으로 동등한 시민들의 선호에 지속적으로 반응하기 위해서는 모든 시민들이 제한 없이 다음과 같은 기회를 가져야 한다.

1. 자신들의 선호를 형성하는 것
2. 개인적 또는 집단적 행동을 통해 자신들의 선호를 동료 시민이나 정부에 알리는 것
3. 자신들의 선호가 정부의 행동에 똑같이 반영되는 것. 다시 말해 자신들의 선호의 내용이나 선호의 출처 때문에 차별을 받지 않는 것

이 세 가지가 민주주의의 필요조건이라고 나는 생각한다. 그리고 많은 수의 사람들, 현재 대부분의 민족국가를 구성하는 인구만큼의 사람들 사이에 이런 세 가지 기회가 존재하기 위해서는 사회의 제도들이 최소한 8가지를 보장해야 한다.

1. 조직의 결성과 가입의 자유

2. 표현의 자유

3. 투표권

4. 공직 출마권

5. 정치 지도자들이 지지를 얻기 위해 경쟁할 수 있는 권리

5-a. 정치 지도자들이 유권자의 표를 얻기 위해 경쟁할 수 있는 권리

6. 정보의 대안적 출처

7. 자유롭고 공정한 선거

8. 정부 정책이 투표나 다른 국민들의 선호 표현에 의존하도록 만드는 제도들

(중략)

그러나 자세히 조사해보면 여덟 가지의 보장은 민주화의 이론적으로 다른 두 측면을 구성하는 것으로 해석할 수 있다.

1. 역사적으로나 현재적으로 다양한 체제들은 공직에 경쟁하고 싶어하는 사람들에게 8가지의 보장을 얼마나 제공하고 있는가에 있어 차이가 많다. 따라서 8가지 보장에 대한 하나의 척도는 우리로 하여금 각각의 체제가 반대나 공적인 경쟁(public contestation), 정치적 경쟁을 허용하는 정도를 비교할 수 있도록 해준다.

(중략)

2. 역사적으로나 현재적으로 다양한 체제들은 정부의 행동을 통제하고 경쟁하는 행위에 참여할 수 있는 권리를 가진 인구의 비율에 있어서 차이가 많다. 공적인 경쟁에 참여할 수 있는 권리의 넓이에 대한 또 다른 척도는 우리로 하여금 그들의 포괄성(inclusiveness)이라는 점에서 다양한 체제를 비교할 수 있도록 해준다.

요스타 에스핑-안데르센과 《복지자본주의 세 가지 세계》

시장이냐 국가냐 가족이냐, 우리는 어느 길을 선택할까

"비교 없이 지식 없다."

그렇습니다. '덥다-춥다'나 '크다-작다' 같은 단순한 문제부터 '민주적이다-독재다'나 '잘산다-못산다' 같은 좀더 복잡한 문제에 이르기까지 모든 지식은 비교를 통해서만 얻어집니다. 특히 자연과학하고 다르게 실험이 불가능한 사회과학에서 비교는 과학적인 연구를 위한 중요한 방법으로 여겨지고 있습니다. 이를테면 혁명이 언제 일어나는지를 이해하기 위해 빈곤의 정도를 달리해 실험해볼 수는 없습니다. 대신 역사적으로 혁명이 일어난 경우와 그렇지 않은 경우를 체계적으로 비교해봐야 합니다.

이런 사실에 관련해 1990년에 출간된 요스타 에스핑-안데르센^{Gøsta Esping-}Andersen(1947~)의 《복지자본주의의 세 가지 세계^{The Three Worlds of Welfare Capitalism}》는 출간된 지 얼마 되지 않았지만 비교정치경제학과 복지국가 비교 연구에서 이미 고전의 반열에 올라 있습니다. 우리는 흔히 전후 선진국 사회를 '복지국가' 또는 '복지자본주의'라고 부릅니다. 이런 복지국가들은 국가의 재정적 위기와 세계화의 경쟁 속에서 1980년대 들어 위기에 몰립니다. 그 결과

각 국가들은 복지를 줄이고 '하향 경쟁'에 들어갔습니다. 이런 정세 속에서 출간된 이 책은 통념하고 다르게 복지국가 또는 복지자본주의는 하나가 아니며 세계화와 시장 만능의 신자유주의 공세 속에서도 하향 경쟁을 통해 수렴되지 않는다는 주장을 들고나왔습니다.

에스핑-안데르센은 복지국가를 단순히 '정도의 차이(복지 예산의 비중 차이로 대표되는)'로 이해하는 인식을 부정하면서 자신의 연구를 시작합니다. 에스핑-안데르센에 따르면 복지국가의 기준은 두 가지입니다. 첫째, 자본주의 사회지만 "시장에 몸(성매매가 아니라 노동력)을 팔지 않고도 일정한 생활 수준을 유지할 수 있는 능력"을 의미하는 탈상품화 또는 사회권의 보장입니다. 둘째, 사회적 계층화 문제입니다. 복지국가가 탈상품화를 촉진하고 사회적 계층화를 개선한다는 통념하고 다르게 복지국가의 구체적 유형에 따라 오히려 사회적 계층화를 악화시키는 등 그 효과에서 질적인 차이가 있다는 것입니다.

그 구체적인 유형은 이 책의 제목이 말하고 있듯이 세 가지입니다. 우선 보편적인 소득 이전이나 사회보험 수준이 매우 낮고 오히려 시장에 의존하도록 하는 자유주의 유형입니다. 영국과 미국, 캐나다, 오스트레일리아가 대표적인 예입니다.

둘째, 복지 프로그램이 공무원 연금 등 다양한 위계적인 프로그램으로 구성돼 있어 사회적 계층화를 유지하거나 강화하는 효과를 발휘하는 보수주의적 또는 코포라티즘Corporatism 유형입니다. 독일, 프랑스, 이탈리아 등 유럽 대륙의 많은 나라가 여기에 속하는데, 복지를 자유주의 모델(시장)이나 사회민주주의 모델(국가)하고 다르게 기본적으로 가족에 의존합니다.

마지막으로 스웨덴을 위시한 북유럽에서 볼 수 있는 사회민주주의 유형입니다. 여기에서는 국가가 육체노동자들도 화이트칼라나 공무원하고 동일한 권리를 누릴 수 있도록 일련의 복지 프로그램을 제공함으로써 보편주의적 연대와 탈상품화를 추구합니다.

이런 유형화는 동아시아를 다루지 못하고 있다는 등의 일부 비판에도 불구하고 부동의 표준으로 자리잡은 지 오래입니다. 우리의 경우도 김대중 정부의 복지 정책에 관련해 그 성격이 무엇인지를 둘러싼 논쟁이 이 세 유형을 중심으로 벌어진 적이 있습니다. 이 책은 단순한 유형화를 넘어 이렇게 다른 복지국가 유형이 나타난 이유가 각각의 나라에서 생겨난 계급 연합의 차이, 즉 '계급 정치'에 연유한다는 것을 설득력 있게 보여주고 있습니다.

나아가 1980년대 이후 탈산업화와 신자유주의적 세계화에 따라 복지 프로그램이 하향 평준화하고 있다는 기존 주장하고 다르게 세 개의 유형이 자신들의 복지 프로그램에 대한 지지 기반의 차이, 그리고 여기에 따른 경로의 존성의 결과로 각각 다르게 대응하며 적응해가고 있다고 주장합니다. 사회가 점점 잘사는 20퍼센트와 점점 못사는 80퍼센트로 양극화되는 신자유주의적 세계화 시대를 살기 위해, 특히 날로 양극화되고 있는 우리 사회를 넘어서기 위해 한 번쯤 읽어봐야 할 현대의 고전입니다.

뒷이야기 ― 탄탄한 통계 분석으로 뒷받침된 복지 연구의 고전

복지국가 하면 우리는 으레 스웨덴을 떠올립니다. 그러나 스웨덴 못지않게 핀란드, 노르웨이, 덴마크 등 북유럽 국가들은 남들이 부러워하는 복지국가의 모범입니다. 이 중에서도 세계 행복지수 1위로 최근 우리의 주목을 받고 있는 나라가 덴마크입니다. 이 덴마크 출신인 에스핑-안데르센은 북유럽 복지국가의 황금기인 1970년대에 청년 시절을 보내고 미국으로 유학해 위스콘신 대학교에서 덴마크와 스웨덴의 사회민주주의 전략에 관한 비교 연구로 박사 학위를 받았습니다.

복지국가는 그 황금기에도 좌우에서 비판을 받았습니다. 마르크스주의자들은 복지가 노동 계급의 혁명을 막기 위한 사탕발림이라고 비판했고, 우파는 국가의 지나친 경제 개입과 복지는 경제 발전의 적이라고 비판했습니다.

엎친 데 덮친 격으로 1970년대 말과 1980년대 들어 전후 선진 자본주의를 지배해온 복지국가와 복지자본주의가 누적된 재정 위기 등으로 위기에 빠집니다. 그리고 복지국가가 해체되고 대처주의를 필두로 한 신자유주의 광풍이 불기 시작하자 많은 사람들이 '복지국가의 종말'을 이야기하기 시작합니다. 이런 흐름에 저항해 에스핑-안데르센이 쓴 책이 자신을 세계적 사회학자로 만들어준 《복지자본주의의 세 가지 세계》입니다. 앞에서 소개한대로 에스핑-안데르센은 복지국가가 하나가 아니라는 전제에서 복지국가의 세 가지 유형을 나누고, 이 유형들이 신자유주의로 수렴하는 것이 아니라 자기의 길을 가고 있다고 반박합니다. 다른 미국과 유럽의 주요 저작(좌파 저작을 포함해)들이 그렇지만, 이 책이 주목을 받는 이유는 단순히 선진 자본주의를 세 가지 복지국가 유형으로 분류한 점이 아니라 이런 분류를 경험적 자료에 관한 탄탄한 실증적 분석으로 뒷받침하고 있다는 점입니다.

개인적으로 에스핑-안데르센이 제시한 통계들을 읽으면서 떠오른 것이 유학 초창기 때 읽은 세계 최고의 마르크스주의 계급 연구자인 에릭 올린 라이트Erik Olin Wright의 초기 저작이었습니다. 라이트의 박사 학위 논문을 출간한 그 책은 미국이 계급 사회라는 사실을 소득 분포에 관한 치밀한 통계적 분석으로 입증하고 있었는데, 서문이 충격적이었습니다. 라이트는 반전 운동이 기승을 부리던 1960년대 말 진보 운동의 메카인 캘리포니아 주립대학교 버클리 캠퍼스의 사회학과 박사 과정을 다녔습니다. 수업 시간에 마르크스나 베버 같은 대가들의 이야기를 하면 통계만 하는 교수가 가만히 듣고 있다가 "증명해봐!"라고 반박을 하더라는 겁니다. 그래 열받아 부르주아 학문인 통계로 마르크스주의의 타당성을 증명해 보이자고 결심한 뒤 통계를 공부해 어떤 보수 학자들보다 통계를 잘하는 경지에 이르렀고, 그 실력으로 미국의 소득 수준을 통계적으로 분석해 미국이 계급 사회라는 사실을 증명한 박사 학위 논문을 썼다는 이야기였습니다. 실증적 분석이 뒷받침되지 않고 가설 중심으로 자기주장을 내세우는 우리의 학문 풍토는 배워야 할 것이 많습니다.

세계적인 사회과학자인 에스핑-안데르센은 특이하게도 취미로 직접 작곡하고 작사하고 노래도 불러 미국과 이탈리아, 스페인에서 20여 곡을 녹음해 발표하기도 했습니다. 한 노래에서 에스핑-안데르센은 이렇게 말하고 있습니다. "나는 엘비스가 아니고, 여기는 멤피스가 아니지만, 우리는 단지 친구들의 음악을 즐기고 있다."

한국에서도 1997년 경제 위기를 겪고 김대중 정부가 복지 프로그램을 확대하면서 우리의 복지는 어떤 성격인지에 관련해서 바로 에스핑-안데르센의 세 유형을 놓고 뜨거운 논쟁이 벌어졌습니다. 한쪽에서는 복지 확대인 만큼 북유럽형 사회민주주의라고 주장한 반면 다른 한쪽에서는 미국식 신자유주의 정책을 전면화하면서 부작용을 해소하려는 복지 확대라는 점에서 신자유주의적 성격이라고 반박했습니다. 저도 이 논쟁에 끼어들어 복지 확대는 확대이고 복지국가로 나아가는 전진이지만 전진한 그 수준이 미국과 영국의 신자유주의 수준보다도 못하다는 점에서 신자유주의 수준으로 나아가는 '신자유주의를 향한 전진'이라고 논평한 적이 있습니다. '신자유주의적 복지'가 후퇴가 아니라 오히려 전진인 현실, 그러니 '헬조선'이라는 말이 생긴 것 아닐까요?

《복지자본주의의 세 가지 세계》에서

우리가 사회권과 복지국가의 계층화의 측면에서 나타나는 국가 간의 편차들을 검토할 경우, 우리는 국가와 시장 그리고 가족의 삼자로 이루어진 조합들이 질적으로 서로 다르다는 사실을 확인할 수 있게 될 것이다. (중략)

그 가운데 하나의 군집에는 '자유주의' 복지국가들이 속해 있다. 이 체제에서는 자산 조사형 사회부조, 낮은 수준의 보편적 소득 이전, 또는 낮은 수준의 사회보험 계획 등이 지배적인 범주를 구성한다. (중략)

그 결과, 이 복지 체제 유형은 탈상품화 효과를 최소화하며, 사회권의 영역을 효과적으로 제한한다. 그리고 이 체제 유형은 국가 복지 의존자들 사이에서는 상대적인 빈곤의 평등이, 대다수 국민들 사이에서는 시장에 의존한 복지가 나란히 병존하는 계층 질서를 수립하며, 그리하여 이들 두 계층 사이에 계급-정치적인 이중 구조를 창출한다. 이 모델에 속하는 전형적인 국가들로는 미국과 캐나다, 오스트레일리아가 있다.

두 번째 체제 유형에는 가령 오스트리아, 프랑스, 독일 그리고 이탈리아 같은 나라들이 군집을 이룬다. 이 유형은 역사적으로 조합주의적·국가주의적 유산을 물려받았지만, 그 유산은 새로운 '포스트 산업사회'의 계급 구조가 형성되면서 그에 걸맞도록 업그레이드되었다. 보수주의적이고 '조합주의적' 성향이 강한 이들 복지국가들에서는 시장 효율성과 상품화에 대한 자유주의적 집착은 거의 두드러지지 않으며, 또한 사회권의 보장 역시 그 자체로는 심각한 각축의 대상이 되는 일이 좀처럼 없다. 이 유형에 속하는 복지국가들을 지배하고 있는 원리는 지위 격차를 유지하고 보존하는 것이다. 따라서 이 체제에서는 권리들이 계급과 지위에 부착된다. 이러한 조합주의는 국가 기구가 복지 공급자로서 시장을 대체할 준비를 완벽하게 갖추고 있는 조건하에서 도입된다. 그렇기 때문에 이 체제에서는 민간 보험과 기업의 부가 급여가 단지 주변적인 역할에 머문다. 다른 한편, 국가가 나서서 지위 격차를 유지하는 원리를 강조한다는 것은 국가의 재분배 효과가 무시해도 좋을 만큼 미미하다는 것을 의미한다. (중략)

세 번째 체제군은 말할 필요도 없이 그 규모는 가장 작지만 보편주의와 사회권의 탈상품화 원리를 신중간 계급까지 적용하고 있는 나라들로 구성된다. 우리는 이러한 유형을 '사회민주주의' 체제 유형이라 부를 수 있을 것이다. 왜냐하면 이들 나라에서는 확실히 사회민주주의가 사회 개혁을 추동하는 지배적인 힘으로 작용하기 때문이다. 사회민주주의자들은 국가와 시장의 이중 구조, 노동 계급과 중간 계급의 이중 구조를 용인하지 않으며, 다른 유형의 체제들이 추구하는 바와 같은 최저 욕구의 평등이 아니라 최고 수준의 평등을 추구하는 복지국가를 지향한다. 이러한 전략은 첫째, 서비스와 급여가 신중간 계급의 가장 차별적인 취향에 걸맞은 수준까지 업그레이드된다는 것을 의미하며, 둘째, 부유층이 향유하는 수준의 권리에 노동자들이 완전히 참여하는 것을 보장함으로써 평등을 확대한다는 것을 함축한다.

4부

세계를 간다

프랑코도 잊히고 '패자의 정의' 못 세우고

스페인 민주주의 기행[*]

기내 방송이 마드리드 공항에 착륙할 준비를 전하자 가슴이 뛰기 시작했다.

앙드레 말로, 어니스트 헤밍웨이, 시몬 베유 등 내로라하는 20세기의 지성부터 이름 없는 세계 곳곳의 민주주의자들이 50여 년 전 진보적 휴머니즘의 국제주의를 따라 국적에 상관없이 파시즘에 맞서 민주주의를 지키기 위해 모여든 스페인 내전의 현장에 직접 발을 내딛게 된다는 감회 때문이었다.

20세기 인류 양심의 전쟁, 스페인 내전

'20세기 인류 양심의 전쟁'이라 불리는 스페인 내전은 1936년 좌파가 중심이 된 공화주의자들이 총선에서 승리하자 군, 파시스트 정당, 왕당파 등이 쿠데

---

* 전남대학교 교수 시절 5·18 민중항쟁을 기념하기 위해 1993년 8월 5·18 단체 관련자들하고 유럽과 아시아의 세계사적인 민주화 투쟁 현장을 답사했다. 프랑스(프랑스 대혁명, 파리 코뮌, 1968년 5월 혁명), 스페인(스페인 내전, 1980년대 민주화), 헝가리(1956년 헝가리 항쟁, 1990년 동유럽 민중 혁명), 폴란드(솔리다르노시치 운동, 1990년 민중 혁명), 태국(1973년 민주 항쟁, 1992년 5월 항쟁), 필리핀(4월 혁명)이 대상으로, 각 나라 사람들이 민주화운동을 어떻게 기념하고 있는지가 주요 관심사였다. 이 글을 비롯해 이어지는 6개국 기행은 공식 답사 보고서에 실을 수 없던 생생한 내용들을 세계 정치 기행 형식으로 《월간중앙》 1994년 1월~7월호에 연재한 결과물이다. 많은 시간이 흘렀지만 아직도 시사하는 바가 크다.

타를 일으키면서 시작돼 3년간 60만 명의 목숨을 앗아갔다. 압도적으로 우월한 군사력으로 승리를 거둔 파시스트 반공화파(공화정에 반대하고 왕정을 지지하는 세력)는 내전 뒤 1년 동안 '빨갱이 소탕' 작전을 전개해 10만 명을 처형하고 200만 명이 넘는 노동자와 농민들을 강제 수용소에 가뒀다.

그 뒤 스페인 현대사는 1975년 프란치스코 프랑코 총통이 숨을 거둘 때까지 40여 년간 독재 체제 아래 숨죽인 어둠의 시절이었다. 프랑코가 사망한 뒤 스페인은 '위에서 아래로 나아가는 점진적 민주화'에 착수, 망명 지식인들의 귀국과 반프랑코 투쟁에 앞장선 공산당을 합법화했다. 또한 프랑코가 손수 '간택'해 어릴 때부터 가르쳐온 후안 카를로스 1세^{Juan Carlos I}를 국왕으로 옹립해서 입헌군주제를 채택했다. 점진적이지만 순조롭게 진행되던 민주화는 1981년 2월 프랑코의 심복이던 군부가 쿠데타를 시도해 의사당을 점거하면서 큰 위기를 맞았다. 텔레비전으로 생중계된 이런 소동에 스페인 국민은 경악했고 일부 지역에는 비상계엄까지 내려졌다.

'역사의 아이러니'라고 할까, '구세주'는 예기치 못한 곳에서 나타났다. 프랑코가 선택하고 교육한 카를로스 국왕이 쿠데타 진압에 나섰다. "쿠데타에 가담하지 말라"는 국왕의 메시지가 전국 주요 지휘관들에게 전달됐고, 국왕은 텔레비전 연설을 통해 "쿠데타를 성사시키려면 국왕인 나를 사살해야 할 것"이라는 비장한 선언을 했다.

쿠데타는 실패했고 반란군은 체포됐다(1961년 5·16 쿠데타와 1980년 봄에 민주주의 수호를 위해 결연히 일어서기는커녕 가장 먼저 도주하거나 우유부단으로 일관한 장면 총리와 최규하 대통령 권한대행밖에 갖지 못한 우리는 지지리도 복도 없다). 일단 위기를 넘긴 민주화는 순탄하게 지속됐다. 1982년에는 곤살레스^{Felipe González Márquez} 총리가 이끄는 사회당, 즉 스페인 사회노동당이 집권해 1980년대 이후 유럽의 보수화 물결 속에서도 (1993년) 현재까지 계속 스페인 정치를 주도하고 있다.

한국과 스페인 — 비슷한 비극적 현대사

아주 상식적인 수준인 스페인 현대 정치사에 관한 지식을 정리하면서 내가 문득 느낀 점은 전에는 몰랐지만 스페인과 한국이 공통점이 많다는 사실이었다. 크기야 차이가 나지만 두 나라가 모두 반도국이라는 점에서 시작해, 스페인은 1936년부터 1939년까지 3년간, 한국은 1950년부터 3년간 각각 처참한 유혈의 내전을 겪은 점, 그 '덕'(?)으로 스페인은 〈게르니카〉라는 작품, 한국은 〈코리아의 학살〉이라는 작품을 통해 파블로 피카소의 그림 소재가 된 점, 내전 뒤 거의 40년간 각각 나름의 억압적 정치 체제 아래 고통을 받아오다가 최근 들어 민주화되기 시작한 점, 스페인은 유럽의 '주변부'로서, 한국은 전형적인 제3세계 국가로서 각각 종속적 자본주의적 발전을 위해 '선 경제성장, 후 민주화'라는 이름 아래 독재 체제가 정당화돼온 점 등이 그렇다(그 뒤 만난 스페인 사람들은 이 밖에도 올림픽은 한국에 이어 스페인이 개최하고 엑스포는 스페인에 이어 한국이 개최한 점을 지적하면서 친근감을 나타냈다).

공항에 도착하자 안내를 맡은 한국인 유학생이 취재 계획 중에서 톨레도의 스페인 내전 기념 사적과 프랑코가 내전 승리 뒤 '화해'를 위해 세웠다는 세계 최대의 십자가가 세워져 있는 '전몰자의 계곡 Valle de los Caídos', 즉 '쓰러진 자들의 계곡'과 1981년 쿠데타의 현장인 국회의사당은 다 수리가 돼 가볼 수 있지만 바스크는 짧은 취재 일정 탓에 답사가 불가능하다고 알려줬다.

〈게르니카〉의 소재지이기도 한 바스크는 스페인 내전의 최대 피해 지역 중 하나일 뿐 아니라 분리주의가 기승을 부릴 정도로 지역 갈등의 중심지라는 점에서 우리 사회의 심각한 지역 갈등 문제에 관련해 꼭 가보고 싶은 곳이라서 무척 안타까웠다(지역 갈등으로 분리주의가 대두될 정도인 바스크와 바르셀로나 지역은 마드리드 등 중앙 지역보다 낙후되기는커녕 오히려 각각

공업과 상업이 더 발달했다. 스페인의 지역 갈등은 경제적으로 자립할 수 있다는 자신감에서 시작된 만큼 우리하고는 내용이 달라도 한참 다른, 차라리 부러운(?) 갈등이라 하겠다). 또한 바스크는 최근 소련과 동유럽 등 현실 사회주의의 실험이 좌초된 뒤 새로운 공동 소유 형태로 관심을 끌고 있는 몬드라곤 생산자협동조합의 본거지이기도 하다. 이번 여행 중 바스크 지역을 둘러보려 한 개인적 계획도 수포로 돌아가고 말았다.

다음날 아침 톨레도를 떠나기 위해 전용 버스에 올라타자 안내를 맡은 한국인 유학생 말고도 또 다른 중년 스페인 안내인이 우리를 맞았다. 유학생에게 물어보니 스페인은 단체 관광의 경우 관광학교를 졸업한 현지인 관광가이드의 동행 안내를 법적 의무로 규정하고 있다고 알려줬다. 실질적인 안내는 자신이 다 하지만 반드시 현지인 가이드를 동행해야 한다는 것이었다. 그 뒤 스페인을 떠날 때까지 거의 아무 일도 안 하면서 우리를 동행한, 또한 그런 법적 의무 조항에 따라 고소득자로 살아간다는 그 사람을 보면서 책으로 배운 스페인의 코포라티즘(독재 시절 한국의 어용 노동조합처럼 특정 직능 분야에 관한 배타적이고 독점적인 대표권을 부여하는 대신 그 대가로 체제에 대한 충성을 받아내는 사회 조직 원리)의 전형을 목격하고 있다는 느낌을 받았다.

아직도 프랑코 초상화 걸린 기념관

마드리드에서 그리 멀지 않은 톨레도는 스페인 내전의 격전지라는 명성에 어울리지 않게 아랍 문화와 유럽 문화가 혼합된 아름다운 고도였다. 스페인 내전의 유적지라고 해서 헤밍웨이의 《누구를 위하여 종은 울리나》에 나오는, 공화파들의 민주주의를 위한 영웅적 항쟁을 기념한 곳이라는 기대는

스페인 내전 뒤 화해를 위해 세워진 '쓰러진 자들의 계곡'에 있는 세계 최대의 십자가.
그러나 파시즘과 프랑코를 위한 승전기념비에 불과했다.

산산이 무너졌다. 설명에 따르면 이곳은 내전 때 프랑코가 남부에서 북쪽으로 진격하는 동안 반공화파인 호세 모스카도르 대령이 160명의 부하를 거느리고 공화파에 맞서서 6개월간 빗물을 받아 식수를 하며 결사 항전한 곳이었다. 한마디로 민주주의를 분쇄하기 위한 '파시즘 건립 투쟁 유적지'라고나 할까?

맥이 빠져 신이 나지 않는 발걸음을 기념관 쪽으로 옮기자 이번에는 기관단총으로 무장한 군인들이 경비를 서고 있는 모습이 눈에 띄었다. 이미 톨레도로 향하는 도중 마드리드 시내에서 목격한 이런 무장 군인들의 모습, 즉 다른 유럽 국가에서는 일상적으로 목격할 수 없는 광경이 오랜 독재 체제의 잔재와 군이 지닌 영향력의 증거로 읽힌 것은 오랜 군사 독재 아래에서 살아온 내 선입견 때문일까 하고 반문해봤다.

기념관에 들어가자 우선 눈에 들어온 것은 거대한 프랑코의 초상화와 내전 때 반공화파가 사용한 다양한 무기들이었다. 아무리 '위에서 아래로 진행된 민주화'라지만 프랑코의 초상화가 아직도 버젓이 걸려 있는 모습은 이해가 되지 않았다. 혼란스러운 마음으로 옆방으로 발을 옮기자 그곳에는 내전 때 포격 때문에 사방이 무너지고 폐허가 된 성곽 모형을 전시하고 있었다.

이어 뭔가 기계음 속에 긴박한 대화 소리가 들려서 소리가 나는 쪽으로 가보니, 그 방에는 얼굴이 긴 10대 소년이 팔짱을 낀 낡은 초상화가 걸린 벽 앞에 1930년대의 구식 전화기가 놓여 있었다. 그리고 벽에는 각국 언어로 번역된 전화 통화 내용이 걸려 있었다.

공화파가 모스카도르 대령의 아들인 루이스를 체포해서 항복하지 않으면 아들을 사살하겠다고 하자 대령은 아들을 바꿔달라고 해서 너를 살리기 위해 항복할 수는 없으니 조국을 위해 기꺼이 죽으라고 했다는 것이 통화 내용이었다. 옆방에서 들린 소리는 바로 이 통화 내용을 반복해서 들려주는 녹음 대화였다. 그때 그런 대화가 녹음됐을 리가 없어 안내자에게 묻자, 나중에 통화 내용을 재연한 것이지만 내용 자체는 사실이라고 했다.

통화 내용이 사실이라면 이념의 정당성에 상관없이 10대 소년의 죽음은 비극적인 사건이고 이런 동족상잔은 비극의 반복을 막기 위해 기억돼야 한다. 그러나 이 사건보다 더한 학살 때문에 비교할 수 없이 더 많은 사람들이 목숨을 잃은 공화파의 비극을 전해주는 유적과 기념물은 왜 없는 것일까?

역시 역사에는 '승자의 역사'와 '패자의 역사'가 각각 따로 존재하며, 승자의 역사만이, 그것도 승자의 일방적인 상징 조작이 버젓이 반복되고 있는 스페인의 민주화는 아직도 요원하다는 느낌을 지울 수 없었다.

승자의 역사 조작

일찍 숙소로 돌아와 인터뷰 계획을 알아보자 예상대로 차질이 빚어졌다. 취재 계획을 세우면서 마드리드 콤플루텐세 국립대학교UCM 정치학과의 론돌포 파라미오 교수 등 스페인 정치 전문가들, 코민테른 비판과 유로코뮤니즘 이론가로 한국 학계에도 잘 알려진 페르난도 클라우딘 등 인터뷰 대상자를 선정해서 여행사를 거쳐 사전 접촉을 의뢰했지만 바캉스 시즌이라 염려한 대로 아무도 마드리드에 없었다.

다행히 대사관에서 한국방송KBS 스페인어 방송 관계자로 한국에서 근무한 적이 있는 에페EFE 통신사의 산티아고 카스티요 기자와 마드리드 콤플루텐세 국립대학교 역사지리학과의 프란시스코 호세 포르델라 교수의 인터뷰를 주선해놓았다고 해서 일단 만나기로 했다.

"만나는 스페인 사람마다 스페인 내전과 프랑코에 관해 물으면 아예 답변을 회피하는데 왜 그런가?" 내가 묻자 카스티요 기자는 대답했다. "내전을 기억하는 사람은 인구의 30퍼센트에 불과하고, 이 사람들도 끔찍한 과거를

스페인의 전형적인 식당 광경.
낙천적인 스페인 사람들은 내전과 프랑코 체제라는 과거를 잊은 채 현재의 생활에 만족하고 있는 것 같다.

기억하고 싶어하지 않기 때문이다." 과거 청산에 관해 묻자 곤살레스 총리가
집권해 프랑코 등 군인 이름이 대부분인 거리 이름을 문인 이름으로 바꾸는
등 도로명이 90퍼센트가량 바뀌었고, 프랑코의 동상이 다수 제거됐다고 답
했다. 1981년 쿠데타 관계자의 경우 1명만 투옥되고 나머지는 석방하되 전
부 전역시켰다는 것이다. 스페인의 민주화에 대해서는 정치적 민주주의는
완성됐고 사회경제적 민주주의가 문제라고 평가했다.

본격적인 인터뷰는 포르델라 교수를 만나는 다음날로 미루고 일행들하
고 함께 술을 한잔하러 호텔 앞 술집을 찾았다. 흥미롭게도 우리가 술집을
나온 11시가 되도록 손님이 거의 우리밖에 없었다. 신기해서 종업원에게 물
어보니 밤 12시부터 손님이 들어와 새벽 2시께에 피크타임이 된다고 했다.
다음날 어떻게 일을 하는지 알 수 없는 노릇이다.

이튿날 우리는 마드리드 북서부의 엘 에스코리알El Escorial에 자리한 '쓰러진
자들의 계곡'으로 향했다. 어제 겪은 낭패와 다르게 한국에는 프랑코가
이곳을 세운 뒤 스페인 국민들에게서 용서를 받았다고 전해졌는데, 이런 사

실에 기초해 5·18 기념사업의 일환으로 광주 무등산에 화해의 대형 십자가를 세우자고 한 언론인이 칼럼에서 제안하기도 한 문제의 계곡이라서 기대가 됐다. 계곡으로 가는 길은 주말인 탓인지 이른 시간인데도 바캉스를 떠나는 차들이 눈에 많이 띄었고, 벌판에는 올리브나무들이 강한 생명력을 뽐내고 있었다.

화해하고는 거리 먼 '화해의 십자가'

고지대로 올라가자 상당히 먼 거리인데도 산중턱에 있는 거대한 석재 십자가가 눈에 들어왔다. 그러고도 한참을 들어가자 비로소 거대한 십자가와 성당이 웅장한 자태를 드러냈다.

1940년 내전의 상처를 치유하는 화해의 상징으로 전쟁기념관을 건립하라는 프랑코의 지시에 따라 짓기 시작한 이 성당과 십자가는 그 뒤 18년 만에 완성된 거대한 건축물이었다. 세계 최대 규모를 자랑하는 십자가는 높이 67미터의 받침대 위에 150미터짜리 십자가를 얹어 모두 217미터의 높이를 자랑하며, 산을 뚫어 만든 동굴 성당의 입구부터 따지면 높이가 무려 300미터에 이른다. 십자가에 새겨진 조각에만 2만 톤, 십자가 몸체에 18만 톤의 석재가 들어갔다니, 그 규모를 가히 상상할 만하다.

바위산을 뚫어 만든 동굴 성당도 높이가 41미터에 길이가 252미터다. 길이로 볼 때 이 성당의 규모도 세계 최대지만 바티칸 성당보다 커서는 안 된다는 이유로 중간에 문을 하나 설치해서 성당 자체의 길이는 바티칸보다 작게 지었다고 안내자는 설명했다. 동양이나 서양이나 독재자가 세계 최대를 좋아하는 것은 공통적인가 보다.

엄청난 규모에 주눅이 들었다가 정신을 차리고 여기저기를 돌아보고 이것저것을 물어보고 나니 이것도 알려진 내용하고 다르게 '화해의 십자가'하고는 거리가 멀어도 한참 멀다는 느낌을 지울 수 없었다. 우선 이곳에 5만 명에 이르는 내전 희생자들의 시신을 묻은 점을 '화해의 십자가'라는 이름을 붙인 근거로 들고 있지만, 그중 90퍼센트 이상이 반공화파이고 공화파의 시신은 극소수에 불과했다.

둘째, 화해를 위해 세워진 성당과 십자가가 바로 내전 뒤에 체포된 정치범, 즉 공화파 죄수들 수천 명의 강제 노동으로 세워졌다.

셋째, 이 성당의 최상단, 즉 귀빈석에는 프랑코가 가장 존경한 스페인 파시스트당 팔랑헤의 창시자 호세 데 리베라^{José Antonio Primo de Rivera}와 프랑코 자신의 묘가 서로 마주보고 지리잡고 있었다.

이런 사실을 종합할 때 이 기념물은 화해의 상징이 아니라 민주 공화정을 위해 싸우다 포로가 된 공화파 죄수들의 피와 땀을 포개놓은 스페인 파시즘과 프랑코의 오만한 전승기념관에 불과하다는 결론을 내릴 수밖에 없었다. 이를테면 1980년 5월 광주의 비극 이후 신군부가 '화해'라는 이름 아래 광주항쟁 정치범들을 강제 동원해 무등산 중턱에 거대한 십자가를 세우고 9 대 1의 비율로 진압 과정에서 발생한 군 사망자와 민간인 항쟁 사망자를 묻는다면 누가 이곳을 화해의 십자가로 인정할 수 있겠는가?

이런 사실이 제대로 인식되지 못한 채 세계 최대의 십자가라는 이름 때문에 이곳이 스페인 국민과 외국인들의 주요 관광 코스로 여겨지고 있는 현실은 서글픔을 넘어서 분노를 느끼게 했다. 이 기념물에 관한 한 스페인은 5·18 민주화운동 등 우리의 민주화운동 기념사업이 절대 따라가면 안 된다는 것을 알려주는 대표적인 '오시범' 사례라는 생각을 되새기면서 마드리드로 향했다.

다음 행선지는 1981년 쿠데타의 현장인 스페인의 국회의사당이었다. 마드리드 시내에 자리한 국회의사당은 규모는 그리 크지 않지만(여의도 국회

실패로 끝난 1981년 쿠데타의 현장인 스페인 의사당.
아직도 그때 생긴 총탄 자국이 그대로 남아 있다.

의사당에 견줘도 훨씬 작다), 고색창연한 아름다운 석조 건물이었다. 그러나 그곳도 기관단총으로 무장한 군인들이 지키고 있었고, 굳게 닫힌 문으로 다가가자 회기 중이 아니어서 들어갈 수 없다고 했다.

패자의 역사는 복권되지 않았다

유학생 안내자를 통해 묻자 의사당에는 아직도 1981년 쿠데타 때 생긴 탄환 흔적이 그대로 남아 있다면서 머쓱한 표정을 지었다.

포르델리 교수를 만나기로 한 약속 시간까지는 여유가 있어 지나가는 사람들에게 여행 목적을 설명하고 정부에 관해 어떻게 생각하느냐고 묻자 대부분 사회노동당은 별로 안 좋아하지만 곤살레스는 좋아한다고 대답했다.

사실 스페인은 1980년대의 세계적인 사회민주주의의 퇴조 흐름하고는 대조적으로 사회노동당이 선거에서 승리하며 장기 집권을 하고 있지만, 전통적인 사회민주주의에서 거리가 멀 뿐 아니라 사실상 보수당하고 별 차이가 없는 긴축과 구조조정 중심의 신자유주의 정책을 펴고 있다.

특히 유럽 안에서도 뒤떨어진 산업 생산력, 급속히 진행되고 있는 유럽 통합 움직임과 경제의 국제화 추세를 감안할 때, 스페인 사회노동당이 설사 계속 집권하더라도 얼마나 전통적인 사회민주주의적 복지 정책을 펼 수 있을지에 관해서는 회의적이 아닐 수 없다.

주마간산 같은 스페인 취재를 끝내면서, 1980년대 민주화의 대표적 성공 사례로 손꼽히지만 스페인에서는 아직도 '패자의 역사'는 복권되지 못한 채 '승자의 역사'가 독점하는 상태가 지속되고 있으며, '패자의 역사'를 복원하는 '역사의 민주화'는 '기억의 역사'가 아니라 '망각의 역사'를 추구하는 한 아득한 이야기라는 느낌을 지울 수 없었다.

그러나 동시에 '망각의 해법'을 찾을 수밖에 없게 한 스페인 내전의 뼈아 픈 상처를 바라보면서 문득 통일 뒤의 한국이 떠올랐다. 한국전쟁 때 서로 총부리를 겨눈 역사를 전혀 다르게 해석하며 다른 의미를 부여해온 남과 북이 통일될 때, 전쟁이 준 상처를 어떻게 풀어야 할까 하는 숙제였다.

"기억의 해법에는 큰 고통이 따른다"

프란시스코 호세 포르델라 교수

스페인 국민들은 내전과 프랑코 체제를 그저 잊고 싶어하는 듯하다. 그러나 역사학자는 단순히 잊을 수만은 없지 않은가? 역사학자로서 내리는 평가는?

내전은 같은 민족 간의 비극으로, 역사학자로서 평가하기 이전에 슬픈 일이다. 한마디로 일어나지 말아야 하는 일이었다. 프랑코 체제는 잘 알려져 있듯이 독재의 시대였다. 반정부 세력이 부재했고, 집권 세력 내부에도 작으나마 반대 세력이 존재하지 못했다. 그나마 대학생들이 반정부 시위를 했지만 역부족이었다. 이 점에서 국민들이 모두 반성할 필요가 있다.

대답이 너무 추상적이다. 좀더 구체적으로 말하면 과거사를 대하는 프랑스식 해법과 스페인식 해법이 다른 것 같다. 나치 협력자 처리가 보여주듯이 프랑스는 "과거를 잊지 말자"는 '기억의 해법'을 추구했다면 스페인은 "과거는 잊자"는 '망각의 해법'을 추구해왔다. 같은 사회당이면서도 프랑스의 미테랑 정권은 40년이 지난 나치 협력자 문제를 처리하려고 반인류법이라는 초강경 법안을 새로 제정해서 책임 추궁과 처벌을 모색하는 반면, 스페인의 곤살레스 정권은 과거 정권과 다른 것이 없다. 당신의 생각은?

프랑스와 스페인은 다르다. 프랑스의 나치 협력자는 외부의 적에 관련된 문제로, 국민 공동의 적이 뚜렷하다. 그러나 스페인 내전은 뚜렷하게 누가 옳고 그른지에 관한 합의가 없고, 국민 내부의 문제였다. '기억의 해법'을 추구할 경우 국가 분열이 불가피하다. 따라서 과거보다는 미래 지향으로 나가는 것이고, 그런 선택이 옳다고 생각한다.

내 질문이 1936년 내전이 시작될 때 선거에서 승리한 합법 정권은 공화파이고 쿠데타를 일으켜 내전으로 몰아간 쪽은 프랑코 세력이라는 점에서 후자에 역사적 책임이 있다는 전제를 깐 것은 사실이다. 그러나 이야기를 듣고 보니 이런 민주-반민주라는 측면 말고도 스페인 내전이 좌우 이념 갈등이라는 측면이 크고, 이런 점에서는 국민들 사이에 이념적 평가를 둘러싼 합의가 없을 수도 있다는 것은 이해가 된다. 그러나 민주-반민주의 측면은 여전히 남아 있으며, 그런 점에서 합법 정권을 쿠데타로 전복해 내전으로 몰아넣은 행위에 대한 평가나 심판은 남는 것 아닌가?

…….

화제를 바꿔서 한국의 민주화 투쟁, 특히 1980년 광주항쟁에 관해 알고 있는가?

물론 잘 알고 있다. 그 비극적 사태에 함께 아픔을 느끼고 있다. 그러나 광주의 비극은 헛된 것이 아니었다. 그 결과 한국도 이제 민주주의를 쟁취하지 않았는가? 한국도 이제 스페인처럼 과거를 잊고 화해해서 미래를 향해 나아가는 것이 중요하다고 본다.

계속 망각과 화해를 강조하는데, 그렇다면 1981년 쿠데타 관계자들을 화합의 차원에서 처벌하지 말아야 할 텐데 왜 처벌했나? 그 처벌이 부당하다고 보는가?

경우가 다르다. 내전 때는 앞에서 지적한 대로 국민들 사이에 이념적 합의가 부재했지만, 1981년의 경우 민주화에 관한 국민적 합의가 있었다. 그러나 1981년 쿠데타는 국법을 어긴 행위다.

그렇다면 1936년 프랑코의 쿠데타는 국법을 안 어긴 것인가?

그렇지는 않지만…….

국민적 합의라는 문제에 관련해서는 내전과 1981년 쿠데타 사이의 차이를 지적하는 당신의 말을 이해할 수 있을 것 같다. 그렇다면 1980년 봄의 한국은 1981년 스페인처럼 민주화에 관한 국민적 합의가 존재했다. 한국전쟁이 스페인 내전하고 비슷하다면 1980년 봄은 스페인의 1981년하고 비슷하다. 따라서 당신의 논리를 따르면 한국도 1980년 사태에 관련해서 진상 규명과 책임자 처벌을 해야 하는 것 아닌가?

앞에서 한국도 스페인처럼 과거를 잊고 미래로 나아가야 한다는 내 충고는 한국 상황, 특히 1980년의 경험을 잘 모르고 한 이야기인 것 같다. 취소하겠다. 중요한 것은 한국인 자신의 의식인 듯하다. 한국 국민이 결정할 문제다.

이를테면 순수 가정해보자. 실패한 1981년 쿠데타에서 스페인군이 시민 200여 명의 목숨을 빼앗고 쿠데타에 성공한 뒤 10여 년이 지나 민주화가 되면 스페인 국민은 과거를 잊자고 했겠는가? 아니면 '기억의 해법'을 추구했을까?

생각하기도 싫은 끔찍한 질문이다. 수업이 있어 이만 일어나야겠다.

후기

스페인은 2007년에야 '역사기억법'을 제정해 과거 청산에 나섰다. 신자유주의 노선의 사회당에 분노한 좌파는 2014년 포데모스를 만들어 2016년 총선에서 제3당으로 부상했으며, 바르셀로나 지역의 분리 독립 운동은 최근 심각한 문제가 되고 있다.

혁명의 도시에 각인된 자유와 진보의 함성들

프랑스 민주주의 기행

서구를 대표하는 좌파 잡지의 한 편집인은 전후 서구 지성사를 개관한 한 중요한 책에서 1980년대의 파리를 '반동의 수도'로 묘사한 적이 있다. 장 폴 사르트르와 루이 알튀세르 등 서유럽 사상을 주도한 프랑스 지성계가 1970년대 들어 '반마르크스주의를 선언한 신철학자'의 대두 등 급속히 보수화되고 수구화된 현실을 지적한 것이다.

그러나 파리는 역시 세계 '혁명의 수도'다. 본격적인 '근대 사회'의 문을 연 프랑스 대혁명, 세계 최초의 노동자 정부로 일컬어지는 파리 코뮌, 일각에서는 '구좌파'의 몰락과 새로운 시대의 개막을 알린 사건으로 평가되는 1968년 5월 혁명 등 파리 하면 풍부한 혁명의 전통을 연상하게 된다.

세계 '혁명의 수도' 파리

'자유, 평등, 박애'의 기치 아래 봉건적 질서를 무너뜨리고 근대적 시민권을 정착시키는 데 결정적인 기여를 한 프랑스 대혁명. 이 혁명의 깃발이 처음 오른 바스티유 감옥을 함락시킨 날이 프랑스 최대 국경일인 건국기념일로 지정될 정도로 프랑스 혁명은 이 나라 현대사에 군건히 자리잡고 있다. 개선문과 에펠탑 등 파리의 관광 명소들도 바로 대혁명 기념물이다. 대혁명 기념물에 관한 한 새삼스런 소개가 필요 없을 테지만, 다만 이 기념물들을 단순한 관광이 아니라 민주화 투쟁의 역사 기행이라는 뚜렷한 목적의식에서 답사한 일이 새롭다면 새롭다고 하겠다.

파리의 한인 신문 《파리한국》의 발행인 정준성 씨의 안내로 이 사적들을 답사하면서 문득 떠오른 것은 프랑스 혁명을 한국에 처음 소개한 유길준의 《서유견문》이었다. 유길준은 100년 전에 프랑스 대혁명을 "모두 배우지 못하고 무뢰하며 몽매하고 방탕하여 훌륭한 정부하에서도 그 생활을 운영할 수 없었던 도배"들이 "고금에 유례없는 쪽행을 자행"한 사건으로 매도했으니, 프랑스 대혁명과 한국의 접촉은 첫 단추부터 잘못 끼워진 것이 아닐까?

답사 목적지는 바스티유 감옥 터에 세워진 바스티유 봉기 기념탑, 베르사유 궁과 삼부회 참석 평민 대표들의 농성 현장, 루이 16세 등을 처형한 장소인 콩코드 광장과 희생자들의 유골이 안치된 지하 묘소였다.

바스티유 봉기 기념탑으로 향하는 버스가 시내 중심가를 통과하는 도중에 정준성 씨가 왼쪽 건물이 유서 깊은 파리 시청이라고 알려줬다. 이곳이 대혁명 말기에 수세에 몰린 막시밀리앙 로베스피에르와 자코뱅들이 의회에서 쫓겨난 뒤 도피해 최후의 저항을 하다가 체포돼서 기요틴(단두대)로 끌려간 현장이라고 생각하니 감회가 새로웠다.

그때 크게 파괴된 건물을 1차 복구하지만 다시 파리 코뮌의 와중에 완전히 불타 없어져 결국 새로 지었다는 말을 들으니 한 나라의 수도에 자리한 시청 중에 이런 파란을 겪은 예는 흔치 않으리라는 생각이 들었다. 그런데 좁은 시청 앞길에서 차가 막혀 꼼짝하지 않았다. 이 길을 확장하지 않고 좁은 대로 놓아둔 이유가 시위대의 진입은 어렵게 하고 경찰의 진압은 쉽게 하려는 것이라니, 혁명과 반혁명의 반복 속에서 나온 고육지책이리라.

사실 고등학교 지리 시간에 가장 근대적인 계획 도시로 설계됐다고 배운 파리의 방사형 도로도 군이 쉽게 진입할 수 있게 해 폭동을 진압하기 위한 아이디어에서 나왔다니, 책으로 배운 지식이 그 혁명적 맥락을 얼마나 사장시킬 수 있는지를 새삼 느낄 수 있었다. 하기는 동양 최대의 파출소가 서울대학교 앞 신림동 구석에 있어야 하는 이유를 외국인들이 알 수 있겠는가?

'민주주의의 독재를 타도하고 왕정을 복원하자!'

삼부회 사건 뒤 평화 시위를 하며 접근하는 시위대에 총격을 가해 혁명에 불을 지핀 바스티유 감옥이 있던 자리, 어린 시절 흥미진진하게 읽은 《철가면》의 현장에는 옛 감옥은 사라지고 청동 원형 탑 위에 황금빛 자유의 수호신이 비약하는 모습이 새겨진 바스티유 봉기 기념탑만이 세워져 있어 생생한 역사적 감흥을 불러일으키지는 못했다. 다만 원형 기둥에 한 글자 한 글자 새겨진 혁명 희생자들의 이름이 자유와 역사적 진보의 대가는 역시 값비싸다는 점을 상기시켰다.

최근의 세계적인 보수화 추세 속에 몇 해 전 성대히 진행된 프랑스 혁명 200주년 학술 행사에서 루이 16세의 처형 등 혁명 세력이 일으킨 유혈 사태가 필요 없고 그릇된 것이었다는 새로운 평가가 거세게 제기된 점을 떠올리며 희생자들의 이름을 하나씩 읽어 내려갔다. 과연 유혈 사태가 없었으면 프랑스 혁명은 어떻게 됐을지, 역사가 과연 비폭력만으로 진보할 수 있는지, 이런 새로운 평가에 관해 반대쪽 희생자들은 뭐라고 답할지 궁금했다.

버스를 다시 타고 시내를 벗어나 베르사유 궁으로 향했다. 막강한 권력을 행사하던 봉건 영주들의 수도인 파리에 대항해 왕권의 상징으로서 루이 14세가 평소 좋아하던 사냥터에 세운 베르사유 궁은 절대 왕정의 상징이다. 영

프랑스 대혁명의 도화선이 된 바스티유 봉기 기념탑. 청동 원형 기둥에 희생자들의 이름이 새겨져 있다.

주들과 절대 왕정의 '힘싸움'을 상징하는 이 궁전은 늪지대여서 불가능하다는 의견을 무시하고 건축이 강행됐다. 궁전을 건축하는 데 들어간 막대한 조세를 부담하고 이런 난공사에 엄청난 강제 노역을 제공한 이들은 농민과 일반 평민들이니 결국 고래싸움에 등 터진 쪽은 새우들뿐인 현실은 예나 지금이나 변함이 없는가 보다.

베르사유 궁에 다다르자 가장 먼저 우리를 맞은 것은 사방에서 몰려드는 흑인 잡상인들이었다. 프랑스는 상대적으로 심각한 인종 문제를 겪고 있지는 않지만(이 글을 쓴 1993년하고 다르게 지금은 인종 문제가 심각해졌다), 이런 광경을 보자 프랑스가 과거에 아프리카를 식민한 대가로 지불하는 업보라는 생각이 들었다. 물론 프랑스가 식민 정책을 통해 얻은 이득과 저지른 만행에 견주면 보잘것없기는 하지만 말이다.

내 진짜 관심은 오히려 관광객이 별로 찾지 않는 평민들의 결의 현장이었다. 영국에 견줘 자본주의화가 늦고 낙후한 프랑스가 영국을 상대로 군비 경쟁을 벌이며 절대 왕정식의 호화로운 생활을 한 결과 루이 16세는 재정난에 봉착했고, 새로운 세원을 확보하기 위해 귀족, 승려, 평민의 대표 회의인 삼부회를 소집했다. 여기에서 평민들이 자신들에게 정치적 대표권을 달라고 요구하자 놀란 루이 16세는 삼부회를 해산하라고 명령했다. 그렇지만 평민 대표들은 근처에 있는 테니스 코트로 몰려가 요구 사항이 관철될 때까지 해산하지 말자고 결의한 뒤 체육관에서 농성을 벌였다.

궁전을 나와 골목골목을 돌아 10분 정도 걸어가자 낡은 2층 건물이 눈에 들어왔다. 낡은 창고를 떠올리게 하는 정말 볼품없는 건물이었다. 세계사를 바꾸어놓은 이 농성장의 역사적 의미를 상기하며 건물을 자세히 뜯어보다가 건물 전면에 페인트로 써놓은 낙서를 보고 충격을 받았다.

'민주주의의 독재를 타도하고 왕정을 복원하자!' 21세기를 코앞에 두고 있는 현재, 근대 민주주의의 발원지 파리에서, 그 발원의 역사적 현장인 유서 깊은 건물에 왕정 복원 구호가 버젓이 써 있다니! 예상 밖의 충격이었다.

안내자는 이 지역이 주로 베르사유 궁에서 일하던 왕궁 관계자들이 살던 곳이라 혁명 뒤에 몰락한 왕당파가 많다고 설명했다. 듣고 보니 이해가 되기도 했지만, 한국에서 이런 지역에 해당될 계동이나 가회동에 왕당파가 많을까 하고 생각하니 다시 혼란스럽기만 했다. 자신의 물질적 이해에 철저한 '이해 합리성' 때문일까, 아니면 역사적 전통과 뿌리의 강고함 때문일까? 그것도 아니면 프랑스 특유의 다양성 때문일까?

프랑스 근대사를 웅변하는 광장 이름 변천사

시내로 돌아와 시내 중심가에 자리한 콩코드 광장으로 향했다. 연필을 세워

놓은 모양의 특이한 기념탑(이집트에서 약탈해온 오벨리스크)이 있는, 사진
만으로 눈에 익은 콩코드 광장에 섰다. 루이 16세와 빵을 달라는 시위대에
빵이 없으면 과자를 먹으라는 '명언'을 한 일로 유명한 마리 앙투아네트 왕
비 등이 단두대에 처형된 피의 현장이다. 가만히 따져보니 올해가 루이 16세
처형 200주년이기도 하다.

원래 이 광장의 이름은 루이 15세를 기념하는 '왕의 광장'이었지만, 혁명
뒤에 '혁명 광장'으로 바뀌었고, 단두대 처형 장소로 주로 사용된 뒤에는 '피
의 광장'으로 불렸다 한다. 그러나 혁명과 반혁명의 악순환을 겪으면서 작명
으로 운세(?)를 바꿔보려고 다시 지은 이름이 화합을 의미하는 현재의 이름
'콩코드 광장'이다. 광장 이름의 변천사 자체가 프랑스 근대사를 웅변적으
로 보여주고 있었다.

이 광장이 루이 16세의 처형장이기도 하지만 그전에, 그러니까 광장 이름

이 '왕의 광장'일 때는 루이 16세의 결혼 축하연이 열린 광장이기도 하다니 정말 기이한 인연이기도 하다. 사실 루이 16세와 로베스피에르의 인연도 기이하다. 21세가 된 1775년에 왕위에 오른 루이 16세는 즉위식을 갖고 돌아오는 길에 전통에 따라 루이 르 그랑 학교에 들러 최우수 학생이 라틴어로 읽는 환영사를 들었다. 바로 그 학생이 로베스피에르였다. 17년 뒤에 두 사람은 다시 만났고, 이번에는 로베스피에르가 루이 16세에게 사형을 선고했다. 확실히 '현실은 픽션보다 기이하다.'

에펠탑과 개선문 등 프랑스 대혁명 기념물들을 돌아보고 마지막으로 들른 곳은 '카타콤'이라고 불리는 혁명 관련 지하 묘지였다. 프로이센프랑스 전쟁 때 프랑스에서 유일하게 승리한 전설적인 공병대 대장을 기념한 당페르 로슈로 근처의 지하 묘지는 관람 시간이 제한돼 있어 오전에 찾았다가 입장하지 못한 곳이었다. 지하 채석장을 지하 묘소로 만든 이곳에는 프랑스 혁명과 파리 코뮌 때 희생된 사람들의 유골이 전시돼 있다.

투철한 역사의식과 철저한 상혼 사이

긴 줄을 따라 긴 계단을 거쳐 지하로 내려가자 음습한 공기가 우선 기분을 좋지 않게 만들었다. 본격적인 묘소가 시작되는 문 위에는 '이곳이 죽음의 왕국이다'는 말이 새겨져 있었다. 유골 냄새가 밴 돌이 머리 위로 떨어졌다. 그래도 돌아갈 수 없었다. 이런 유골이 도열한 길이가 2킬로미터라니, 앞으로도 한참을 유골들을 사열해야 했다. 한참을 걷자 프랑스 혁명과 파리 코뮌 때 희생자들의 유골만 모아놓은 구역이 따로 있었다. 이렇게 유골을 그대로 전시하면서 역사를 기억하는 철저한 역사의식에 경의를 느끼면서도 유골까지도 관광 상품으로 만드는 철저한 상혼에 미간이 찌푸려졌다.

프랑스 대혁명과 파리 코뮌 때의 희생자 유골을 모아놓은 지하 묘소.

희미한 빛이 나타나고 곧이어 입구로 나와 안도의 한숨을 쉬자 충격적인 장면이 다시 보였다. 출구에서 가방 검사를 하는데, 남녀노소를 불문하고 가방을 든 사람은 누구나 가방 속에 뼈나 해골을 한 개씩 훔쳐 나오다가 압수당했다. 우리라면 공짜로 가져가라고 해도 질색할 유골들을 태연히 집어 넣고 나오는 사고 구조는 유학 시절까지 포함해 그런대로 외국 생활을 오래 해서 서양 사람들을 잘 안다고 생각해온 나도 이해할 수가 없었다.

다음 행선지는 '파리 코뮌' 유적지였다. 한국전쟁 뒤 이데올로기 지형의 반쪽 불구화 때문에 1980년대 중반 민중 운동이 부활할 때까지는 한국 사회에서 공식적으로 거론조차 하지 못한 단어 중 하나가 바로 이 파리 코뮌이다. 대학에 다닐 때 파리 코뮌 100주년 기념으로 일본의 이와나미 출판사에서 낸 《파리 코뮌》을 접하고 받은 충격이 아직도 생생하다.

대혁명 뒤 혁명과 반혁명을 반복하던 프랑스에서는 나폴레옹 3세가 프로이센프랑스 전쟁에서 패배하자 파리 시민들이 혁명을 일으켜 제2제정을 붕괴시켰다. 공화정을 실시하면 파리가 노동자 계급 등 민중들에게 장악될 수 있다고 두려워한 왕당파와 부르주아지는 비스마르크가 이끄는 독일을 상대로 굴욕적인 강화 조약을 체결했고, 이런 결정에 반대하는 파리 민중을 억압하기 위해 친공화파인 국민방위대를 무장 해제하기 위한 기습적인 군사 행동을 감행했다. 분노한 노동자 계급 등 민중은 정규군을 무찌르고 파리를 장악해 1871년 3월에 일종의 민중 자치 정부인 파리 코뮌을 선포했다.

코뮌은 보통선거제의 실시 등 다양한 혁명적 개혁을 추진했다. "야산 범행도 좀도둑들도 찾아볼 수 없었다. 프랑스 대혁명 뒤 처음으로 파리의 거리는 안전했다. 그것도 경찰력 없이 벌어진 일이다. 우리는 더는 살인, 절도, 폭행에 관해 듣지 못했다." 코뮌이 지배한 파리를 묘사한 이런 기록은 '80년 5월'의 광주를 연상하게 한다.

5월 21일에 이르러 왕당파 등 베르사유 정부군은 프로이센의 지원을 받아 파리를 공격했고, 처절한 패배 끝에 72일 동안 이어진 '파리 코뮌'의 실험은 막을 내렸다. '피의 일주일'로 불리는 5월 21일부터 5월 28일 사이의 진압 과정에서 수만 명이 목숨을 잃었고, 그 뒤 3만 명이 사살되고 4만 명이 징역형을 선고받았으며, 7500명이 알제리 사막에 버려졌다.

승자의 역사와 패자의 역사

파리 코뮌 유적들은 '빈민구'로 불릴 정도로 노동자 계급 등이 주로 살던 파리의 동북부 지역, 특히 최후의 격전지인 페르 라셰즈 공동묘지에 있었다(유학 시절 다녀본 미국의 주요 도시들이 도시를 가로지르는 강을 중심으로 동북부 지역이 주로 슬럼가여서 이상하게 생각한 적이 있는데, 파리도 예외가 아니어서 특별한 이유가 있을까 하는 의문이 들었다).

페르 라셰즈로 향하는 버스 속에서 정치학에 관련된 카를 마르크스의 대표적인 책인 프랑스 혁명사 3부작 중 파리 코뮌을 다룬 《프랑스 내전》에 담긴 분석을 생각하고 있자니 안내를 맡은 정준성 씨가 왼쪽에 보이는 건물이 프랑스 공산당 당사라고 가르쳐줬다.

18세에 국제여단에 가입해 스페인 내전에 참전하고 2차 대전 때는 스스로 대령 계급을 달고서 독일 장군을 저격하는 등 레지스탕스 운동을 주도한 전설적인 공산주의자 파비앙 대령을 기념하는 파비앙 대령 광장에 자리한 프랑스 공산당 당사는 소련과 동유럽이 몰락한 뒤에도 한때 집권을 노린 주요 정당의 당사답게 생각보다 규모가 크고 겉으로 보기에는 건재했다. 프랑스 공산당은 원래 돈이 많아 재정이 탄탄하고 고정표 10퍼센트는 유지하고 있다는 설명이 뒤를 이었다.

묘지에 도착해 안내소에서 안내 지도를 한 장 사서 펴보니, 혁명가는 루이 블랑키, 사상가와 학자는 생시몽, 오귀스트 콩트, 모리스 메를로퐁티, 페르낭 브로델, 예술가는 조아키노 로시니, 프레데리크 쇼팽, 외젠 들라크루아, 오스카 와일드, 얼마 전 국내에 소개된 전기 영화 〈도어스〉의 주인공 짐 모리슨, 이브 몽탕, 에디트 피아프, 정치가는 헝가리 '56년 항쟁'의 지도자로 소련에 사형당한 너지 임레 전 헝가리 공산당 서기장 등 낯익은 이름들이 눈에 들어왔다. 또한 동베를린 사건으로 고초를 겪은 불운의 화가 이응로 화백도 프랑스 사회에 기여한 공로가 인정돼 이곳에 묻혀 있었다.

코뮌 기념물은 '코뮌의 벽'이라는, 파리 코뮌의 최후 생존자 147명을 세워 놓고 사살한 벽을 기념한 것과 코뮌 학살자들 전체를 기념하는 기념 조각 부조 등 두 가지가 있다는 것이 안내소의 설명이었다.

입구 근처에 자리한 부조를 찾지 못해 한참을 헤매다 안내소에 물어보니 묘지 안이 아니라 밖에 있다고 했다. 간신히 찾아낸 기념 부조는 학살당하는 여인의 전신상을 중심으로 고통에 찬 민중의 얼굴을 새겨 넣은, 예술적

사방에 깔린 웅장한 프랑스 혁명 기념물들하고 다르게 비극적인 학살 현장에 초라하게 자리잡은 파리 코뮌 기념 부조.

으로 뛰어나지만 그동안 본 프랑스 대혁명 기념물에 견줘 너무 옹색한 부조였다. 프랑스에서도 '승자의 역사'와 '패자의 역사'는 이렇게 차이가 나는 걸까? 다만 위안이 된 것은 '우리가 미래에 요구하는 것/ 우리가 미래에 원하는 것/ 그것은 정의다/ 그것은 복수가 아니다'라는, 기념 부조에 새겨진 빅토르 위고의 코뮌에 바치는 헌시였다.

소설가 뒤마 피스는 왕당파에 섰지만 빅토르 위고뿐 아니라 세계적인 화가 들라크루아, 천재 시인 아르튀르 랭보 등 내로라하는 지성들이 코뮌의 편에 서서 싸웠다. 중요한 것은 승패나 기념물의 크기가 아니라 그 속에 담긴 정신이 아닐까? 그리고 위고가 절규한 정의는 과연 이제 실현된 걸까? '코뮌의 벽'은 엄청나게 넓은 묘지의 가장 구석인 동북쪽 한 귀퉁이에 박혀 있었다. 한참을 걸어 올라가니 알베르토 자코메티의 조각을 연상하게 하는 마르고 긴 사람들의 행렬을 조각한 학살 유대인 기념 묘소들, 스페인 내전 참여 국제여단 관계자 묘소, 파비앙 대령 등 좌파 레지스탕스 지도자들의 묘소가 눈에 들어왔다. 나치 치하에서 레지스탕스 등을 통해 실현된 유대인과 좌파 사이의 연대를 느낄 수 있는 현장이었다.

왕당파 정부군의 추적을 피해 여기까지 쫓겨서 담을 넘다 2500명이 사살되고 나머지 생존자 147명은 벽에 세워져 총살당한 '코뮌의 벽'은 묘소의 동북쪽 모서리 벽에 간단한 석재 현판만 부착돼 있는 역사의 현장이었다.

패자에게 바치는 위고의 헌시

현판이라야 평범한 보통 사람의 묘비에 쓰는 석재보다 못한 회색 돌덩이에 '코뮌의 죽은 자를 위하여, 1871년 5월 21~28일'이라는 글씨를 새긴, 정말 옹색한 것이었다. 자세히 다가가서 보니 벽에는 아직도 그때의 탄환 자국이 그대로 남아 있었고, 총에 맞아 죽어가는 한 노동자가 쇠붙이로 긁어 쓴 듯한 '코뮌 만세!'라는 글자도 눈에 띄었다.

또한 아직도 싱싱한 붉은 장미가 한 송이 꽂혀 있어서 리본을 펴보니 '헝가리의 한 사회주의자'라고 써 있었다. 현존 사회주의의 국가사회주의적 실험은 실패했지만, 아직도 사회주의의 이상을 버리지 않고 이곳을 찾아와 헌화하는 사회주의자가 있다는 사실은 예상 밖이었다.

코뮌의 부조를 보면서 느낀 '승자의 역사'와 '패자의 역사'의 차이를 다시 한 번 생각하며 입구 쪽으로 걸어 내려오려는데 문득 프랑스 공산당의 총재를 지낸 모리스 토레스Maurice Thorez의 무덤이 문득 눈에 띄었다. 토레스의 무덤은 주요 정당의 총재를 지낸 인물에 걸맞게 상대적으로 고급스러운 분위기를 풍기는 '호화 묘'처럼 보였다. 그리고 방금 본 초라한 파리 코뮌 기념물들과 이 무덤의 상대적인 '호사스러움' 사이의 대비는 하나의 충격으로 다가왔다. 숱한 파리 코뮌 노동자들의 죽음을 애도하고 기념하는 기념물은 변변한 것 하나 없는데, 그 정신을 이어받고 실현시키려 한다는 프랑스 공산당 총재의 무덤은 이렇게 '거창하게' 만들어져 있다는 말인가? 이 무덤은 코뮌의 정신을 이어받아 노동 해방과 인간 해방을 위해 세워진 당이 혁명적 정신을 상실한 채 노동자들의 당비와 지지라는 현실에 안주해서 또 다른 '체제 내적 기득권 세력'이 된 결과 소련과 동유럽 사태 같은 사회주의의 또 한 차례의 패배와 마르크스주의의 위기를 불러오게 된 징표는 아닌가?

그러나 다르게 생각하자면, 코뮌의 노동자들이 그토록 무참히 학살당하고도 변변한 기념물 하나 못 만든 반면 그 뒤 100년이 못돼 노동자들의 해방을 위해 투쟁한다는 공산당 총재의 무덤이 저렇게 당당하게 세워질 수 있게 된 현실은 그동안 그만큼 노동자 계급과 민중의 힘이 커졌다는 의미는 아닐까? 이 두 해석 중 어느 것이 더 올바른지는 숙제의 하나로 남았다.

'68년 5월'과 혁명 정신의 계승

마지막 답사지는 '5월 혁명'이라고 불리는, 1968년 5월에 펼쳐진 학생운동의 진원지인 파리 10대학교 낭테르 캠퍼스였다.

프랑스 교육 당국은 파리 시내에 자리한 소르본 대학교의 학생을 분산시키기 위해 법학부와 문학부를 파리 근교인 낭테르로 이전했다. 그러나 편의 시설이 부족하고 교과 프로그램이 부실해서 학생들은 불만이 많았다. 이런 불만과 샤를 드골의 장기 집권에 느낀 염증이 겹쳐지면서 학생 5000여 명이 강의 개설과 시설 개선 등을 요구하며 시위를 벌였다. 학교 당국이 이런 요구를 무시하자 시위대는 파리 시내의 소르본 대학교 본부로 들어갔지만, 정부는 사태를 계속 대수롭지 않게 여겼다.

5월 22일, 시위는 좌파 노동조합 소속 노동자들이 가세하면서 폭발적인 혁명 상황으로 치달았다. 사태가 심각해지자 드골은 증발했다. 7만 명의 프랑스 정예군이 주둔하고 있는 독일로 날아가 계엄령을 준비 중이라는 풍문이 퍼졌다. 계엄령을 염려한 공산당은 소속 노동조합에 시위에서 이탈하라고 지시했고, 노동자들이 빠진 시위는 힘없이 무너졌다. 공산당이 이런 결정을 내리자 프랑스의 대표적인 마르크스주의 철학자인 루이 알튀세르는 '좌파의 사망'이라고 비난했다.

놀란 드골은 대학 개혁, 지방 분권, 언론 자유, 노동자 생활 개선 등을 약속했고, 신임 투표 성격을 띤 총선에서 역설적이게도 우파가 압승하는 데 기여했다. 그러나 정부는 이런 요구를 실현하는 개혁을 단행함으로써 5월 혁명은 프랑스의 민주화에 크게 기여했고, 노동운동을 중심으로 한 '구좌파'에 대조되는 환경운동과 반핵운동 등 '신사회운동'의 효시로 높이 평가된다.

낭테르 대학교는 5월 혁명의 여파로 많은 시설이 보강된 덕인지 별로 흠잡을 데 없는 일상적인 대학 캠퍼스였다. 학생들이 내세운 가장 중요한 불만의 하나가 여자 기숙사와 남자 기숙사의 분리라는 일화가 생각나서 기숙사를 구경하려 했지만 방학 중이라 모든 시설이 닫혀 있었다.

사람을 찾아볼 수 없는 공룡 같은 대학 캠퍼스를 돌아다니다가 간신히 문이 열린 건물을 발견해서 들어가려 하자 수위가 내부 수리 중이라며 막았다. 울며 겨자 먹기 격으로 구경은 못해도 몇 마디 들어보려고 1968년에 이곳에 근무했느냐고 물었는데 그렇지 않다고 해서 별 소득이 없었다.

결국 5월 혁명에 관한 내용은 항쟁 참여자로서 현재 프랑스 정부 문화부 사료실에 근무하는 뤼크 네메트 박사와 프랑스를 대표하는 진보적 일간지인 《리베라시옹》의 카롤린 퓨엘 국제국 부국장을 만나 들은 이야기로 보강할 수밖에 없었다. 특히 《리베라시옹》은 5월 혁명 참가 학생 지도자들이 혁명 정신을 계승하기 위해 만든 일간지로, 원형으로 비스듬히 돌면서 올라가게 만든 주차장을 사옥으로 개조한 독특한 건물이 인상적이었다.

"프랑스 68혁명은 실패했다"
카롤린 퓨엘 부국장

《리베라시옹》을 소개해달라.

《리베라시옹》은 5월 혁명에 참여한 세르주 줄리 등 학생 지도자들이 혁명 정신을 계승하고 발전시키기 위해 창간한 진보적 신문이다. 현재의 성격을 규정한다면 혁명이나 변혁 지향적이지는 않지만, 그래도 진보적이라고 할 수 있다.

《리베라시옹》으로 혁명 정신을 계승하려는 기획은 그동안의 성과를 고려할 때 성공했다고 보나?

그렇지 않다고 본다. 우리 신문도 성격이 상당히 변질됐고, 당초 정신이 약화됐다. 그만큼 일종의 '체제내화'가 됐는데도 상업적으로 많은 어려움을 겪는 중이고, 신문의 진로를 놓고 많은 내부 논란이 계속되고 있다. 소련과 동유럽이 몰락한 뒤 속도를 더해가는 보수화 추세 등을 고려해 상업적 필요성에서 어느 정도 우경화가 불가피하다는 견해가 제기되고 있다. 그러나 한쪽에서는 신문이 창간 정신을 완전히 상실했다고 비판하면서 원래의 정신을 살리는 좀더 급진적인 신문을 재창간하려는 움직임이 구체적으로 진행되고 있다.

더 시야를 넓혀 5월 혁명 자체를 평가해달라.

5월 혁명은 실패했다. 참여자들은 대부분 현실에 안주해 기득권 세력이 돼버렸고, 그 정신은 이제 실종됐다. 우리 신문도 그렇고, 지도자들 중에는 유대계 독일인 유학생으로 항쟁을 주도한 다니엘 콘벤디트는 현재 독일 프랑크푸르트 시에서 녹색 담당 부시장으로 활약하고 있고, 알랭 크리빈은 극좌 트로츠키주의자로 대통령에 출마하지만 1퍼센트 미만의 득표에 그치는 등 영향력이 거의 없다.

한 관계자(뤼크 네메트 박사)는 5월 혁명과 혁명 정신의 계승이라는 신사회운동이 실종된 원인을 노동자 계급이 아니라 소시민 계급이 중심축이었기 때문이라고 해석하던데, 이런 분석에 관한 견해는?

결과론으로는 그렇게 이야기할 수 있을지도 모른다. 그러나 문제를 소시민적 또는 계급적 한계로 돌릴 수만은 없을 것 같다. 왜냐하면 노동자 계급 운동도 위기가 아닌가? 오히려 5월 혁명이 필요한 이유는 진보 세력이, 나아가 프랑스 사회가 민주주의의 발전을 위해 과거의 좌파 운동하고는 다른 새로운 운동을 요구했기 때문이다.

더 시야를 넓혀보자. 파리를 돌아보라. 각종 혁명 기념물 등이 잘 보존되고 사방에 널려 있지만 그 정신은 다 사라졌다는 느낌을 받았다. 혁명이 화석화된 느낌을 받았다. 내가 잘못 본 것인가?

그렇지 않다. 프랑스 사람들은 대부분 현실과 물질적 만족에 안주하고 있다. 프랑스는 새로운 혁명이 필요하다. 비판적 지성과 사고가 다시 살아나야 한다.

'기억의 해법'과 민주주의의 발전

이런저런 곳들을 둘러보면서 프랑스는 '망각의 해법'을 추구해온 스페인하고 다르게 "잊지 말자"는 '기억의 해법'을 통해 민주주의를 발전시켜온 대표적인 나라라는 느낌을 지울 수 없었다. 사실 나치 협력자 처리에서도 한국하고 다르게 200만 명을 조사해서 6700여 명을 사형시키고 3만 여 명에게 징역형 이상의 유죄 선고를 내리는 철저한 과거 청산을 했다. 그것도 모자라 얼마 전 부녀자 학살 등 반인류적 나치 협력 행위의 경우 공소 시효 없이 언제라도 처벌할 수 있다는 반인류법을 제정해 실천하는 무서운 역사의식을 보여줬다. 그러나 이런 프랑스에서도 파리 코뮌 같은 '패자의 역사'는 잊히고 역사적 의미에 합당한 제자리를 찾지 못하고 있다는 느낌을 지울 수 없었다. 진정한 민주주의 사회란 현실적 승패가 아니라 그 정신의 역사에 따라 정당성이 평가되는 사회가 아닐까?

《월간중앙》 1994년 3월호

돈이 아니라 진실이 중요하다

헝가리 민주주의 기행

루카치와 시장사회주의의 나라 헝가리. 서구 여러 나라 답사를 마치고 들른 중간 경유지 빈을 떠나 헝가리로 향하는 전세 버스 속에서 그동안 쌓인 피로를 회복하기 위해 눈을 좀 붙이려 했지만 도저히 잠이 오지 않았다. 오히려 정신은 더욱 또렷해지면서 빈에서 만난 국제인권위원회 오스트리아 지부의 한국 담당 봉사자들하고 나눈 대화가 계속 떠올라 나를 괴롭혔다.

"당신의 조국은 조국 교수를 왜 구속했습니까?"

빈에서 '세계 음악의 메카'답게 베토벤, 모차르트, 브람스 등 음악 거장들의 무덤이 모여 있는 공동묘지를 돌아보고, 얼마 전 이곳에서 개최한 인권회의 관련 정보를 얻기 위해 미리 연락해놓은 국제인권위원회 빈 지부를 방문했다. 그런데 그곳에 도착해보니 한국의 인권 상황에 관한 정보를 얻기 위해 일요일인데도 각지에서 모여든 젊은 한국 담당 자원봉사자들이 기다리고 있었다. 엄청난 질문 공세를 받았다. "한국에서 그토록 기다리던 문민정부가 들어섰는데도 왜 장기수 등 정치범은 석방되지 않고 있으며, 기본권을 제한

하는 국가보안법은 왜 폐지되지 않습니까?" 특히 얼마 전 국가보안법 폐지를 줄곧 주장해오다가 조직 사건에 관련 국가보안법 위반 혐의로 구속된 소장 법학자 조국 교수(현 청와대 민정수석) 사건에 비상한 관심을 보이는 등 구체적인 국가보안법 관련 사례들을 거론하면서 사건 경과 등을 물어왔다.

세계 주요 민주화의 정신 계승 기념사업 등 그 현대적 의미를 살펴보기 위해 떠나온 민주화 답사 여행 도중 예기치 않게 부딪친 이런 질문 공세는 내게 다시 한 번 미흡하기만 한 한국 민주화의 현 수준을 상기하게 했다.

우리 사회는 사상과 결사의 자유 등 최소한의 절차적 민주주의를 완성하기 위해 아직도 얼마나 많은 시간과 희생이 더 필요한 것일까 하는 생각이 나를 착잡하게 만들었다(특히 우루과이 라운드에 관련, 얼마 전 벌어진 쌀 개방 소동 이후 '국제 경쟁'이라는 화두가 '개혁'이라는 화두를 뒤엎고 전 국민을 압도하고 있는 현 상황에서 세계 최장기 양심수와 최장 시간의 노동과 높은 산재율을 자랑(?)해온 우리 사회의 인권 국제 경쟁력은 어떤지, 또한 미국 외교 관계자가 국가보안법 폐지를 촉구한 일을 "미국 사람이 원래 좀 싱거운 사람들이기 때문"이라는 식으로 생각하는 김영삼 정부의 민주주의 의식과 인권 의식의 국제 경쟁력은 어떤지를 자문해보지 않을 수 없다).

이런 생각에 휩싸여 있는 사이, 가이드가 국경에 다 왔으니 여권을 준비하라고 전했다. 바캉스 시즌이라 여행 트레일러를 단 차량들이 국경 검문소에 긴 줄을 만들고 있었다. 오스트리아와 헝가리를 왕복하는 전문 관광 기사답게 운전사는 긴 줄을 피해 놓고 있는 검문소에 차를 세우고 사방을 두리번거리더니 안면 있는 군복 차림 검사관에게 다가가 부탁을 했고, 그 검사관이 차에 올라 여권을 검사했다. 물론 운전사는 맥주와 음료수 캔을 건네는 일을 잊지 않았다. 부다페스트로 향하는 헝가리의 국도변에는 언론이 전하는 대로 기술 낙후와 외연적 산업화의 결과로 공해 유발이 염려되는 낡은 소규모 공장들이 간간이 눈에 띄었다.

사회주의의 단점과 자본주의의 단점이 만나면

부다페스트에 도착해 짐을 푼 숙소는 누보 호텔. 일찍이 시장사회주의를 추진하는 등 동유럽에서 가장 서구화된 헝가리라고 하지만, 이곳은 상상 밖으로 한국은 물론 선진 자본주의 국가에서도 그리 쉽게 찾아볼 수 없는 최신형 하이테크 호텔이었다.

로비에는 각종 상품별 쇼핑센터, 디스코텍 등 원하는 항목만 누르면 해당 업소들의 상호가 나오고, 상호를 골라 누르면 특징, 위치, 전화번호 등 필요한 정보를 다 얻을 수 있는 컬러 컴퓨터 모니터까지 설치돼 있었다. 동유럽에 침투하기 시작한 다국적 기업의 위력을 느낄 수 있는 현장이었다.

짐을 풀고 술이라도 한잔하려고 일행하고 택시를 탔다. 어디 추천할 만한 곳이 없느냐고 묻자 운전사가 기다렸다는 듯 내놓은 것은 컬러로 인쇄한 초호화판 술집 팸플릿이었다. 야한 포즈를 한 반라의 미녀들을 인쇄한 팸플릿을 펴놓고 업소별 가격과 퇴폐도를 비교 설명하려 드는 운전사를 보면서 문득 페레스트로이카의 성격을 둘러싼 논쟁에 관련해 내가 쓴 글이 생각났다.

내용인즉 현존 사회주의 국가들은 앞으로 사회주의의 장점과 자본주의의 장점이 아니라 사회주의의 단점과 자본주의의 단점을 결합시킨 '최악의 조합'이 될 가능성이 가장 크다는 것이었는데, 자본주의화하고 함께 가장 먼저 들어선 시설이 퇴폐업소라는 현실을 직접 목격하면서 별로 틀리지 않은 예측이라는 생각이 들었다. 그러나 예측이 맞았다는 쾌감보다는 서글픔이 앞섰다. 긴 여행에 몸이 피곤해 간단히 한잔할 만한 가까운 곳으로 데려다 달라고 하자 운전사는 실망하는 기색이 뚜렷하면서도 카폰 번호가 적힌 명함을 주면서 택시가 필요할 때 연락하라는 세일즈를 잊지 않았다.

미국의 고고 클럽을 떠올리게 하는 술집에서 간단히 술을 마시고 돌아와 다음날 있을 본격적인 답사를 위해 헝가리 민중 항쟁에 관해 알고 있는 지

'56년 항쟁' 희생자를 추모하는 '자유의 종.' '나는 산 자들을 부른다/ 나는 죽은 자들을 애도하며 빛을 좇는다'는 헌시가 인상적이다. 왼쪽은 《전남일보》 기자로 일하던 민형배 광주광역시 광산구청장이다.

식을 정리해봤다.

한때 프랑스 공산당의 주요 이론가였지만 스탈린주의를 비판해 제명된 비판적 마르크스주의자 앙리 르페브르는 러시아 혁명의 배반은 1930년대 스탈린이 주도한 집단농장화에서 시작됐다고 쓴 적이 있다. '소수 수탈자'가 아니라 다수 근로 대중인 농민들을 자발성이 아닌 강제력을 통해 집단농장화한 조치는 혁명을 배반한 행위라는 주장이었다.

이렇게 역사를 거슬러 올라가지 않더라도 사회주의 혁명의 '배반'을 보여주는 또 다른 중요한 계기를 들라면 1956년 헝가리 민중 항쟁이다. 스탈린주의가 아닌 '진정한 사회주의' 또는 '민주적 사회주의'를 요구하는 다수 민중의 요구가 '인민의 수호'라는 이름 아래 사회주의 정권에 분쇄됐을 때 사회주의는 더는 '인간 해방'과 '노동 해방'의 사상이기를 그치고 '억압의 지배 이데올로기'로 전락하고 말았다.

1953년 스탈린이 사망하면서 소련에서는 스탈린 비판이 진행됐고 동유럽에서도 '동유럽의 봄'이 찾아와 다양한 개혁 요구가 분출했다. 특히 얄타

회담의 결과 미국과 소련 두 초강대국의 '비율 협정'에 따라 소련이 80퍼센트, 미국 등 서방이 20퍼센트의 영향력을 갖도록 합의해 소련식 모델이 들어선 헝가리에서도 1956년 10월 3000여 명의 시민이 자유 선거와 노동 조건 향상 등 요구 조건을 내걸며 평화적 시위에 들어갔다. 민중들의 참여는 확산됐고, 이런 움직임 덕에 개혁 사회주의자로 국민적 신망이 두터운 너지 임레^{Nagy Imre}가 집권할 수 있었다.

탱크에 짓밟힌 헝가리 민중과 실패한 시장사회주의

정권을 장악한 너지는 스탈린 체제를 노동자 자주관리의 방향으로 개혁하겠다며 자유 선거를 약속하고 관련 정책을 추진해 나갔다. 그러나 사태를 관망하던 소련군이 개입하기 시작했고, 요구 사항이 소련군 철수로 급진화되더니 전국에 노동자평의회가 결성되고 너지는 헝가리의 중립을 선언했다. 결국 소련군은 부다페스트를 공격했고, 헝가리 국민은 2만 명이 무장 저항을 했지만 사상자 3000여 명을 남긴 채 패배했다. 너지는 비밀 재판에 부쳐져 교수형을 당했고 3만 명이 투옥됐다. 그 뒤 집권한 사람이 1980년대 말동유럽 민중 혁명 때까지 30년 넘게 헝가리를 지배한 카다르^{Kádár János}다.

　그러나 1980년대 전두환 정권이 광주민중항쟁 이후 통금 해제 등 유화책을 썼듯이 피의 항쟁을 무마시킬 필요성을 느낀 소련은 카다르에게 상당한 자율성과 개혁을 용인했다. 그 결과가 1968년에 도입된 시장사회주의, 즉 중앙 통제가 아니라 시장에 기반하는 사회주의였다. 시장 메커니즘이 부활되고 외국 자본이 도입됐다. 그러나 1970년대 말부터 헝가리는 동유럽에서 일인당 외채가 가장 많은 나라가 되는 등 외채 위기와 경제 위기를 겪기 시작했고, 시장사회주의라는 독특한 경험은 실패한 시도로 평가됐다.

1980년대 말 페레스트로이카의 돌풍은 헝가리에도 몰려왔고, 카다르는 민심을 돌리기 위해 때늦은 개혁을 시도하고 여러 유화책을 발표하지만 자유 총선의 결과 권좌에서 끌어내려졌다.

다음날 미리 약속을 잡아놓은 권위 있는 헝가리 과학아카데미 역사연구소를 찾아가려고 아침부터 서둘렀다. 일찍 나선 덕에 아카데미에 도착하니 약속 시간까지 30분가량 시간이 남았다. 잘됐다 싶어 같은 아카데미의 사회과학연구소 사회학과에 적을 둔 루카치 야노시를 찾아봤다. 바로 루카치 죄르지의 아들인데, 미국에서 야노시하고 함께 공부한 한국의 한 사회학자가 헝가리에 가면 한번 찾아보라고 소개를 받은 적이 있었다.

그러나 믹싱 연구소에 올라가보니 야노시는 이미 2년 전에 연구소를 떠났다며 옮긴 곳으로 전화를 해줬다. 그러나 그곳도 그만뒀고 연락처도 모른다는 대답을 들었다. 한국에서 소개를 받을 때 야노시가 상당히 '좌파적'이라는 말을 들은 만큼 헝가리 사회가 자본주의로 바뀌는 과정에서 일자리를 잃어버린 듯하다는 염려가 돼 왠지 기분이 개운하지 않았다.

역사연구소에서는 '1956 항쟁' 연구와 기념을 위해 새로 세워진 '1956년 연구소'의 러이네르 야노시 박사가 우리를 맞았다. 정부의 재정 지원을 받지만 독립성을 갖고 있는 이 연구소는 현재 12명의 박사급 연구원들이 '1956 항쟁' 관련 자료를 수집하고 연구 활동을 벌이는 중이다.

러이네르 박사는 헝가리 항쟁의 구체적 성격, 과정, 사후 처리, 1989년 이후의 항쟁의 역사적 복권 과정, 현재적 의미 등을 상세히 설명해줬다. 특히 그중 1989년 6월 16일에 집권 공산당이 자유 선거를 앞두고 인기 전술로 너지 임레 등 아무데나 버려져 있던 항쟁 피해자들의 무덤을 새로 만들어 기념식을 열었는데, 노환으로 몇 달 동안 움직이지도 못하고 정신이 혼미하던 카다르가 그날은 정신이 들어 혼자 힘으로 옷을 입고 기념식에 참석하겠다고 나섰으며, 연설 도중 그동안 밝혀지지 않은 자신의 죄를 털어놓는 등 횡

설수설하더니 얼마 뒤에 숨을 거뒀다는 이야기가 인상적이었다. 러이네르 박사는 부다페스트의 56년 항쟁 기념물들이 위치한 곳도 자세히 설명해주고 항쟁 참여 생존자 인터뷰도 주선해줬다.

"56년 항쟁은 반사회주의 아니었다"
러이네르 야노시 박사

56년 항쟁의 성격을 어떻게 보는가?
일차적으로 소련의 지배에 맞선 저항이라는 점에서 민족적 성격이 우위에 있고 사회적 성격이 부차적이었다. 사회적인 성격은 10개 요구 사항에 사유재산제 허용 등이 없었다는 점에서 반사회주의적이라거나 자본주의 지향적이었다고 볼 수는 없다. 오히려 반스탈린주의적이고 민주적 사회주의 지향적이었다고 할 수 있다.

당신은 56년 항쟁의 민족적 성격을 강조했다. 사실 그때 소련의 영향에서 독립할 것과 헝가리의 중립화를 요구했는데, 이렇게 하지 않고 국내 개혁만을 요구했으면 사태는 달라졌다고 보나?
그렇지 않다고 본다. 체코슬로바키아의 경험이 증명해주고 있다. 체코의 경우 국내 개혁만을 요구했지만 소련의 진압이라는 결과는 마찬가지였다. 동유럽에서 소련의 영향에서 벗어난 독자적 사회주의는 환상이었다.

유고슬라비아의 티토는 독자 노선을 유지하지 않았나?
하기는 그렇다. 그러나 유고는 2차 대전 중 치열한 반나치 투쟁 등 군사적으로 독자 노선을 추구할 수 있는 준비가 돼 있었다.

정확한 사상자 수와 향후 전개는?
시가전에서 3000명이 죽었고, 그 뒤 350명이 처형됐다. 또한 항쟁 자체가 반혁명 범죄로 규정됐지만, 1963년에 1차 사면이, 미국 카터 행정부의 인권 외교 때 2차 사면이 있었고, 1989년 선거 전에 공산당이 너지 임레의 묘지를 만들고 '민족 화합의 날'을 선포하는 등 복권 조치가 실행됐다. 책임과 처벌 문제는 현재 논쟁이 진행 중이지만 '해야 한다'는 것이 역사학자로서 내 견해다.

항쟁 정신을 계승하려는 운동은?
유가족들 모임과 지식인들이 구성한 지하 불법 단체가 기념식도 갖고, 지하신문을 통해 처형자 명단을 발표하는 등 여러 활동을 해왔다. 또한 항쟁 참여자로 사형 선고를 받고 7년을 복역한 건스 아파가 지하 운동을 하다가 1988년에 '역사정의위원회'를 구성해서 정신 계승 활동을 하고 있다.

복권된 56년 항쟁의 투사들

인터뷰를 마치고 아카데미를 나서자 코앞에 부다 성이 나타났다. 성이라고 하기에는 너무 나지막한 그곳에 오르자 이편의 부다와 강 건너의 페스트, 그리고 그 두 지역을 가로지르는 푸른 다뉴브 강이 한데 어우러진 아름답고 고색창연한 그림 같은 도시가 한눈에 들어왔고, 1956년 그 '배반'의 상흔들은 전혀 눈에 띄지 않았다.

부다 성을 내려와 라이네르 박사가 알려준 역사의 현장으로 향했다. 56년 항쟁은 시내 전체를 무대로 했지만 가장 치열한 전투가 벌어지고 가장 많은 사상자가 난 곳이 노동자 거주 지역이었다. 특히 그 지역에 항쟁 뒤 사형이 집행된 곳이 있고 그 현장에 최근 기념물들이 들어섰다고 해 그곳으로 갔다. 문제의 공동묘지에 도착한 운전사도 정확한 목적지를 찾지 못해 이 사람 저 사람에게 물어봤지만 헛수고였다. 결국 못 찾는가 보다 하고 실망에 젖어 있는데, 운전사가 다른 쪽으로 가보자고 했다.

얼마를 달려 꽃을 파는 사람들이 늘어선 묘지 입구에 들어섰다. 운전사가 아마 이쪽 같다고 해서 좁은 길을 따라 들어가자 지붕은 동양식 기와 모양으로 얹고 조각이 된 나무 기둥에 대나무를 얽어 만든 문을 단 동양 냄새, 아니 정확히 말해 폴리네시아풍 분위기가 나는 문이 눈에 띄었다. 56년 항쟁을 복권하면서 함께 세운 기념 시설의 출입문이었다. '순교자의 문'이라는 이 문에는 '헝가리의 마음을 가진 자만이 들어오시오'라는 의미심장한 말이 새겨졌고, '조국을 위한 연맹'이라는 리본이 달린 꽃다발이 걸려 있었다.

이름 없는 희생자와 주인 없는 묘지

안으로 걸어 들어가자 '국립묘지'라는 초라한 간판이 눈에 띄고, 그 뒤로 1미터 정도 되는 장승 같은 조각을 한 검정색 나무들이 목 부분에 헝가리 국기를 상징하는 청색, 백색, 적색 리본을 매단 채 일제히 도열하고 있었다. 관리병사에게 물어보니 이름이 밝혀지지 않은 무명의 항쟁 희생자들을 위해 희생자 수만큼 묘비 삼아 세운 것으로, 헝가리의 전통 풍습이라고 설명했다.

더 안으로 들어가자 넓은 잔디밭이 나오고 아담한 탑 한 기, '1956'이라고 새긴 돌을 땅에 눕혀놓은 기념 묘석, 희생된 유명 인사들을 추모하는 10여 개의 묘비(마찬가지로 땅에 눕혀져 있었다), 조그마한 종과 종각이 눈에 띄

1980년대 말 동유럽 민주화로 복권돼 새로 마련된 56년 항쟁의 주인공 너지 임레 전 헝가리 공산당 서기장의 묘비.

었다. 탑이 있는 곳이 처형 장소였다. 특별히 큰 묘비가 있어서 살펴보니 '너지 임레'라는 글자가 눈에 들어왔다. 이미 파리 코뮌 유적 답사 때 들른 파리의 페르 라셰즈 공동묘지에서 너지의 무덤을 봤는데 며칠 뒤 다시 다른 곳에서 같은 사람의 무덤을 보는 일, 같은 사람의 두 무덤을, 그것도 수백 킬로미터 떨어진 두 나라에서 본 일은 기이한 체험이었다. 파리의 무덤은 항쟁 뒤 망명한 헝가리 지식인들과 프랑스의 비판적 좌파가 만든 상징적 무덤이고 1989년 세운 이 무덤도 시신도 없는 상징적 무덤이라니, 너지의 운명도 기이한 게 아닐까?

그 묘비를 바라보면서 어딘가에 버려져 있는지는 모르지만, 일찍이 스탈린주의의 문제점을 인식하고 당이 아니라 노동자 자신이 주인이 되는 노동자 자주관리라는 개혁을 통해 인간 해방과 노동 해방이라는 공산주의의 원래의 정신을 되찾으려 한 너지의 시신이 생각났다. 그리고 저세상의 너지가 결국 자기 정정에 실패하고 억압적 지배 이데올로기로 바뀌어 곧바로 민중들의 힘으로 붕괴된 현존 사회주의의 결말을 목도한다면 뭐라고 이야기할지 궁금했다.

중요한 건 물질적 배상이 아니라 진실

또한 현존 사회주의의 폐해는 끔찍하지만 다른 한편 그 체제가 남긴 공(이를테면 사회복지 정책 등)을 부인할 수는 없다고 할 때, 그런 긍정적 측면까지모두 원점으로 되돌리고 인간의 상품화와 벌거벗은 자본의 논리의 지배가관철되고 있는 헝가리의 현실, 나아가 소련의 정치적이고 군사적인 지배 대신에 다국적 기업 등 새로운 서구 자본의 지배가 자리잡는 헝가리의 현실을볼 수 있다면, 너지를 비롯한 3300여 명의 희생자들이 목숨을 바쳐 성취하려한 목적이 과연 이런 현실이냐는 질문에 무엇이라고 대답할지 궁금했다.

'자유의 종'이라는 이름의 종 밑에는 작은 동판에 '나는 산 자들을 부른다/ 나는 죽은 자들을 애도하며 빛을 좇는다'는 헌시가 새겨져 있었다. 희생자들을 애도하는 뜻에서 종을 힘차게 쳤다. 투명한 종소리는 마치 역사의빛을 좇아 부다페스트의 시내 쪽으로 퍼져가는 듯했다.

기념 묘지를 나와 항쟁 참가 생존자를 인터뷰하기 위해 차에 올랐다. 샨도르니 호르바트 부인이 사는 집은 과거 소련군 장교들이 거주하던 4층짜리 허름한 아파트였다. 샨도르니 부인은 그곳에서 항쟁 때 상황과 항쟁이지니는 현재적 의미를 담담하게 설명했다. 특히 한국의 '80년 5월 광주'에관한 설명을 듣고 자기 경험에 비춰 "중요한 것은 물질적 배상이 아니라 진실"이라면서 "진상 규명과 과거의 희생을 헛되게 하지 않는 완전한 민주화"에 초점을 맞춰야 한다는 충고도 잊지 않았다.

숙소로 돌아오는 길에 라이네르 박사가 알려준 시내 중심가의 항쟁 현장에 차를 세워달라고 했다. 항쟁 현장 주변에는 건물 벽에 '조국을 위하여, 1956'이나 '1956년 혁명과 평화를 위한 전쟁에서 헝가리는 세계사에서 처음으로 붉은 군대를 이겼다'는 등 여러 문구를 새긴 기념 동판들이 설치돼 있었다. 숙소로 돌아와 아우슈비츠, 바르샤바, 솔리다르노시치의 진원지인 그단스크 등 국토 종단의 빡빡한 일정이 잡혀 있는 폴란드로 향하기 위해 짐을 챙겨 부다페스트 역으로 나섰다. 지금까지는 비행기를 주로 탔지만, 아우슈비츠와 바르샤바를 잇는 코스를 가려면 열차편밖에 없기 때문이었다.

동유럽권을 이어주는 국제선 열차에 몸을 실은 우리는 앉으면 허리를 펴기도 힘든 낮은 높이의 이층 침대칸에 자리를 잡았다. 밤이라 밖을 구경할 수도 없고 해서 10시쯤 일찍 잠자리에 들려고 한국에서 가져온 종이팩 소주를 돌려 마시고 잠자리에 들었다. 그러나 눈을 채 붙이기도 전에 승무원이 국경역에 도착해서 여권을 검사한다며 잠을 깨웠다.

헝가리 관리가 승차해 먼저 출국 도장을 찍었다. 이어 입국 도장을 받을 차례인데, 새로 나타난 다른 제복을 입은 관리가 우리 일행의 여권을 보더니 모두 걷어서 무조건 따라 내리라는 시늉을 했다. 영어로 무엇이 잘못됐느냐고 물어봤지만 영어를 모르는지 무조건 따라오라는 손짓만 반복했다.

체코와 슬로바키아 국경에서 보낸 하룻밤

얼마를 실랑이하면서 대강 상황을 보니 그 관리는 폴란드가 아니라 슬로바키아였다. 슬로바키아 통과 비자가 없으니 입국을 못한다는 것이었다. 폴란드행 기차는 체코와 슬로바키아를 경유하는데, 여행 계획을 잡아준 여행사가 실수로 슬로바키아 통과 비자를 받으라는 이야기를 안 한 것이 문제였다.

어쩔 수 없이 짐을 챙겨 내리자 기차는 떠났다. 난감한 일이었다. 밤은 깊었고, 주위에는 아무것도 없이 한국의 시골 간이역만 달랑 있는 이곳에 버려지자 오갈 데도 없었다. 우리를 딱하게 여긴 헝가리 관리가 여권에 입국 도장을 다시 찍어주면서 새벽 5시에 부다페스트로 돌아가는 기차가 있으니 그때까지 역에 들어가 기다리라고 조언을 해줬다. 그 말을 따르는 수밖에 없어 역에 들어가니 다행히 기다리는 승객을 위한 긴 나무 의자들이 눈에 띄었다.

56년 항쟁에 참여해 투옥 등 고통을 받은 생존자들에게 최근 배상으로 주어진 구소련군 아파트.

일단 한숨을 돌리자 일정에 차질이 생겨 걱정이 됐다. 다시 부다페스트로 돌아가 슬로바키아와 체코 대사관을 찾아가 통과 비자를 받으려면 얼마가 걸릴지 모를 일이니 비행기로 직접 바르샤바로 향하는 쪽이 낫겠다고 생각하며 딱딱한 나무 의자에 몸을 웅크린 채 누워 잠을 청했다.

그런 상황에서도 피곤해 잠이 들었는지 지난밤에 만난 헝가리 관리가 부다페스트행 기차가 올 시간이라며 우리를 깨웠다. 이른 새벽인데도 부다페스트로 출근하는 사람들인지 승객이 하나둘 모여들었고, 곧 기차가 도착했다. 기차 여행 내내 바르샤바행 비행기 좌석이 없으면 어떻게 하나 가슴이 조마조마했다. 하루 전에 떠난 부다페스트 역에 기차가 도착하자 예정에도 없던 '부다페스트 귀환'의 감회를 즐길 겨를도 없이 공중전화로 달려갔다.

항공사에 전화를 하니 다행히 1시간 뒤에 바르샤바행 비행기가 있었다. 서두르자는 생각에 짐을 들고 내달려 택시를 타고 공항으로 향했다. 간신히 비행기 시간에 맞춰 공항에 도착할 수 있었고, 비행기에 오르자 일단 안도의 한숨이 절로 나왔다. 우여곡절의 헝가리 답사는 이렇게 끝났다.

《월간중앙》 1994년 4월호

증권거래소로 변한 공산당사

폴란드 민주주의 기행

헝가리가 루카치와 시장사회주의의 나라라면, 폴란드는 레닌까지도 '혁명의 독수리'라고 극찬한 여성 혁명가 로자 룩셈부르크와 자유연대노조(솔리다르노시치)의 나라다. 뿐만 아니라 폴란드는 강대국 사이에 낀 기구한 운명 때문에 '유럽의 한국'이라는 말을 들을 정도로 침공과 수난의 역사를 겪은 나라이기도 하다. 그 결과 폴란드의 현대사는 동유럽에서 가장 기복이심하며, 그만큼 풍부한 민주화 투쟁의 역사로 점철돼왔다고 할 수 있다.

'유럽의 한국' 폴란드

봉건제가 무너지고 자본주의가 자리잡으면서 시작된 근대적 민족국가의 형성 과정에서 폴란드는 네 차례에 걸쳐 오스트리아, 프로이센, 러시아에 분할지배를 당하는 수난을 겪는가 하면, 이런 열강 간의 첨예한 각축장이라는이유로 2차 대전의 발발지가 돼 나치의 지배를 겪으며 600만 명이 목숨을 잃는 피나는 저항을 벌여야 했다.

종전 뒤 다른 동유럽 국가들하고 함께 폴란드에는 소련의 영향 아래 스탈린주의 모델이 들어섰고, 스탈린이 죽은 뒤 스탈린 비판이 진행되던 1956년에는 헝가리 항쟁의 도화선이 된 포즈난 항쟁이 발생했다. 생활 개선 등을 내걸고 시작된 포즈난 지역 노동자들의 평화 시위를 경찰이 무력 진압하면서 시작된 이 항쟁은 60명의 목숨을 앗아가고 진압됐지만, 스탈린주의적 농업 집산화의 포기, 종교의 자유 허용 등 일정한 양보를 얻어냈다.

1968년 파리의 5월 혁명에 상응하는 청년의 급진화는 자본주의와 스탈린주의의 대안으로 '청년 마르크스'의 소외론을 중심으로 한 '인간주의적 마르크스주의' 운동의 폭발을 가져왔지만, 이런 흐름도 핵심 이론가인 레젝 코와콥스키[Leszek Kołakowski]가 서구에 망명하는 등 패배로 귀결하고 말았다.

그런데도 서항의 불길은 꺼지지 않았다. 1970년 폴란드 노동자들은 발트 해의 항구들을 장악한 채 파업을 벌였고, 공산당은 군대를 동원해 진압하면서도 노동자들이 내건 물질적 요구에 굴복해 '자가용 시대의 실현' 등 생활 개선을 약속했다. 약속을 지키기 위해 폴란드 정부는 외채 도입을 통한 '사회주의판 수출 주도형 산업화' 전략을 추구했다.

그러나 1970년대 말 2차 석유 파동은 폴란드를 외채 위기로 몰아갔고, 긴급 차관을 요청한 폴란드에 국제통화기금[IMF]은 식료품 가격 보조금 중단과 가격 정상화 등을 조건으로 내걸었다. 생필품 가격 대폭 인상 조치는 다시 발트 해 지역 노동자들의 민주화운동에 불을 붙여 1980년 역사적인 자유(연대)노조의 출범을 불러왔다.

1970년 파업의 주도자이자 해고 노동자인 레흐 바웬사[Lech Walesa]를 중심으로 한 연대노조는 결국 대정부 협상에서 자유노조 합법화, 파업권 인정, 언론과 출판의 자유 보장, 1970년 피해자의 복권, 토요일 교대 휴무제 등 21개 요구 사항을 모두 관철해내는 데 성공했다.

이런 변화는 폴란드 사회 전체의 급진화를 가져왔지만, 체제 붕괴를 염려한 군은 1981년에 계엄령을 선포하고 다시 탄압을 시작했다. 복원된 스탈린 체제는 결국 1980년대 말 동유럽 혁명으로 막을 내리고, 우여곡절 끝에 바웬사를 대통령으로 한 새로운 정권이 탄생했다. 역사적으로 자유노조운동은 소련과 동유럽의 몰락을 가져온 기폭제로 평가받는다.

시장경제를 향한 성공적인 전환?

헝가리에서 겪은 '부다페스트 귀환' 소동으로 일정에 차질이 생겼다. 일행들이 아우슈비츠 강제 수용소를 다녀올 동안 나는 솔리다르노시치, 곧 자유연대노조 관계자 인터뷰 등 바르샤바의 민주화 행적을 답사하기로 했다.

바쁜데도 일부러 시간을 내어 호텔로 나와준 이용승 대한무역투자진흥공사KOTRA 바르샤바 무역관장은 폴란드가 동유럽 중 유일하게 플러스 성장을 기록해 세계은행에서 7억 5000만 달러의 추가 차관을 승인받는 등 시장경제 이행에서 가장 성공적인 사례이며, 이런 상황은 태환제 도입과 무역 자유화 등 과감한 경제 개혁에다가 일찍이 이민해서 성공한 폴란드계 미국인들의 이민 자본 투자 등이 더해진 결과라고 친절하게 설명을 해줬다.

또한 바르샤바 대학교에서 한국어를 공부했고, 동유럽 몰락의 현장을 답사시켜 학생운동의 이념성을 '순화'하려는 노태우 정권이 대학교 학생회 간부들을 동유럽에 견학 보낸 때 안내 통역으로 일하다가 한 한국 대학생을 만나 사랑에 빠져 결혼한 '지한파' 여성 통역사를 소개해줬다. 바로 이 부부는 동유럽의 탈사회주의화와 1980년대 후반 한국 학생운동의 '좌경화'라는 상반된 두 경향이 묘하게 교차하면서 생겨난 '역사적 산물'이라는 점에서 의미가 각별했다.

호텔에 짐을 풀자마자 일정을 앞당겨 은퇴한 역사학 교수인 예즈 홀츠 박사를 만났다. 홀츠 교수는 포즈난 항쟁 뒤 폴란드 민주화 투쟁의 역사와 계

"민주적 사회주의를 지향했다"
예즈 홀츠 교수

<u>1956년, 1968년, 1970년, 1980년의 민주화운동을 비교해 개관해달라.</u>
성격 면에서는 모두 민주화 투쟁이지만 자본주의화를 지향하지는 않았다. 모두 스탈린주의도 자본주의도 아닌 제3의 길, 민주적 사회주의를 지향했다. 그러나 1989년 항쟁은 사회주의를 버렸다. 1956년 포즈난 항쟁은 노동자들이 주체였다면, 1968년은 정치와 문화 관련 쟁점들이 중심이어서 지식인들과 학생이 주도 세력이었다. 1980년과 1989년은 이 두 세력의 연합 성격이 강하다.

<u>정신 계승과 기념을 위한 사업은?</u>
포즈난 이후 아무도 이 문제를 이야기할 수 없었다. 1970년 발트 항쟁도 마찬가지였다. 1977년에 대학 교수들이 불법을 무릅쓰고 관계자들을 인터뷰하거나 자료를 모았고, 《비판》이라는 지하신문을 만들었다. 같은 해에 1970년 항쟁 관계자들이 '노동자 옹호위원회'라는 조직을 만들어 처음으로 항쟁 장소 중 하나인 레닌 조선소에 작은 십자가 기념비를 세웠다. 이 기념비를 둘러싸고 정부는 부수고 노동자들은 다시 세우는 일을 반복했는데, 이 위원회에 바웬사가 속해 있었다. 그러나 이 지식인 중 거의 대부분이 공산주의 체제에 동화되거나 아니면 자유주의자로 변질됐다.

<u>진상 규명과 처벌 문제는?</u>
다른 사건들은 너무 오래돼 다룰 수 없고, 1980년 항쟁이 쟁점이다. 계엄령으로 희생자가 난 곳은 유일하게 9명이 경찰 총격으로 죽은 탄광 지역이다. 경찰 관계자 30명을 조사했는데, 모두 하늘을 향해 쐈다고 주장해서 진상 규명이 안 되고 말았다. 계엄령 책임자인 보이치에흐 야루젤스키는 1989년 사임했지만, 야루젤스키를 건드리면 군부가 반발할 수도 있고 1956년 헝가리 사태 같은 소련의 직접 개입을 막기 위해 계엄령이 불가피했다는 정황 논리도 있어서 처벌 논의가 아무것도 진행되지 않고 있다.

<u>현재 폴란드의 상황은?</u>
자유연대노조는 공동의 적이 사라진 뒤 심각하게 분열돼 있다. 사회주의 체제는 기본적으로 대규모 공장 경제 체제고, 따라서 자유노조를 구성원들은 대부분 이런 대공장 노동자들인데, 이 공장들이 경쟁력이 없어 노조의 기반이 흔들리고 있다. 경제적으로 실업과 물가 상승 등 심각한 부작용을 겪고 있다. 자본주의 이행은 불가피하게 양극화를, 자본가와 노동자의 양극화뿐 아니라 노동자 내부의 양극화를 가져오지 않는가?
<u>정치적 상황은 어떤가?</u>
200여 개의 정당이 난립하고 있는데, 아무도 사회주의를 이야기하지 않을 뿐 아니라 비사회주의자들도 정치적 이데올로기는 없이 정치적 슬로건만 있을 뿐이다. 쟁점이 되는 사안은 민영화, 사유화 문제와 외국 자본의 영향력 문제인데, 정치인들은 포퓰리즘과 민족주의를 적당히 섞어 누가 대중을 현혹시키는지를 경쟁하고 있을 뿐이다.

승 사업들에 관해 상세히 설명했다. 또한 과거 공산 체제에서는 이공계가 대학생들에게 인기가 있었지만 이제는 경영대가 인기가 많고, 경영대보다 더 인기 있는 최고 학과는 영문과와 독문과라고 일러줬다. 한때 영문과가 최고 인기를 누린 우리의 과거가 생각나 씁쓸한 감정을 지울 수 없었다.

또한 다음날 자유연대노조 바르샤바 지부 책임자를 만난다고 하자 홀츠 교수는 1980년대에는 노조가 공통의 적을 놓고 단결했지만 이제는 전리품을 둘러싸고 분열돼 있으며, 특히 바르샤바 지부는 '촌놈' 바웬사가 설치는 꼴에 반발하는 정서가 강하고 가장 반바웬사적인 그룹이니 참고하라고 귀띔했다. 그리고 외부에서 보는 우등생 이미지하고 다르게 폴란드는 실업과 물가고 등 경제 자유화의 부작용 때문에 곧 있을 선거에서 좌파의 약진이 예상된다는 전망까지 곁들였다.

다음날 자유연대노조 바르샤바 지부 책임자를 만나는 약속은 오후에 잡혀 있어서, 소개받은 통역사의 안내를 받아 바르샤바 유적 답사에 나섰다. 사회주의화 이후 일어난 주요 민주화 투쟁은 주로 대기업 노동자들이 모여 있는 발트 해 지역 등에 집중된 탓에 바르샤바에는 관련된 유적이 없었지만, 수난과 굴절의 역사를 보여주기라도 하는 듯 폴란드 현대사를 장식한 많은 항쟁 유적들, 특히 반나치 투쟁 유적들이 자리잡고 있었다.

"바웬사는 무식하다"

첫 행선지는 2차 대전 때 유대인 '게토 항쟁'이 일어난 현장이었다. 행선지로 향하는 차 안에서 통역에게 남편 소식을 묻자 현재 바르샤바 대학교에서 폴란드어를 공부하고 있다고 알려줬다. 바웬사에 대해서는 "나라보다는 자기 자리만 걱정하고, 텔레비전 연설도 초등학교 어휘 수준에다가 무슨 말인지 알아들을 수 없을 정도로 무식하다"며 여간 비판적인 말을 내뱉었다.

차 안에서 호텔에서 산 현지 영자 신문을 훑어봤다. 영국에서 유행인 스포츠 폭력족(훌리건) 행태가 수입돼 벌어진 월드컵 예선전 패싸움 사태, 바웬사의 아들이 음주 운전을 해 일으킨 행인 치상 사고 특혜 처리 스캔들, 《에로틱한 면책 특권》이라는 책을 써서 동료 의원이 연루된 섹스 행각을 폭로해 충격을 던진 한 미모의 여성 의원이 "이런 자들하고 같은 방을 쓸 수 없다"는 이유로 불출마를 선언한 기사, 유대인과 동성애자 타도를 내건 극우 국수주의 정당의 "민영화는 폴란드 재산의 90퍼센트 이상을 유대인에게 선사하는 폭거"라는 주장 등 서구의 못된 점만을 그새 다 수입해 모아놓은 듯해 착잡했다.

17세기부터 유대인들이 모여들기 시작한 폴란드는 "농민에게는 지옥, 귀족에게는 낙원, 유대인에게는 천당인 곳"이라는 말이 생길 정도로 유대인에 우호적인 국가였다. 그러나 1차 대전 중 우크라이나와 폴란드 사이에 벌어진 전쟁에 유대계 우크라이나인이 대거 참전하면서 반유대 감정이 강하게 생겨났고, 바로 이런 반유대인 감정을 이용하기 위해 나치는 폴란드 점령 뒤 아우슈비츠 같은 유대인 강제 수용소를 폴란드에 세웠다.

그 결과 2차 대전이 시작할 때 350만 명에 이르던 폴란드의 유대인은 전후 25만 명만이 살아남았고, 그 뒤 대부분 이민을 떠나 이제 5000명밖에 남아 있지 않다. 2차 대전 때 바르샤바의 유대인들은 서구의 무관심과 방관 속에서 세계적 여론을 상기시키기 위해 "앉아서 죽느니 서서 죽는다"는 결전의 정신으로 거주 지역인 게토에서 최후의 항쟁을 조직했지만, 꽤 긴 기간 이어진 초인적 저항도 서구의 무관심 속에 무참히 진압되고 말았다.

역사의 현장인 게토 지역에는 낡은 주택가가 들어서 있을 뿐 별다른 항쟁 흔적이 눈에 띄지 않았다. 다만 얼마 떨어지지 않은 곳에 항쟁을 기념하는 웅장한 기념탑이 자리잡고 있었다. 그곳에는 지하 비밀 집회 장소로 들어가는 통로로 쓰던 녹슨 우물 뚜껑이 그대로 보존돼 그때의 비극을 간접적으로 말해주고 있었다. 그러나 반세기가 흐른 지금 이스라엘은 그동안 중동의 새로운 '제국주의' 국가로 등장해서 과거의 자신들처럼 증오에 가득찬 팔레스타인 집단 수용소 세대를 만들어왔는가 하면 이곳 바르샤바에서는 신나치 정당이 다시 용트림을 시작하고 있으니, 그 비싼 피의 대가를 치르고도 인류는 역사의 교훈을 얻지 못한 채 비극의 역사만 반복하고 있는 것일까?

유대인들의 수난 성지 순례

이런 생각에 잠겨 있는데 귀에 익은 영어가 들려왔다. 돌아다보니 한 안내자가 관광객 한 무리를 인솔하며 설명하고 있었다. 관광객은 유대계 미국인들이었는데, 나중에 안 일이지만 폴란드는 이런 유대인 학살의 역사 때문에 유대인들이 찾는 일종의 '수난의 성지 순례' 같은 주요한 역사 관광 코스로 개발돼 있었다. 학살의 역사가 중요한 달러 수입원이 돼버린 꼴이었다.

다시 택시를 탔다. 운전사가 계급장까지 붙인 미군 군복을 입어서 이유를 물으니 아무 의미도 없다고 했다. 장사가 어떠냐고 묻자 32년 동안 택시 기사를 하지만 요즘 같은 불경기는 없다고 불평이 여간 아니다. "경제가 좋다는데 왜 불경기입니까?" 내가 되묻자 이런 대답이 돌아왔다. "택시 수입이 좋다니까 자유화 뒤에 너도나도 택시 기사로 나서서 현재 뉴욕보다 바르샤바에 택시가 더 많아요. 과잉 공급이 불경기의 원인입니다."

폴란드 군인들의 반파시즘 투쟁을 기념하기 위한 입체적 조각들로 구성된 폴란드 봉기 기념 공원, 폴란드 역사박물관, 무명용사탑 등을 답사했다. 특히 무명용사탑 앞에는 바르샤바 오페라하우스가 있었는데, 이곳은 객석보다 무대가 더 넓었다. 세계에서 가장 무대가 큰 오페라하우스라는 설명을

이제는 증권거래소가 된 옛 폴란드 공산당 중앙당사.
삼성도 입주해 있다는 이 건물은 동유럽의 현주소를 가장 웅변적으로 보여준다.

들으면서 이윤의 논리에 얽매이지 않는 이런 문화 투자와 '고급문화'가 소수의 사치품이 아니라 일반 국민의 생활문화가 될 수 있던 문화 정책은 사회주의의 몰락에도 불구하고 보존되고 계승돼야 할 중요한 업적이라는 생각이 들었다.

점심 자리에 무역관장이 합류했고, 밥을 먹은 뒤 자유연대노조 사무실로 향하는 차 안에서 안내를 해주던 이 관장이 길 건너편의 4층 건물이 폴란드 공산당 중앙당사였다고 설명했다. 여러 전광판이 호기심을 자아내 지금은 무엇을 하는 곳이냐고 묻자, 이제는 증권거래소가 됐고 삼성그룹 지사도 입주해 있다는 것이다.

다른 것도 아니고 자본주의의 꽃이라는 증권거래소에 점령당한 공산당사, 이 건물이야말로 동유럽의 현주소와 미래를 가장 웅변적으로 축약해 보여주는 역사의 현장이었다. 역시 역사는 냉엄하다. 그리고 문득 페레스트로이카 때 페레스트로이카가 탈사회주의가 아니라 사회주의의 강화라고 혹세

무민하던 한국의 몇몇 진보적 지식인들이 떠올랐다.

솔리다르노시치 건물에 도착하자 또 다른 충격적인 모습이 눈에 띄었다. 한 걸인이 '에이즈 환자'라는 팻말을 목에 건 채 구걸하고 있었다. 이제 에이즈와 걸인이 수입되고, 게다가 '전통적'인 최후의 생계유지 방편인 구걸에 가장 현대적인 질병인 에이즈를 결합해 세계 어디에서도 찾아볼 수 없는 초현대적 구걸 행태까지 발명해냈으니, 이것은 서구 문화의 독특한 폴란드형 '토착화'인가?

정리해고 주장하는 자유노조 대표

건물 안에서는 1980년 초짜 유학생 시절 내 가슴을 뜨겁게 한, '솔리다르노시치'라고 휘갈겨 쓴 붉은 글씨의 낯익은 로고가 반겼다. 건물로 걸어 들어가는 길에는 얼마 남지 않은 총선거를 앞두고 자유연대노조를 대표해 출마한 후보들의 포스터 등 각종 선거 포스터가 붙어 있어 정치적인 냄새가 물씬 풍겼다.

비서의 안내를 받아 방으로 들어가자 바웬사에 이어 자유연대노조의 2인자라는 거구의 바르샤바 지부장 안드레이 비에조렉, 그리고 바르샤바 대학교 공과대학 출신 기술자로 이번 선거에서 자유노조 후보로 출마할 한 사람이 인사를 해왔다. 지부장은 현재 바르샤바 지부 회원이 20만 명이고 이중 60퍼센트가 노동자(그중 80퍼센트가 대기업 노동자)이며 나머지는 교사, 의사, 지식인 등인데, 자유노조가 정당이 아니라 노조지만 정치에 관계하지 않고는 아무것도 못해 직접 정치에 참여할 수밖에 없다고 설명했다.

두 사람은 폴란드의 경제와 정치 상황을 설명하면서 노조 대표라고 볼 수 없는, 국제 경쟁력을 강화하려면 노동자들을 대폭 감원해야 한다는 주장을

"공산주의 없앴지만 경제는 나빠졌다"

안드레이 비에조렉 자유연대노조 바르샤바 지부장

개인적 경력은?

1962년부터 바르샤바 대학교 시설과에 수선공으로 근무하는 등 노동자로 일했고, 1980년 자유연대노조 창립에 관계해 계엄령 때 투옥되기도 했다.

1980년의 정신은 실현됐다고 보는가?

목표 중 하나인 공산당 없애기는 성공했지만 다른 목표들은 달성하지 못했다. 현재 폴란드는 정치적으로 민주주의가 아니라 과두제고, 경제 상황은 오히려 악화돼 쿠바하고 비슷하다. 폴란드는 자본주의도 사회주의도 아니다.

무슨 뜻인가?

서구식 자본주의가 아니라 19세기 자본주의라는 뜻이다. 아직도 큰 공장 주인은 옛 공산당원들이고 정치와 경제가 분리돼 있지 않는 것이 문제다. 국제 경쟁력이 없어 실업이 늘어나 문제인데, 민영화로 해결해야 한다. 그러나 외국인들이 투자를 기피하는 것도 문제다. 실업자 증가는 그 자체가 문제는 아니다. 5명이 할 수 있는 일을 20명이 하는 것이 사회주의의 비효율성의 원인이니까 감원은 불가피하다. 그러나 외국 기업에 우리 기업을 너무 싸게 파는 짓은 막아야 한다. 한 예로 정부가 우리 자동차 공장을 헐값에 팔려고 하는 짓을 내가 막았는데, 그 뒤 생산성이 빠르게 높아졌다.

실직자 대책은 무엇이고, 민영화에 맞선 대책은?

필요 없는 인원은 감원해 재교육해야 한다. 자유노조는 민영화에 적극 찬성이다. 100퍼센트 민영화, 사유화해야 한다. 바웬사 집권 이전의 타데우시 마조비에츠키 체제 아래에서 우리는 민영화를 빨리 하라고 파업을 많이 했다. 민영화 방안에 관해서는 자유노조 안에서도 이견이 있다. 대기업을 모든 국민에게 나눠주는 정부의 사유화법에는 반대한다. 공장에 따라 차이가 있겠지만, 해당 노동자에게 일정 비율을 주고 외국 기업에 일정 비율을 주는 방식이 돼야 한다.

자유노조연대는 원래 노동자 자주관리를 주창했지 자본주의화는 안 외치지 않았나?

그건 그렇다. 그렇지만…….

지부의 정책 결정 과정은?

지부장은 회원 선거로 뽑고 정부처럼 주요 조직 기구가 있다. 하부 단위인 공장 지부는 40명으로 구성된 공장위원회가 주요 사항을 결정한다.

당신은 바웬사의 강력한 정적으로 알려져 있는데, 바웬사에 대한 견해는?

1991년 선거 때 바르샤바 지부는 바웬사에 반대했지만, 바웬사가 당선하자 노동자 출신이니 잘됐다고 생각했다. 그러나 인사 정책에는 문제가 있다. 참모들이 공산당 관계자들이고, 소속 당은 사실상 바웬사의 당이 아니다.

폈다. 또한 외국 기업의 투자 기피가 문제라면서 국내 기업을 외국 기업에 헐값에 넘겨 민영화하는 시도를 막아야 한다는 모순된 주장을 하는가 하면, 1981년 계엄령 발동에 관련된 진상 규명과 관계자 처벌 등은 현실적으로 불가능하다고 대답했다가, 곧이어 이 사안을 선거 공약으로 내세우겠다고 하는 등 체계적인 정치적 노선이 없이 포퓰리즘적 즉흥성을 보여줬다. 뿐만 아니라 국가 소유 재산을 모든 국민에게 균등 분배하려는 정부안에 반대해 해당 기업 노동자에게 분배해야 한다는 주장은 좋게 보면 해당 기업에 기여한 사람에게 부를 돌려준다는 '기여자 우선' 원칙이고 나쁘게 보면 '노동자 이기주의'로, 사유화의 원칙을 둘러싼 중요한 갈등을 읽을 수 있었다.

여유 시간이 생겨서 폴란드에서 가장 크다는 벼룩시장을 구경했다. 이 시장은 대형 경기장 전체가 벼룩시장인 초대형 시장으로, 양쪽에 늘어선 노점 사이를 걸어 다니기가 어려울 정도로 사람들로 북적거렸다. 이곳에는 한국 등 동아시아에서 건너온 각종 의류, 운동화 등 생활 잡화부터 소련 등에서 흘러 들어온 최첨단 야간 망원 렌즈 등 군수 물자까지 없는 것이 없는 만물 시장이었다. 소련 물건들은 1970년대 서울의 골동품상들이 시골을 다니며 헐값에 사와 팔았듯이 폴란드 상인들이 가까운 소련 땅을 다니며 헐값에 수집한 것들이었다.

역사성을 갖춘 유물을 찾아 둘러보다 보니 소련의 훈장들을 모아놓고 파는 좌판이 여러 개 보였다. 그중 중후한 느낌이 드는 것을 골라 자세히 훑어보니 은으로 만든 아주 '급'이 높은 1940년대의 은성 훈장이었다. 한 나라의 건설, 그것도 그 결과가 어찌됐든 어려운 여건 속에서 사회주의라는 새로운 사회 체제의 건설을 위해 한 영웅적 개인이 흘린 엄청난 피와 땀을 생각할 때, 이런 물건을 돈을 주고 사려 한다는 죄책감과 체제 경쟁에서 패배한 탓에 훈장까지 노점의 상품이 돼야 하는 냉엄한 현실을 보여주는 살아 있는 역사적 교훈 삼아 갖고 싶다는 욕심 사이에 갈등이 생겨났다.

그러나 결국 후자의 충동이 더 강해서 얼마냐고 물었다. 그러자 낯선 동양인에게 훈장까지 팔 수는 없다는 자존심 탓인지 파는 물건이 아니라고 딱 잡아뗐다. 섭섭하기도 하고, 한편으로는 최소한 이만큼의 자존심은 살아 있다는 사실을 확인한 듯해 그런대로 위안이 되기도 했다.

그래도 유혹은 계속 남아 몇 사람에게 더 물어봤지만 다 같은 반응이었다. 실망해서 다른 물건들을 보며 한 바퀴 돌다가 훈장 좌판을 펴놓고 있는 한 할아버지가 보여 똑같은 훈장을 골라 얼마냐고 물어보니 20달러에서 한 푼도 깎아줄 수 없다는 것이다. 기쁜 마음에 무조건 돈을 집어주고 돌아서서 오면서도, 이 훈장의 가치, 다시 말해 아마도 소련인 2000만 명의 목숨을 앗아긴 반나치 전쟁에서 이 훈장의 주인이 조국 방이를 위해 영웅적으로 싸우며 흘린 피의 값이 단돈 20달러인가 싶어 서글픔이 밀려왔다.

20달러에 훈장 사고 씁쓸한 마음

아우슈비츠를 다녀온 일행하고 합류해 다음날 아침, 1970년 발트 해 파업과 1980년 자유노조의 산실인 폴란드 민주화 투쟁의 본거지(일종의 '폴란드의 광주')라고 할 수 있는 발트 해의 항구 그단스크로 향하는 기차에 올랐다.

평야에는 말에 쟁기를 매여 밭을 가는 농부, 밀레의 〈만종〉처럼 머리에 두건을 쓰고 밭일을 하는 여인, 1950년대 시골 간이역을 연상하게 하는 기차역 벤치에 앉아 할 일 없이 지나가는 기차를 물끄러미 바라보는 할아버지 등 나른한 풍경이 지나갔다. 그런가 하면 별장 지대를 떠올리게 하는 호수 한가운데서 모터보트를 세워놓고 낚시 등 서구식 '풍요로운 레저'를 즐기는 모습도 눈에 띄었다.

1980년 자유노조운동 등 폴란드 민주화운동의 성지 구실을 해온 그단스크의 옛 레닌 조선소.
건물 외벽의 '그단스크 조선소'라는 글씨가 보여주듯 동유럽이 몰락한 뒤 레닌이라는 단어가 조선소 명칭에서 삭제됐다.

　자유노조의 발원지이자 바웬사의 활약 무대인 레닌 조선소가 자리한 그
단스크는 소포트 등하고 '세쌍둥이 도시'를 형성하고 있었다. 기차는 휴양
지로 유명한 소포트 역에 도착했다. 기차에서 내리고 보니 후지, 토요타, 지
엠, 코카콜라, 펩시 등의 간판이 바르샤바보다 훨씬 더 많이 눈에 띄어 마치
미국의 한 도시에 도착한 느낌이 들었다.

　어느 정도인가 하면, '어서 오십시오, 서울시입니다'처럼 시 경계를 알리는
대형 이정표 팻말들에는 위쪽 4분의 3을 차지하는 코카콜라 광고 아래에
작게 '비타, 그단스크'(환영, 그단스크)라고 적혀 있었다. 이미 이곳에 코카콜
라 현지 공장이 있고, 펩시도 시장 공략에 안간힘을 쓰고 있다는 것이다. 다
국적 기업의 무서운 침투력에 다시 한 번 놀라지 않을 수 없었다.

　소련의 군사적, 정치적 지배를 벗어난 폴란드 등 동유럽을 기다리고 있는
것은 소련의 지배보다 훨씬 세련되지만 그만큼 철저한 서구 자본의 지배라

는 현실을 확인할 수 있었다.

소포트의 호텔에 짐을 풀고 문제의 레닌 조선소로 향했다. 모두 59만 800 제곱미터에 이르는 이 조선소는 1980년 초만 해도 1만 6000명이 일하고 있었다. 이제는 1만 명가량만 남아 있는데, 많은 노동자들이 상당한 고급 기술을 지녀서 보수가 좀더 좋은 사기업으로 스카우트되는 추세라고 했다. 한때 미국에서 많은 돈을 번 폴란드계 미국인이 인수해 화제가 되다가 지금은 국가 소유 51퍼센트에 노동자 소유 30퍼센트이며, 노동자 소유를 포함해 민간 소유 49퍼센트를 구성할 대주주 19퍼센트를 누구로 할지는 민영화부(민영화를 주관하는 신설 부서)가 아직 결정하지 않았다고 했다.

바웬사가 자유노조 지휘한 방

또한 남아프리카공화국의 길이 200미터짜리 초대형 화물선, 프랑스의 특수 냉장선 등 신규 선박 수주가 끊이지 않아 경쟁력이 있다고 했다. 조선소 시찰 중 노동자들이 쓰는 라커에 엑스 표시가 여러 개 보여 무슨 뜻이냐고 물으니 스카우트돼 떠난 사람이 쓰던 라커라고 안내원은 설명했다. 한 조립실에는 '메이드 인 코리아'라고 쓴 박스가 쌓여 있었는데, 한국에서 수입해 부품으로 쓰고 있는 터빈이라고 했다. 이곳 노동자들의 생활상을 보면 1980년에 월급이 20달러 정도였지만 이제는 300달러 수준에 이르러 많이 개선됐고, 모두 만족해한다는 설명이었다.

그동안 모은 정보와 현지 관계자들을 만나 나눈 면담에 따르면 고물가와 각종 복지 혜택의 삭감 등으로 일반 노동자의 생활은 오히려 '자유화' 뒤에 후퇴했다는 주장이 정설이었는데, 이런 설명은 의외였다. 다만 조선소라는 독특한 특성에 관련해, 이곳 노동자들이 주로 기능직이기 때문에 일반 단순

노동자하고 다르게 자유화가 가져다준 경제적 덕을 보고 있는지도 모른다는 생각이 들었다.

공장 지대를 지나자 병원 등 부대시설을 갖춘 녹지대가 나타나고 '솔리다르노시치, 1980~1993'이라는, 자유노조 출범 13주년을 기념하는 대형 현수막이 눈에 들어왔다. 그 옆 건물이 솔리다르노시치의 산실인 조선소 자유노조 건물이었다. 건물로 들어가자 쇠로 만든 대형 닻과 1980년 때 찍은 사진들이 전시돼 있었다. 유리창으로 옆방을 들여다보니 대형 회의실에서 사람들이 열띤 토론을 벌이고 있었다. 이 방이 바웬사가 자유노조를 총지휘하고 정부 대표를 만나 협상안에 서명한 역사적 장소인데, 지금은 곧 다가올 총선 대책을 둘러싸고 조선소 자유노조 대의원들이 회의를 하는 중이라고 했다. 노조 상층부의 대표들은 두 차례 인터뷰를 갖기로 했지만 밑바닥의 현장 대의원들을 만날 기회는 없을 듯해 무조건 회의가 끝나기를 기다려보기로 했다.

얼마를 기다렸을까, 한참 만에 회의가 끝나고 대의원들이 우르르 몰려나왔다. 그중 허름한 차림의 평대의원을 한 명 붙잡고 몇 가지를 물어봤는데, 그 노동자는 자유노조 상층부 관계자들하고는 상당히 다른 이야기를 했다. 1980년 투쟁은 공산당의 독재에 맞선 투쟁이고 정치적으로 자유를 얻은 사실은 맞지만, 경제적으로는 오히려 과거보다 못하다는 말이었다. "자본주의라는 것이 그저 물건이 많고 서구식의 풍요한 소비를 뜻하는 줄만 알았는데, 물가고와 실업 등 전혀 생각하지 않은 많은 문제들이 일어나고 있어서 모든 것이 혼란스럽고 뭐가 뭔지 잘 모르겠다."

해가 지기 전에 기념물들을 답사해야 한다고 안내자가 재촉하는 바람에 조선소를 나와 조선소 앞 기념 공원으로 향했다. 1970년 투쟁의 희생자들을 기리는 작은 십자가를 노동자들이 세우면 정부가 철거하고 노동자들이 다시 세우는 숨바꼭질이 벌어진 그곳에는, 회색 도금을 한 초대형 특수 강

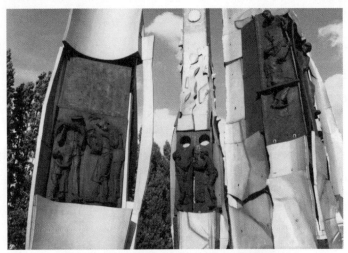

옛 레닌 조선소 앞에 세워져 있는 폴란드 민주항쟁 기념탑들.
세 개의 탑은 각각 1956년 포즈난 항쟁, 1970년 발트 항구 파업, 1980년의 자유연대노조 투쟁을 상징한다.

철 십자가 탑 세 개가 하늘 높이 솟아서 좀더 나은 사회를 위해 끊임없이 투쟁해온 이곳 노동자들을 지켜주는 장승처럼 조선소를 내려다보고 있었다.

노동자들이 직접 제작한 투쟁기념탑

1956, 1970, 1980년 투쟁을 각각 상징하는 이 세 개의 탑은 1980년 자유노조가 협상에서 승리해 합법성을 쟁취한 뒤 설치한 것으로, 조선소 노동자들이 자신들의 용접 기술 등을 동원해 직접 제작했다. 지하 깊이만도 17미터를 파 기초를 세운 이 탑들은 규모가 엄청나 1981년 계엄령 뒤에도 당국이 감히 철거할 수 없었다고 한다. 그 옆에는 철창 뒤에 갇혀 절규하는 사람들의 부조, 〈바다에서 (자유의) 바람이 불어오기 시작한다〉는 헌시 등 가지각색의 기념 현판과 조각물들이 꽃밭 뒤의 벽에 아름답게 설치돼 있었다.

호텔로 돌아오는 길에 안내자는 왼쪽 건물이 인체에서 기름을 빼내 비누를 만들고 가죽은 벗겨서 책 표지로 만든 나치의 생체의학연구소가 있던 곳인데, 특히 문신이 있는 가죽으로 만든 책 표지는 최고가품으로 취급받았다고 일러줬다. 최소한의 동물적 상식마저 망각한 인간의 잔혹성은 극한이 없는 것일까?

그 옆 건물이 공산당 그단스크 지부 건물이 있던 곳이라고 해서, 이 건물은 이제 무엇이 됐을까 궁금해 유심히 보니 '솔리다르노시치아노체이스 뱅크'라는 간판이 붙어 있었다. 이름이 희한하다고 물어보니 솔리다르노시치가 로열티를 받고서 체이스맨해튼 은행과 함께 세운 합작 은행이라는 설명이었다. 증권거래소가 된 바르샤바의 공산당사를 본 때보다 더 큰 충격을 받았다. 공산당이 권력을 잃은 결과 당사가 증권거래소가 된 일은 그렇다고 치더라도, 노동자의 자주관리와 진정한 노동 해방을 내걸고 탄생한 자유노조가 초국적 금융자본의 대명사인 록펠러의 체이스뱅크과 합작이라니? 모든 것이 정말 혼란스러웠다.

호텔에 도착해 로비로 들어가자 직원들하고 노닥거리던 두 명의 금발 미녀들이 묘한 눈길을 보내왔다. 안내원에게 물어보니 소련에서 원정 온 '인터걸'이라고 했다. 몇 년 전만 해도 일개 위성국에 불과하던 폴란드로 인터걸까지 수출해야 하는 소련의 현주소가 처량해 보였다.

다음 날 자유노조 그단스크 지부장 인터뷰에 앞서 2차 대전 발발 현장인 베스테르플라테Westerplatte로 향했다. 그단스크 외곽 해안에 자리한 이곳은 독일과 폴란드의 협상에 따라 국제연맹이 관리하는 국제 자유 도시가 된 그단스크를 경유해서 폴란드가 해외에서 무기를 구입해 국내로 운반할 수 있게 승인해준 군사 기지였다. 해군 사관생도의 순방선에 전투 병력을 은폐해서 해안에 접근한 독일이 212명이 주둔하던 이 기지에 집중 사격을 가하면서 비극의 2차 대전이 시작됐다.

역사의 현장으로 향하는 도중, 안내자가 왼쪽에 있는 아주 평범한 작은 집을 가리키며 저곳이 바웬사가 휴가 때면 와서 쉬는 사저라고 일러줬다. 원래 회사 소유지만 사유화 뒤 바웬사가 사들인 그 집은 한 나라의 대통령 집치고는 너무 초라해 바웬사가 무능하고 욕을 먹고 있기는 해도 최소한 많은 제3세계 지도자들처럼 부정부패에 찌들지는 않았다는 느낌을 줬다.

버스에서 내려 현장으로 걸어가는 동안 안내원에게 어떻게 영어를 그렇게 잘하느냐고 묻자 사실 자신은 경제학 박사로 그단스크 대학교에서 경제학을 가르치고 있는데, 부업으로 무역도 하고 통역도 하고 있다고 털어놓았다.

"예전부터 경제학을 가르쳤으면 마르크스주의 정치경제학을 가르쳤을 텐데, 지금은 직장을 잃지 않았나요?" 내가 묻자 안내원은 이렇게 귀띔했다. "예전에는 물론 마르크스주의 정치경제학을 가르쳤지만, 전공이 자본주의 경제와 사회주의 경제로 나뉘어 있었어요. 세상이 바뀌자 사회주의를 전공한 사람들은 쓸모가 없어져 일자리를 잃었지만, 나는 다행히 자본주의가 전공이라 살아남았죠. 옛날 것을 뒤집어서, 그러니까 비판을 칭찬으로 바꿔 가르칩니다."

전공도 잘 고르고 볼 일이다. 이곳 노동자들은 폴란드가 낳은 혁명가인 로자 룩셈부르크를 어떻게 생각하느냐고 묻자, 일반인들은 모르고 자기는 알지만 로자가 폴란드인인 사실을 부끄럽게 생각한다고 대답했다. 한 인간에 관한 평가도 이렇게 세태에 따라 달라지는 것인가?

로자가 부끄럽다는 경제학 박사 안내원

언덕을 오르니 반전을 상징하는 인상적인 대형 조각물들이 있었다. 칼이 땅에 꽂혀 지상에 손잡이 부분만 남은 모습을 형상화한 작품으로, 인류는 무기를 폐기해야 한다는 메시지를 담고 있었다. 2차 대전의 가공할 만한 피해와 반전을 향한 이런 굳은 각오에도 불구하고 아직도 전쟁이 끊이지 않는 현실은 과연 무엇 때문일까? 안타깝기만 했다.

자유노조 그단스크 지부장이자 전국 중앙위원회 위원인 야섹 리비츠키는 바웬사가 썼다는 전설적인 흔들의자에서 우리를 맞았다. 이미 만난 노동자 출신인 바르샤바 지부장하고 다르게 대학을 나와 자유노조운동에 뛰어든 리비츠키는 지식인답게 바르샤바 지부장에 견줘 좀더 일관성 있고 체계적으로 여러 문제들에 답했고, 노동자들의 권익 보호라는 노조의 위상에 훨씬 충실한 모습을 보여줬다. 그렇기는 해도 바르샤바 지부장처럼 노동자들을 향한 진정한 애정과 투철한 투쟁 의식, 즉 1980년 솔리다르노시치의 정신을 찾아보기는 힘들었다. 오히려 또 다른 권력의 기득권이 된 냄새를 강하게 풍기고 있었다.

"자유노조 내부의 분열은 큰 문제 아니다"

야섹 리비츠키 자유연대노조 그단스크 지부장

현재 폴란드의 문제는 무엇인가? 또한 1980년 정신에 비춰 자유연대노조가 해야 할 일은 무엇인가?

문제는 인플레와 실업, 경제적 양극화다. 현재 우리의 과제는 두 가지다. 낡은 공산 체제를 청산하는 과정을 마무리하는 것과 19세기형 자본주의의 도입을 막는 것이다. 이 두 과제는 궁극적으로 노동자들의 권리를 지키는 것이다. 정부가 강력한 노동자보호법을 제정하게 하는 한편, 고용자와 노동자 사이의 사회적 협약을 만들어내야 한다.

선진형 자본주의 지향과 노동자 권리 강화 등은 폴란드의 현실에 비춰 단순한 희망사항이 아닌가? 폴란드의 미래는 서구가 아니라 제3세계라는 느낌이 드는데.

우리도 제3세계화를 염려한다. 특히 독일 자본의 지배가 급속히 진행되고 있다. 따라서 민영화 과정을 엄격히 통제해야 한다.

자유연대노조의 분열은 어떻게 생각하는가?

자유연대노조 내부의 다양성은 처음부터 그래서 새삼스러운 일은 아니다. 차이란 자연스럽고 바람직하지 않나? 문제는 다양한 노조 지도자들이 대중에 영합해 선동주의적이고 포퓰리즘적으로 나아가는 것이다.

대기업의 민영화 방안에 관한 견해는?

구체적 방안은 다양할 수 있지만, 기본 원칙은 정직하고 질서 있게 계획적으로 진행돼야 한다는 것이다. 또한 노동자들이 최소한 3분의 1의 주식을 확보해서 노조가 경영에 참여할 수 있어야 한다.

주식 분배 당시는 그렇지만 노동자들이 다시 팔아버리면 어떻게 하는가?

일정 기간 판매를 금지하면 된다.

단순히 시간을 버는 방법일 뿐이다. 그때 가서 팔면 어떻게 할 것인가?

민주주의는 개인이 책임지는 것이 아닌가? 그것은 개인의 결정이다.

물론 그렇지만 그 반대급부로 당신이 구상하는 노동자의 주식 보유에 따른 자주관리 또는 발언권 확보는 이상일 뿐 깨어지고 말 게 아닌가?

…….

현재 민영화 진행 과정은?

아주 더디다. 은행들이 기업 매입에 까다로운 조건들을 내세우고 있기 때문이다. 사실 은행장들이 대부분 옛 공산당 간부들이다. 정치적으로는 패배했지만 아직도 강력한 경제적 힘을 갖고 있다.

폴란드를 떠나면서 인간 해방과 노동 해방을 내걸고 험난한 투쟁 끝에 집권하지만 그 뒤 해방의 정신을 잃고 하나의 기득권 세력이자 억압적 정치 세력으로 전락해버린 현존 사회주의의 공산당에 대항해 탄생한 솔리다르노시치 자체도 시간이 흐르면서 이제 처음의 정신을 잃어버리고 하나의 체제 내적 기득권 세력이 돼가고 있다는 느낌을 지울 수 없었다. 특히 상층부는 과거의 투쟁 경력을 팔아 입신양명하려는 일종의 '솔리다르노시치 귀족' 내지 '노동 귀족'이 돼가고 있었다. 결국 솔리다르노시치는 아무리 숭고한 민주화 운동도 부단한 자기 정정과 자기비판이 없이는 결국 변질될 수밖에 없다는 사실을 웅변적으로 보여주고 있었다.

(답사 뒤 실시된 총선에서 자유연대노조는 패배하고 옛 공산당 계열의 좌파가 승리해 연정 형식으로 재집권했다. 물론 이런 결과가 과거 같은 사회주의 체제로 되돌아가는 복귀를 의미하는 것은 결코 아니지만, 동유럽에서 유일하게 흑자 성장을 기록한 개혁의 성공 모델이라는 폴란드에서 옛 공산당 계열이 인플레, 실업, 복지의 후퇴 등 시장경제 이행에 따른 부작용 덕에 재집권에 성공한 사실은 동유럽에서 자본주의 이행이 결코 순조롭지 않으리라는 점을 예견하게 해줬다.)

《월간중앙》 1994년 5월호

절차적 민주화와 아직도 불안한 봄
태국 민주주의 기행

태국 국민들은 한 번도 외세에 식민시화되지 않은 사실을 자랑으로 여기고 있다. 그러나 형식적인 독립이 유지된 것에 상관없이 경제적 종속과 저개발 탓에 태국은 제3세계의 일원이라 할 수밖에 없으며, 전형적인 제3세계 국가 답게 현대사가 유혈의 쿠데타로 점철된 '쿠데타의 나라'다.

무려 18번 쿠데타 일어난 나라

태국은 1932년 절대 왕정에 저항하는 쿠데타가 일어나 입헌군주제가 채택된 이래 지금까지 무려 18번의 쿠데타가 일어난, 아시아 지역에서는 단연 '쿠데타의 챔피언 나라'다. 절대 왕정을 타도하는 데 성공한 군부는 지금까지 최고의 권력 기관으로서 국민 위에 군림하고 있다. 이런 군부 통치에 맞선 최초의 체계적인 저항은 1973년 '10월 학생혁명'이었다.

1973년 10월, 10만여 명의 대학생과 고등학생들은 1971년 쿠데타로 집권한 타놈 체제에 저항해 거리로 뛰쳐나왔다. 진압 과정에서 여학생 3명이 사망하는 사태가 발생했다. 분노한 학생들은 방화 등으로 맞섰고, 군은 탐마삿 대학교 축구장에서 100여 명을 학살하는 '피의 일요일'이라는 만행을 저질렀다. 이런 학살도 민주화 투쟁의 열기를 꺼뜨리지는 못했다. 타놈은 해외 망명의 길을 떠났고 태국에는 민주주의가 찾아왔다. 그러나 짧은 민주화의 실험은 1976년의 군부 쿠데타로 좌절됐고 다시 '피의 수요일'의 학살이 자행됐다. 결국 많은 학생들은 최후의 저항 수단인 무장 항쟁을 택할 수밖에 없었고, 밀림으로 들어가 태국 공산당에 합류해 게릴라전을 벌였다.

이런 태국 현대사에서 가장 최근의 비극은 아직도 우리에게 생생한 1992년 5·18항쟁이다. 날짜까지도 비극적인 우리의 5·18하고 똑같은 5·18 항쟁은 1991년 쿠데타를 통해 집권한 수찐다가 6개월 안에 신헌법을 제정한 뒤 민간 정부에 정권을 이양하겠다는 약속을 어기고, 1992년 4월에 스스로 군복을 벗고 총리에 취임하면서 촉발됐다.

야당 지도자 참롱은 수찐다에게 사임을 요구했지만 묵살되자 거리로 나섰다. 수십만 명의 방콕 시민들이 거리로 쏟아져 나오고 군은 계엄령을 선포했다. 그러나 시민들은 물러서지 않았고, 5월 18일에 군이 총을 쏘기 시작했다. 100여 명이 죽고 다치면서도 저항은 계속됐고, 결국 국왕이 수찐다와 참롱을 부르는 등 사태에 개입했다. 마침내 수찐다는 사임했고, 군은 병영으로 돌아갔다. 얼마나 지속될지 모르지만 '태국의 봄'이 다시 시작됐다.

안이 훤히 보이는 육군본부

방콕에 내리자 숨이 막혔다. 물론 무더운 날씨 탓이었다. 그러나 더욱 숨을 막히게 하는 것은 세계 최악으로 일컬어지는 방콕의 교통지옥이었다. 차라리 주차장이라고 해야 좋을 도로에서 굼벵이 걸음을 하고 있노라면 몇 번이고 차에서 뛰어내리고 싶은 충동을 참아내야 했다. 그나마 1992년 5월 항쟁

태국 현대사를 지배해온 최고 권력의 중심인 태국 육군본부.
악명에 대조적으로 대로에서도 철조망 너머로 내부를 들여다볼 수 있을 정도로 개방적인 것이 특이하다.

덕으로 '정치의 숨통'이라도 조금 트였으니 망정이지, 그렇지 않았더라면 방
콕은 정말 질식사할 만한 도시였다.

공항에서 호텔로 향하는 도중 오른쪽으로 넓은 녹지대에 겉으로 보기에
는 허름한 건물들이 태국 국기 아래 서 있는 모습이 눈에 띄었다. 안내자가
육군본부라고 귀띔했다. 높은 담 등으로 격리된 한국의 육군본부하고 다르
게 대충 철조망만 설치돼 있어 안이 훤히 들여다보였다. 이런 시설이 반세기
가 넘도록 태국의 정치를 지배하고 국민들의 원성의 대상이었던 태국군의
심장부라니 실감이 나지 않았다. 그러나 저 안에서 지금 이 순간에도 또 다
른 역모가 진행되고 있는지 누가 알겠는가?

길 건너편 왼쪽으로는 한국의 판자촌을 차라리 '호화 주택'으로 보이게
할 만큼 허름한 판잣집들이 시커멓다는 말이 사치스러울 정도로 더러운 개

천을 끼고 다닥다닥 늘어서 있어 도약하는 신흥공업국 제1의 후보라는 말을 무색하게 했다. 저 더러운 물을 마시고 위생 시설이 엉망인데도 특수한 날씨 탓에 음식이 잘 상하지 않고 전염병도 거의 없다니, 이게 다 사람이 어디서든 잘살 수 있도록 배려한 자연의 섭리인가? 몇 해 전 민중 연대 차원에서 한국을 방문한 동남아 민중운동 단체 관계자들이 서울의 달동네를 가보고 싶다고 해 구경시켜주자 이 정도면 판자촌이 아니라 호화 주택이라고 말했다는 기사가 생각났다. 방콕의 판자촌들을 직접 본 뒤 그 사람들이 한국 판자촌을 놓고 '호화 주택' 운운한 이유가 실감났다.

인내가 극에 다다라 폭발할 만할 때 다행히 호텔에 도착했다. 우선 방으로 달려가 샤워로 땀을 씻어내고 5·18 항쟁 유가족 대표를 만나기 위해 로비로 향했다. 5월 항쟁에서 아들을 잃은 40대 후반의 인상 좋고 몸집 큰 '5월 유족회' 회장 프런비 이트쿨은 채 2년도 지나지 않은 그날의 비극을 회상하면서 몇 번씩 울음을 터뜨리는가 하면 몇 번이나 격한 감정을 억누르지 못해 인터뷰를 중단해야 했다.

유가족의 감정을 건드리지 않으려고 조심스럽게 진행되던 인터뷰는 통역 과정에서 '배상'을 '보상'으로 잘못 전달하는 의사소통에 문제가 생겨 본의 아니게 감정을 건드리는 바람에 인터뷰가 중단되는 예기치 못한 사태가 벌어졌다. 결국 해명과 사과 뒤에야 인터뷰를 재개할 수 있었다.

군은 병영으로 돌아갔지만 진상 규명도 책임자 처벌도 되지 않았을 뿐 아니라 기념탑 하나 세우지 못한 채 희생자 일인당 20만 바트(약 800만 원)의 배상금만 달랑 던져준 정부를 향한 분노를 자극한 탓이리라.

한국 경찰에 폭동 진압 교육 받을 예정

유가족하고 동행한 인권 변호사 프라툼라는 5월 항쟁 뒤 태국에는 '5월 유족회' 말고도 '92년 5월 태국민주혁명위원회'와 '5월 혁명 영웅재단'이 만들어져 미약하나마 민간 차원에서 진상 규명, 기념사업, 정신 계승 사업을 벌이고 있다고 전했다. 특히 계속된 군부 쿠데타 때문에 제대로 된 민주화운동 기념 시설 하나 없다면서 '5월혁명 영웅기념탑'을 세우기 위해 기념탑 모형을 그린 스티커를 만들어 나눠주는 등 민간 차원의 모금 활동을 벌이고 있다는 것이다.

프라툼라는 또한 1980년 5월 광주에 동병상련의 연대 의식을 전하면서도 곧 태국 경찰 관계자들이 폭동 진압 훈련을 위해 한국 경찰의 초청을 받아 한국을 방문할 것이라면서, 한국 정부에 적대 의식을 드러냈다. 한국의 정보 관계자들이 미 중앙정보부와 정보기관에서 이런 훈련을 받아온 사실은 잘 알려져 있는데, 이제 한국이 다른 제3세계 공안 관계자들의 초청 훈련을 실시하다니?

'폭동 진압 기술 수입국'에서 '폭동 진압 기술 수출국'으로 바뀐 이런 지위 상승(?)을 단순히 그만큼 국력이 커졌다며 기뻐하고 넘어갈 일은 결코 아니라는 느낌이 들었다. 진정한 민주주의를 사랑하는 세계인들의 민중 연대란 바로 이런 정보 교환을 통해 폭력의 확산을 저지하는 것이기 때문이다.

유족회 관계자 인터뷰를 마친 뒤 곧바로 5월 항쟁에도 관계한 학생운동 지도자들을 만났다. 태국학생연맹SFT 부의장을 지낸 카루나 부아쿰스리 양과 학생운동을 하다가 지금은 '민중민주주의를 위한 캠페인'에서 활동 중이라는 프린야 타와나루미훌 군은 1993년에 대학을 졸업한, 아직 앳된 젊은 이들이었다.

태국에는 약 25개의 국립대와 30개의 사립대가 있는데, 학생연맹은 18개 국립대의 학생회가 참여한 대표적인 학생 조직으로 5월 항쟁 때는 1000여 명의 핵심 회원이 참여했다. 그러나 이제 실질적인 활동가는 100명 정도가 남았는데, 그중 절반가량은 정치 개혁을 위해 활동하고 나머지 절반은 빈민, 노동, 농민운동 등 사회 개혁을 위해 일하고 있다고 했다.

태국 학생운동의 장래를 묻자 5월 항쟁 이후 학생들의 개인주의화가 빨라져 요즘은 디스코텍과 취업에만 관심이 있다고 했다. 사실 태국은 한국하고 달라서 농촌이나 노동자 계급 출신 대학생은 찾아볼 수 없고 거의 대부분 방콕의 중산층과 공무원 자녀들이라니 더욱 그럴 것 같았다.

학생운동의 이론적 경향을 보면 1970년대 무장 투쟁 등 극좌적 경향이 소멸한 뒤 사회민주주의나 사회주의자들이 소수지만 남아 있었는데 톈안먼 사태 뒤에는 이런 경향마저 사라졌고, 다수 학생은 현재의 민주화에 만족하고 있지만 학생운동에 관심 있는 활동가들은 현재의 엘리트 민주주의에 반대하는 참여민주주의를 기본 목표로 하고 있다고 전했다. 또한 태국 민주화의 최대 과제는 방콕에 집중된 모든 권력을 분산시키고 농촌 사람들도 민주주의에 참여할 수 있게 하는 한편, 도시와 농촌 사이의 격차를 줄이는 것이라고 밝혔다.

현재 민주화의 구체적인 수준을 묻자 언론, 집회의 자유 등은 있지만 상원의원을 정부가 임명하고 그중 군부가 40퍼센트 정도를 차지하는 제도, 총리를 자신들이 멋대로 지명하는 제도는 아직도 그대로 남아 있고, 태국 정치를 좌우하는 군, 관료, 소수 기업의 유착 구조와 영향력은 그대로 유지돼 '얼굴'만 바뀌었다며 무척 비판적으로 평가했다.

다음날 독특한 양식의 태국 왕궁을 관람하고 점심을 먹은 뒤 1973년 10월 학생 혁명과 1976년 학살의 현장인 탐마삿 대학교로 향했다. 탐마삿 대학교는 쭐랄롱꼰 대학교와 함께 태국을 대표하는 최고 명문 대학이다.

극좌 학생운동은 소멸

탐마삿 대학교로 가는 길은 여전히 막힌 채 제자리걸음이었다. 얼마가 흘렀

1970년대 태국 민주화운동 때 '피의 학살'이 벌어진 현장인 탐마삿 대학교 축구장.
학생들이 그런 역사적 사실을 기억하는지 못하는지 모르지만 한가롭게 축구를 즐기고 있다.

을까, 간신히 목적지에 도착했다. 교문 앞에는 길을 따라 양옆으로 갖가지 잡동사니를 바닥에 놓고 웅크리고 앉은 노점상들로 발 디딜 틈이 없었다. 바삐 오가는 학생들의 얼굴에서는 오랜 군부 통치에 찌든 흔적도 1년 반 전에 벌어진 유혈 사태의 기억도 읽을 수 없었고, 그저 어디에서나 볼 수 있는 평범한 학생들의 표정만 눈에 띄었다.

캠퍼스에 들어서자 시도 때도 없이 내리다가 그친다는 소나기가 쏟아지기 시작했다. 약속 시간에 맞추려고 내리는 비를 맞으며 걸어 올라가자니 왼쪽에 조그마한 축구장이 자리잡고 있었다. 1973년과 1976년에 '피의 학살'이 벌어진 현장이었다.

축구장과 인권. 이 둘 사이에 특별한 연관이 있다고 생각하는 사람은 아무도 없을 것이다. 그러나 제3세계에 오면 이 둘은 밀접한 관계를 갖게 된다. 축구장은 저항의 중심지인 대학 캠퍼스 안에서 많은 사람을 모아놓은 채 심사하고 처형하기가 쉬운 장소라는 점에서 아시아든 라틴아메리카든 제3세계에서는 학살 장소로 군부에 '애용'(?)되는 특이한 역사가 있기 때문이다.

그리스가 낳은 세계적인 영화감독 코스타 가브라스가 칠레의 1973년 쿠데타를 둘러싼 실화를 소재로 해 화제가 된 영화 〈실종Missing〉에서도 묘사됐듯이, 살바도르 아옌데 정권을 무너뜨린 칠레 군부는 수천 명의 민주 인사와 학생들을 축구장에 모아놓은 뒤 심사하고 처형했다. 칠레가 자랑하는 민중 가수 빅토르 히리는 자기도 잡혀온 상황에서 다른 이들에게 용기를 주기 위해 기타를 들어 노래를 부르기 시작했다. 군인들이 달려들어 손을 으스러뜨리자 다른 손으로 다시 기타를 치던 하라는 그대로 끌려 나가 즉결 처형을 당하는 영웅적 죽음을 택했다.

면담 약속을 한 정치학과 섹산 프래세트쿨 교수를 찾아갔다. 프래세트쿨 교수는 1973년 10월 혁명의 주모자로, 태국 특파원을 지낸 한 언론계 선배가 정글에서 게릴라 투쟁을 하는 등 특이한 경력을 지닌 학자라고 소개해 특히 호기심이 동했다.

웅장한 '쿠데타 기념탑'

프래세트쿨 교수는 1970년대 태국 민주화운동의 산증인으로, 자신의 삶부터 태국 민주화 운동의 역사, 현재 태국 정치의 문제점, 태국을 제2세대 신흥공업국으로 부각시키고 있는 일반적인 평가의 허구성까지 다양한 주제에 걸쳐 폭넓게 답해줬다.

전날 학생운동 지도자들을 만났다고 하자 대중적 기반이 취약하고 정치적으로 연약하다며 비판적 견해를 보였다. 역시 학생운동의 세대 차가 심각하다는 느낌이 들었다. 1973년 세대는 비공식 모임을 유지하는데, 참여자 수는 훨씬 줄었지만 10명이 국회의원인데다가 과거에 견줘 자신들의 목표를 달성하는 데 유리한 수단들을 갖추고 있다고 자평했다.

프래세트쿨 교수는 민주화 기념물로서 민주기념탑을 방문할 계획이라는 이야기를 듣자, 그 탑은 민주화운동과 무관하고 1932년에 왕정을 쿠데타로 무너뜨린 군부가 자신들의 업적을 기념하기 위해 세운 '쿠데타 기념탑'이라고 설명했다. 그런 설명을 듣지 않았으면 이름만 보고서 엉뚱하게 진짜 민주기념탑으로 안 채 쿠데타 기념탑에 갈 뻔했다.

민주는 물론 정의하고도 거리가 먼 전두환 정권이 '민주정의당'을 세우고 '정의사회 구현'을 외쳤듯이 독재 정권이 저지른 '언어의 폭력'은 여기에서도 마찬가지였다. 그러나 민주라는 단어가 갖는 상징성 때문에 민주화 시위 장소로 이 탑이 자주 애용되는 것은 사실이고, 1992년에도 첫 희생자의 시체를 그 꼭대기에 올려 시위대 집결지로 활용했다니 그런대로 찾아가 볼 의미는 있는 것 같았다.

태국을 통틀어 민주화운동 기념물이라고는 고작 1973년 혁명 20주년을 맞아 대학 캠퍼스 안에서 시위대가 행진한 길을 '10월로'로 명명하기로 대학 당국이 결정한 것이 전부지만, 그것도 아직 팻말조차 설치하지 않았다니 태국 민주화의 현 수준이 어느 정도인지 짐작이 갔다.

인터뷰를 마치고 나오는 길에 현장의 체취라도 맛보려고 프래세트쿨 교수의 설명을 따라 '10월로'를 찾아 나섰다. 법대 앞을 지나는 평범한 캠퍼스 도로였다. 그 길에 담긴 역사적 의미를 아는지 모르는지 학생들만 바삐 오가고 있었다.

돌아오는 길에 '방콕 민주기념탑'에 들렀다. 중심가에 위치한 이 탑은 쿠데타에 승리한 군부가 자신들의 업적을 기념하기 위해 세운 기념물답게 웅장한 규모에 금빛 도금이 칠해진 화려한 탑이었다. '쿠데타 기념탑'이라는 선입견 때문인지 뭔가 경건함을 자아내고 역사적 의미를 느끼게 하기보다는 벼락부자가 돈을 처바른 유치한 '돈 자랑 저택'을 보는 느낌이 들었다.

도농 격차 해소 시급하다

그러나 한국을 비롯해 제3계 독재자들이 반공 독재 체제를 정당화하기 위해 아선인수 격으로 자신들의 체제를 자유민주주의로 강변해온 관행이 오히려 국민들의 민주 의식을 불러일으켜 반독재 투쟁에 나서게 하는 효과를 가져왔듯이, 쿠데타를 정당화할 속셈에 '민주기념탑'으로 명명한 일이 그곳을 반군부 민주화운동 장소로 만드는 결과를 초래한 점은 역사에서 의도와 결과가 일치하지 않는다는 사실을 보여주는 셈이다.

이 탑에서 그리 멀지 않은 곳에 흉하게 불탄 자국이 그대로 남은, 못 쓰게된 3층 건물이 있어서 물어보니 5·18 항쟁 때 불이 난 건물이었다. 태국의 현 상황을 들어보면 프랑스식으로 '잊지 말자'는 생각에 역사의 교훈 삼아 그대로 남겨놓았을 리는 분명히 없고, 그저 신경 쓰지 않은 채 방치한 것이리라. 한국 같으면 국민들이 학살의 기억을 잊게 하기 위해서라도 재빨리 원상복구하거나 헐어버렸을 현장을 그대로 놔둔 모습은 남방 민족 특유의 낙천성 덕이기도 하겠지만, 책임자 처벌 등 더 진전된 민주화 요구가 없으리라는 정부의 자신감과 군부의 배짱을 간접적으로 읽을 수 있었다.

호텔로 돌아와 생각을 정리해봤다. 민주화가 거스를 수 없는 세계적 추세이고, 특히 태국이 수출 주도형 산업화에 따라 세계 경제에 깊숙이 편입되면서 과거 같은 정변이 경제 논리 때문에 어려워지고 있다고는 하지만, 아직 변

방콕에 자리한 유일한 정치적 기념물이라 할 수 있는 민주기념탑.
실제로는 1932년 군부 쿠데타를 기념해 군부가 세운 기념탑인데, 이름 때문에 시위 장소로 애용되고 있다.

변한 민주화운동 기념물도 마련하지 못한 채 군이 성역으로 버티고 있는 모습을 보면 태국 민주주의의 미래는 요원하기만 하다는 느낌이 들었다.

또한 특이하게도 민주화운동 관계자들이 입을 모아 지방분권화와 도시와 농촌의 격차 해소를 역설하고 있는 모습을 보면 중앙집권화와 도농 격차가 태국의 경우 어느 나라에서나 볼 수 있는 일반적 현상 이상으로 심각한 수준에 이른 듯하다는 추측이 들었다. 바쁜 일정 탓에 농촌 지역을 답사할 수 없는 점이 안타까울 따름이었다.

이 밖에 태국이 '차세대 신흥공업국'이라는 전 세계의 일반적 평가가 태국의 현실을 모르는 오판에 불과하다는 현지 지식인들의 반박이 (한때 한국 지식인들 사이에 유행한 '외채망국론'처럼) 태국의 실제 현실인지 아니면 자본주의의 역동성을 무시한 지식인 특유의 비판적 비관론의 산물인지를 좀 더 체계적으로 판단할 기회를 갖지 못해 아쉬웠다.

"부의 분배에서 농촌은 제외돼 있다"

섹산 프래세트쿨 교수

<u>특이한 경력의 소유자로 알려져 있는데 자기소개를 해달라.</u>

1968년 탐마삿 대학교에 입학한 뒤 학생운동을 조직하려 했는데 실패했다. 대학에 환멸을 느껴 휴학하고 프리랜서로 일하면서 가톨릭 계통에서 빈민운동을 했다. 1973년에 복학하니 가장 선배여서 자연스럽게 1973년 10월 혁명의 지도자 구실을 했다. 그 뒤 민주화가 됐다고 하지만 여러 학생 지도자들이 군에 암살당했다. 나도 암살 대상이 돼 1975년 파리와 라오스를 거쳐 태국 정글로 돌아와 태국 공산당의 무장 투쟁에 가담했다. 우리에게 다른 선택은 없었다. 그 바람에 1976년 학살을 피할 수 있었다. 정글에서는 직접 전투에는 참가하지 않고 정치위원으로서 주민 교육 등을 주로 담당했는데, 태국 공산당은 마오쩌둥의 식민지반봉건론과 게릴라 전술을 기계적으로 도입해 태국의 특수성을 이해하는 데 실패했고, 밑로는 민주주의를 이야기하면서도 비판적 사고를 금지시켜 환멸을 느꼈다. 그러던 중 1980년 정부의 사면 조치에 따라 정글에서 나왔지만 계속 보안 보고를 해야 했다. 나 자신과 조국에 환멸을 느껴 좌절에 빠져 있는데, 은사 한 분이 주선해줘서 코넬 대학교에 유학을 갈 수 있었다. 1987년 박사 학위를 취득해 귀국했고, 1989년부터 이곳 교수로 일하고 있다.

<u>1973년 10월 혁명과 1992년 5월 항쟁을 비교해달라.</u>

1973년 운동은 과거의 민주화운동이 축적된, 기본적으로 도시 중산층 출신들의 학생운동이었다. 그러나 군에 떠밀려 도시를 떠나 농촌 정글로 들어가도록 강제되면서 그 운동은 대중적 기반에서 단절돼 실패할 수밖에 없었다. 1992년 항쟁은 태국의 경제발전에 따른 좀더 풍요롭고 개인주의화된 새로운 세대의 주도 아래 과거하고는 연속성이 거의 없이 발생한, 예상 밖의 사건이었다.

<u>현재 태국의 정치 상황은?</u>

정치적 측면에서 어느 정도 민주주의는 달성됐다. 문제는 어떤 민주주의냐인데, 지방정부의 자율권은 전혀 없는 중앙집권적 민주주의다. 물론 도시 중산층의 처지에서는 태국이 이제는 민주주의를 한다고 말할 것이다. 왜냐하면 그 사람들에게 민주주의의 기준은 단순히 선거 여부이기 때문이다. 사실 태국의 민주주의는 농촌의 희생과 착취 위에 기초한, 중산층과 도시 중심의 민주주의일 뿐이고, 농촌은 정치과정과 부의 분배에서 완전히 배제돼 있다. 농촌은 아직도 지방 유지들의 개인적 영향력을 벗어나지 못하고 있다.

<u>태국은 후발 신흥공업국으로 서구 학자들의 각광을 받고 있는데……</u>

신흥공업국은 환상에 불과하다. 신흥공업국이 되려면 국민들을 교육하고 훈련해야 하는데, 저임금으로 착취하다가 신기술이 도입되면 그나마 해고하는 나라가 무슨 신흥

공업국인가? 자본가들은 서구 자본가들하고 달라서 정치권에 유착하고 특혜에 기반해 이윤을 얻는 관료자본주의의 성격을 벗어나지 못하고 있다. 특히 방콕을 떠나 낙후된 농촌에 눈을 돌려보면 신흥공업국이라는 허상이 쉽게 깨질 것이다. 중국이나 필리핀식 지주-소작 관계는 아니지만 부동산 투기 자본이 농촌을 잠식하는 바람에 100만 명 이상이 숲에 들어가 화전민이 됐다. 수출 주도형 산업화 자체가 다수 민중에게 도움이 되지 않는다. 정부의 수출 주도형 산업화에 대항해 200여 민주화 단체들이 연대 투쟁을 하고 있다. 게다가 우루과이 라운드 때문에 핵심 산업의 하나인 쌀농사가 심각한 타격을 받을까 염려된다.

대안은?

정치적 분권화와 지방 공동체에 자원 통제권을 부여하는 것이다. 이를테면 농촌 지역에 농민들의 의사에 상관없이 대규모 댐이 건설되고 있는데, 농민이 아니라 대도시의 쇼핑센터를 위한 것이다. 공동체가 자원 통제권을 가질 때 빈부 격차, 특히 도농 격차가 줄어든다. 그리고 정치적 분권화는 경제적 분권화의 전제 조건이다.

태국 경제는 '일본의 식민지'에 다름없는데, 어떻게 생각하는가?

개인적 수준에서는 염려하는 지식인들이 많지만, 아직 이 문제를 조직적 차원에서 문제삼지는 못하고 있는 것이 우리의 현실이다.

태국 민주주의의 장래는?

과거에는 군이 이제는 못 나올 것이라는 자신이 있었지만, 1991년 쿠데타가 일어난 뒤에는 솔직히 자신이 없어졌다. 완전한 승리도, 그렇다고 패배도 아닌 지금 같은 '반쪽 승리'가 가장 어렵다. 적과 한방을 쓰고 있는 상황이다.

《월간중앙》 1994년 6월호

후기

그 뒤 태국 군부는 2006년 탁신 정부에 저항해 쿠데타를 일으켰다. 그러나 탁신의 여동생을 내세운 탁신파는 다시 선거에서 승리해 집권했고, 2014년 군부는 다시 쿠데타를 일으켜 현재까지 군정을 실시하고 있다.

아키노는 편히 잠들지 못한다
필리핀 민주주의 기행

베니그노 아키노 국제공항.

필리핀에 첫발을 내디딘 공항의 이름부터 필리핀의 현대사를 이야기하고 있다. '존에프케네디 국제공항', '라가르디아 공항' 등 인명을 따 공항 이름을 붙이기를 좋아하는 서구, 특히 미국의 관행을 따라 베니그노 아키노^{Benigno} Aquino의 이름을 따 공항 이름을 정한 모습은 오랜 미국 식민지로 미국의 영향을 강하게 받아온 필리핀의 역사를 이야기해주는 듯하다. 또한 1983년에 민주화 투쟁을 위해 망명 생활을 청산하고 조국으로 돌아와 트랩을 내려오다가 암살범에 저격돼 숨을 거둔 현장에 아키노의 이름을 딴 공항이 들어선 현실은 페르디난드 마르코스의 독재 체제와 아키노의 저격으로 사실상 시작된 1986년의 '2월 민중혁명'을 생생히 증언해주는 셈이다.

1986년, 탱크 무력화시킨 민중의 힘

스페인과 미국의 오랜 식민지인 필리핀은 2차 대전 뒤 독립한 이래 봉건적 토지 지배와 지주 과두제에도 불구하고 정치적 외양은 의회민주주의의 틀을 가진 엘리트 민주주의의 모양을 유지했다. 그러나 1972년 마르코스 정권이 내린 계엄령은 필리핀을 공공연한 독재 체제로 변모시켰고, 1960년대 말부터 시작된 심각한 토지 모순은 경제적 양극화를 가져왔다. 서서히 영향력을 키우던 필리핀 공산당과 신인민군은 급속히 성장했고, 필리핀은 정치적으로 양극화됐다.

특히 마르코스가 의욕 있게 추진한 수출 주도형 산업화가 실패해 외채 위기가 누적되면서 미국과 세계 금융자본도 마르코스를 더는 고운 눈으로 보지 않았다. 게다가 망명 생활을 청산하고 귀국하던 아키노가 암살되고 암살 사건을 은폐하고 조작한 사실이 밝혀지면서 코라손 아키노를 구심점으로 하는 반마르코스 전선이 결집했다.

사태를 반전하려는 마르코스는 조기 선거라는 승부수를 던졌다. 그러자 민주 진영은 베니그노 아키노의 부인인 코라손 아키노를 대통령 후보로 내세워 '아키노 열풍'을 불러일으켰고, 정부는 갖가지 부정 선거와 부정 개표를 통해 1986년 2월 15일에 마르코스의 승리를 선포했다. 분노한 민중은 거리로 뛰쳐나왔다. 이제는 하나의 신화가 된 1980년대 제3세계 민주화 사례 중 가장 극적인 2월 무혈 민중혁명이 시작된 것이다.

2월 16일에 에드사 거리에서 열린 '민중 승리 집회'에는 150만 명의 시민이 모여 전면적인 비폭력 불복종 저항 운동을 결의했다(그래서 필리핀에서는 2월 혁명을 '에드사 혁명'이라고 부른다). 급기야 군부 개혁 세력(RAM)이 아키노 지지를 선언하고 미국도 마르코스 지지 철회를 선언했다. 2월 23일에 마르코스는 군부의 지지 세력을 동원해 RAM의 본거지인 아기날도 병영으로 진격하라고 명령했지만 거리를 가득 메운 시민 30만 명이 만든 '인간 사슬'은 탱크를 무력하게 했다. 마르코스는 헬기를 타고 망명했고, 민중의 힘은 승리했다.

그러나 승리의 환희도 잠깐, 아키노 정권은 집권 뒤에도 6차례의 반란 사태를 겪는 등 군부와 기득권 세력의 저항은 그치지 않고 야심적인 농지 개혁도 흐지부지됐다. 베니그노 아키노 암살 사건의 진실도 인권 침해의 진상도 규명되지 못하고 개혁 프로그램은 하나둘씩 자취를 감춰갔다. 결국 계엄령 이전의 과두제와 엘리트 민주주의로 돌아가버렸을 뿐 아니라 지방 대지주들의 극우 사병 조직과 테러가 독버섯처럼 퍼져갔다.

하나둘씩 자취 감추는 개혁 프로그램

귀국한 마르코스의 아내 이멜다 마르코스를 중심으로 마르코스주의자들이 속속 결집해 마르코스의 명예 회복을 공공연히 주장했다. 그 뒤 실시된 대통령 선거에서는 마르코스 때 계엄령 사령관이었지만 2월 혁명에서 '변절'(?)해 RAM의 편에 선 라모스가 대통령에 당선해 그동안 불법화된 상태이던 공산당을 합법화시키는 등 유화책을 쓰면서 필리핀을 이끌고 있다.

숙소를 향하는 길에는 미군이 버리고 간 지프를 두들겨 변형시켜 만든 것이 기원이라는 화려한 지프니(지프를 긴 밴 모양으로 만든 차량)라는 필리핀 특유의 대중교통 수단 사이로 '중형 택시'라는 한글이 그대로 써 있는 스텔라가 심심치 않게 눈에 띄었다. 반가운 느낌이 들어 물어보니 한국에서 폐차 처리한 택시들을 20만 원에 사서 80만 원 정도 들여 수리한 뒤 일반 택시로 도입한다고 했다. 아시아개발은행^{ADB}을 유치하는 등 한때 아시아 금융권의 중심지로 불리며 그런대로 잘나가던 필리핀 경제의 현주소를 보여주는 산증인이었다.

도로변에 '산 미구엘 맥주'라는 대형 광고판이 눈에 띄었다. 필리핀 최대의 맥주 기업인 이 회사의 소유주는 아키노의 사촌으로, 마르코스에 붙어 막대한 돈을 번 뒤 이번 선거에는 대통령 후보로 출마해 3등을 했다. 사실

아키노 가문은 아직도 필리핀에서 몇 손가락 안에 꼽히는 대지주 집안으로, 아키노 대통령 때 농지 개혁이 제대로 진행되지 못한 것은 당연하다고 볼 수 있다.

숙소는 필리핀 독립운동의 국민적 영웅 호세 리살을 기념하는 호세 리살 공원 옆에 있었다. 일본군에 쫓겨 패배하면서 "나는 돌아올 것"이라고 장담한 맥아더가 돌아와 묵었다는 이 유서 깊은 호텔은 새로 내부 수리를 한 덕에 외관의 고색창연함에 견줘 내부는 최신식 호텔이었다. 배정된 방 창문으로 내려다보니 호세 리살의 동상과 공원이 한눈에 들어왔다. 리살이 꿈꾼 필리핀의 독립은 진정으로 이룩된 것인지 자문해봤다.

2월 혁명의 가톨릭화와 탈민중화

다음날 2월 혁명의 현장인 에드사 거리로 향했다. 마닐라는 인구 1000만 명인 대도시지만 기간 시설이 낙후돼 있어 도심의 교통 체증이 심각했다. 또한 도로 옆에는 과거 군사 정권 시절 한국에서 외국 손님들에게 보이기 창피하다며 판자촌에 인공 벽을 쌓은 것처럼 마르코스 시절 지어놓은 듯한 긴 인공 벽 뒤로 끔찍한 판잣집들의 행렬이 간간이 눈에 띄었다. 그리고 우리가 방문한 때가 마침 베니그노 아키노 사망 10주기인 관계로 '베니그노'라고 쓴 대형 플래카드들이 곳곳에 걸려 있었다.

에드사 거리에 못 미쳐 아담한 모습의 그런대로 '고급' 아파트 단지가 보였다. 이 아파트 단지는 마르코스 시절 이멜다가 빈민들에게 인기를 끌려고 짓던 빈민용 아파트인데, 마르코스 체제가 무너지자 공사가 중단된 채 방치돼 있었다. 아르헨티나의 전설적인 퍼스트레이디 에바 페론의 포퓰리즘적 수법을 연상시키는 대목이었다. 이런 이유로 이멜다가 빈민들에게 아직도

1986년 2월 '인간 사슬'의 현장인 에드사 거리에 세워진 2월 혁명 기념 동상과 기념 성당.
기념 동상이 성모 마리아상인 것을 두고 2월 혁명을 지나치게 종교적으로 해석했다는 비판이 일고 있다.

인기가 높고, 그 덕에 지난 선거에 대통령 후보로 출마해 150만 표를 얻을 수 있었다.

아침 비가 내리는 에드사 거리는 비 탓인지 행인도 그리 많지 않아 1986년 2월의 뜨거운 열기는 찾아볼 수 없었다. 대신 역사의 현장에는 언덕을 깎아 만든 커다란 성당과 두 팔을 벌린 성모 마리아상이 우리를 맞았다. 2월 혁명 기념물들이었다. 물론 하이메 신 추기경 등 가톨릭 지도자들이 항쟁에 중요한 구실을 했다고는 하지만 다른 나라들의 민주화 기념물하고 다르게 성모 마리아상을 기념 조각으로 만든 모습은 필리핀 사회에서 절대적 영향력을 지닌 가톨릭의 위상을 실감하게 했다.

현장을 돌아보니 다양한 현판과 기념물들이 설치돼 있었다. 우선 "필리핀 인들을 위해서라면 내 목숨을 기꺼이 버릴 만하다"는 아키노의 말을 새겨놓은 기념판이 보였다. 과연 "한국인들을 위해서라면 내 목숨을 기꺼이 버릴 만하다"고 이야기할 정치인이 있을까 자문해봤다.

이어 "에드사(혁명)는 용기의 행위만이 아니었다. 그것은 사랑의 행위였다. 용기는 훌륭한 것이지만 사랑 없이는 살 수 없는 것이다. 용기는 사람들을 감동시키지만 사랑만이 구원할 수 있다"는 신 추기경의 발언, "필리핀군은 이제부터 진정한 필리핀 국민의 군이다"는 라모스의 발언을 새긴 기념 현판도 눈에 띄었다. 정말 이제 필리핀 군대는 진정한 필리핀 국민의 군일까?

"탱크의 힘에 기도와 평화로 맞섰다"

기념종도 다른 나라들의 민주화 기념종이 대부분 자유의 종이라고 명명된 반면 '평화의 종'이라는 이름이 붙어 있었다. '우리는 이 세 개의 평화의 종을 1986년 2월 에드사 거리에서 전 인류에게 평화를 지키는 유일한 길은 평화라는 것을 보여준 평화를 사랑하는 모든 필리핀인들에게 바친다'는 헌사, 그리고 이 중 가장 큰 종은 교황 요한 바오로 2세, 그다음 큰 종은 신 추기경, 가장 작은 종은 코라손 아키노 대통령의 이름을 따 명명한다는 부연 설명이 적혀 있었다.

기념탑 광장을 내려가 성당으로 향하자 성당 문 앞에는 '바로 여기에서 1986년 2월 23일 이 나라의 비무장 세력은 군과 탱크의 힘에 기도와 평화의 힘으로 맞섰다. 우리는 기적을 내려주신 감사의 뜻으로 우리의 구원자이시고 역사의 주인이신 예수님께, 그리고 평화의 여왕이시자 우리 국민의 어머니이신 성모 마리아께 감사의 뜻으로 이 성당을 세운다'는 신 추기경의 설립 취지문이 새겨져 있었다.

지나치게 종교적 색채 일변도인 기념물이 주는 생소함에 더해 문득 안내를 맡은 한 현지 유학생의 말이 생각났다. 노천 기도회에 가보니 많은 빈민

2월 혁명 기념 시설 중 가장 '민중적 시가'에서 세워진 것으로,
고통받는 민중과 이 고통을 딛고 역사의 주인으로 일어서는 민중이라는 두 모습을 형상화한 점이 인상적이다.

들이 참석해 한 손에는 성모 마리아상을 들고 다른 한 손에는 지갑을 든 채 열광적인 기도를 드리더라고 했다. 지갑은 하느님이 기도에 감동해 하늘에서 '돈비'를 내려줄 때를 대비해 들고 있었다. 특히 이런 모습이 태풍과 지진 등 천재가 자주 일어나 많은 목숨을 앗아가는 현실에 관련된 것 같다니, 기복 신앙이란 사회적 상황에 밀접히 연관된 듯하다.

다른 한편 평화를 강조하는 모습은 평화론의 세계적 권위자인 요한 갈퉁 노르웨이 세계평화연구소장이 구별하는 평화와 폭력의 두 차원을 생각나게 했다. 평화의 대립물로서 폭력은 우리가 일상적으로 폭력이라고 이해하는 '직접적 폭력'과 '직접적 폭력'은 배제돼 있지만 좀더 뿌리 깊은 '구조적 폭력'이라는 두 유형이 있는데, 노예제라는 '구조적 폭력'을 없애기 위한 남북전쟁이라는 '직접적 폭력'의 예가 보여주듯이 구조적 폭력을 분쇄하기 위한 직접적 폭력은 때로는 정당하고 불가피하다는 주장이다.

군 병영과 경찰서 안에 민간인 거주

인터뷰를 위해 한국의 민주주의민족통일전국연합(전국연합)에 해당되는 재야 단체 연합체인 '바얀Bayan'의 사무실로 향했다. 사무실은 의외로 주택가에 자리해 찾기가 쉽지 않았다. 겨우 찾은 바얀 본부는 개인 주택을 사무실로 사용하고 있었는데 20여 명의 젊은 자원봉사자들이 바쁘게 움직이고 있었다. 용건을 말하자 아주 후덕하게 생긴 중년 여성이 책임자라며 우리를 맞았다. 의장이 있기는 하지만 주로 상징적인 구실을 하고 실질적으로 조직을 총괄하는 사람은 사무총장인 낙풀 씨였다. 변호사로 일하던 남편이 마르코스 체제에서 목숨을 잃자 모든 재산을 통틀어 이 운동에 나섰고, 본부로 쓰고 있는 이 집도 남편의 유산이었다.

낙풀 씨는 2월 혁명 이후 필리핀 민주화의 진행 상황, 필리핀 민중운동의 현황 등을 설명하면서 한국 민중운동의 현황을 묻는 등 국제적 연대 의식을 보여줬다. 특히 1980년대 후반에 한국 민중운동에서 거세게 일어난 사회구성체 논쟁에 관련해 필리핀도 비슷한 논쟁이 있다는 사실이 생각나 물어보니 필리핀은 여전히 봉건적 지주가 지배하는 식민지반봉건사회라는 생각을 견지하고 있었다.

필리핀의 현실을 잘 알 수 없고 한국과 필리핀이 다르기는 하지만, 1940년대 중국을 설명하기 위해 만든 식민지반봉건사회론을 1980년대 한국 사회에 적용하려 한 학생운동권 주류(이른바 민족해방파NL)가 변화한 현실을 설명하지 못하고 밀려나고 만 것처럼 필리핀 민중운동의 주류도 변화하는 필리핀의 현실에 적응하고 있지 못하는 것이 아닐까 하는 느낌이 들었다.

다음 인터뷰까지 시간이 남아 대통령 관저인 말라카냥 궁을 구경하기로 했다. 궁으로 향하는 도중 군부대 같은 시설이 눈에 띄었는데 민간인 복장을 한 사람들이 쪽문으로 자유롭게 드나들었다. 필리핀은 군 병영과 경찰서

"소수 엘리트만 민주주의 향유"
낙풀 바얀 사무총장

바얀에 대해 소개해달라.

마르코스 치하에서 반독재 투쟁을 위해 결성된 통일전선체로서 21개 단체에 100만 회원이 가입돼 있다. 민족민주전선(NDF)이 비합법 조직이라면 바얀은 합법 공간의 조직체로, 한국의 전국연합하고 비슷한 성격을 갖는다.

현 정권의 성격과 민주화의 진행 과정에 관해 말해달라.

2월 혁명 이후 형식적 민주주의의 전진과 사회의 군사화의 심화라는 모순된 경향이 진행되고 있다. 민주주의는 아직도 획득돼야 할 목표일 뿐이지 완성되지 못했다. 형식적 민주주의는 극소수 엘리트만 향유하고 있다. 한편 탄압 방법이 더욱 세련되지고, 마을마다 대지주의 극우 사병대가 조직되는 등 군사화는 오히려 속도를 더해가고 있다. 과거 청산만 해도 베니그노 아키노의 암살 사건조차 해결되지 못하고 있는 실정이다. 사면 조치도 반군과 민주화 세력뿐 아니라 군 내부의 인권 침해자까지 포함시켜 면죄부를 준 것이다. 다만 미국 연방 법원에 마르코스를 상대로 제기한 민사 소송이 1심에서 승리한 것은 고무적이다.

바얀 등 재야 운동의 주류는 필리핀 사회를 '식민지반봉건사회'로 봐왔는데, 필리핀 대학교 제3세계연구소 등은 필리핀이 이제 '종속적 자본주의' 단계에 들어간 만큼 신인민군식으로 농촌을 중심으로 한 게릴라전은 잘못됐다는 반론을 펴고 있다고 안다. 한국에서도 시대착오적으로 북한의 주장을 추종해 한국을 아직도 '식민지반봉건' 또는 '식민지반자본주의'로 보는 시각이 최근까지 기승을 부리다가 설득력을 잃은 경험이 있는데……

맞다. 필리핀이 '신식민지반봉건사회'라는 것이 우리의 견해다. 물론 농촌에도 자본주의가 도입돼 하시엔다를 중심으로 자본주의화가 일어나는 등 변화가 있다는 점은 인정한다. 또한 미군 기지 철수 등 미-필리핀 관계에도 일정한 변화가 있었다. 그러나 기본적인 사회 성격에는 변화가 없다고 본다.

아키노 정권 이후 형식적 민주화가 진행되고 소련과 동유럽이 몰락한 뒤 좌파 운동이 위기를 맞고 있는 것이 세계적 추세인데, 필리핀은?

운동의 힘을 무엇으로 측정할지에 달려 있다. 단순히 수적인 면에서는 분명 쇠퇴했다. 그러나 질적인 면에서는 그렇지 않다. 문제는 투쟁 방법이다. 우리는 독재 치하에서 하는 투쟁에 익숙한데, 이제 상황이 바뀌었고, 아직 여기에 적응하지 못하고 있는 것은 사실이다. 과거처럼 시위 일변도가 아니라 로비, 연구, 정책 제안 등 투쟁 방식이 다양화돼야 한다. 그런 의미에서 굳이 운동의 위기라면, 운동 '형식의 위기'라고 할 수 있다.

안에서도 민간인들이 거주할 수 있었다. 한국식 관념으로는 잘 이해가 되지 않았다.

말라카냥 궁 앞에 이르자 한국하고는 너무 다른 광경이 눈에 들어왔다. 정문 앞에는 각종 행상들이 길바닥에 좌판을 펼친 채 장사를 하고 있었고, 바로 그 옆에 있는 경비병들이 이 모습을 보면서도 전혀 단속을 하지 않았다. 한국은 포장마차 하나도 도시 미관 운운하며 허용하지 않는데, 청와대 정문 앞에 이렇게 잡상인들이 늘어선다면 우리 정부는 어떻게 했을까?

마닐라를 구성하는 작은 시 중 하나인 케손 시의 필리핀 대학교에 도착해서 우선 제3세계연구소 소장을 역임한 정치학자 프란시스코 네멘소 교수를 찾아갔다. 네멘소 교수는 미국과 마르코스가 약화시킨 과두제를 새 정부가 오히려 재건했고 농지 개혁도 너무 맹점이 많아 차라리 마르코스의 농지 개혁이 진보적이었다며 아키노의 개혁을 힐난했다.

과거 청산에서도 대통령 직속 인권위원회가 구성됐지만 군의 보복에 대응하는 보호 조치가 마련되지 않아 사람들이 증언을 기피해서 성과를 내지 못했으며, 마르코스의 불법 재산을 압류하는 조치에도 반대해 필리핀 국민들의 피와 땀을 훔쳐 만든 재산이 모두 이멜다 등 마르코스주의자들의 손에 돌아갔다고 흥분했다.

필리핀도 이제 '식민지반봉건사회'가 아니다

바얀 사람들을 만나고 오는 길인데 그 사람들은 아직도 필리핀이 식민지반봉건사회라고 보더라고 전하자, 도시는 물론 농촌도 사탕수수 농장 등 자본주의화가 이미 엄청나게 진행돼 말도 되지 않는 이야기라고 일축했다. 소련 몰락에 관해 묻자 필리핀 좌파는 이미 오래전에 스탈린주의적인 현실 사회주의에서 벗어나 독자 노선을 취한 만큼 별 문제가 없다고 의외로 낙관적 견해를 밝혔다.

이어 대학 부설 연구소인 제3세계연구소로 향했다. 연구소로 들어서자 좌파 색채가 강한 분위기를 반영해 자전거 탄 카를 마르크스의 포스터부터 니카라과 좌파 정권인 산디니스타에 연대를 호소하는 포스터 등 각종 좌파 정치 포스터들이 소련 몰락에 따른 세계적인 우경화 추세에 아랑곳없이 벽을 메우고 있었다.

인터뷰 약속이 된 사회학 교수 랜돌프 데이비드 연구소장이 아직 도착하지 않아 연구소 기관지인 《카사린란Kasarinlan》을 훑어봤다. 이 잡지에는 소련 몰락과 아키노 정권 출범 등 정세 변화에 관련해 필리핀 좌파의 혁신을 요구하는 필리핀 공산당의 일부 주장과 당 재건의 주역으로 오랜 수감 생활 끝에 얼마 전 출옥해 해외 망명 생활 중인 호세 마리오 시손이 이런 주장을 기회주의로 비판한 글 등 다양한 논쟁이 실려 있어 참고삼아 구입했다.

조금 뒤 한국에도 2월 항쟁에 관한 글이 번역돼 잘 알려진 데이비드 연구소장이 최근 텔레비전 앵커를 맡는 바람에 늦었다고 사과하며 들어왔다. 데이비드 교수는 2월 항쟁의 성격, 2월 항쟁 뒤 민주화의 진행 과정, 민중운동의 대응 등 다양한 주제에 관해 귀중한 정보를 제공했다. 종교적 색채 일색인 에드사 기념물에 관한 비판과 다른 기념물에 관한 정보는 특히 중요했다. 데이비드 교수의 설명을 들으면서 똑같은 가톨릭이 왜 라틴아메리카에서는 해방신학처럼 민중과 함께하는 종교가 되고 필리핀에서는 기득권층과 함께하는 종교로 나타날까 하는 의문이 들었다.

일정을 마치고 호텔로 돌아와 영자 신문을 하나 사서 보니 필리핀의 현주소를 잘 보여주는 기사가 실려 있었다. 한 지방의 유지가 사설 병력을 동원해서 데이트를 하던 지역 명문 대학 메이퀸의 남자 친구를 그 자리에서 죽이고 여성은 납치해 강간한 뒤 살해한 사실이 뒤늦게 밝혀진 사건 기사였다.

한국의 언론계 관계자가 필리핀 답사에 도움을 얻으라며 친히 전화를 해준 한 일본인 사업가가 호텔로 찾아왔다. 부통령 인터뷰를 주선해 시간을 잡아놓았는데 문제의 여대생 살해 사건으로 시간을 낼 수 없어 취소됐다며 자신의 요트로 마닐라 만의 해 지는 풍경을 구경시켜준다는 것이었다. 대기한 차를 타자 함께 대기하던 사이드카 교통경찰이 에스코트를 해줬다. 비상등을 켜고 퇴근 시간의 교통지옥을 쉽게 빠져나갔다. 한편으로는 극진한 대접과 친절에 감사하면서도 1950년대의 한국하고 비슷한 국가 권력의 사유화에 언짢은 기분이 나를 압도했다. 이 경찰은 마닐라 만 관광, 저녁 식사, 저녁 뒤 술자리에도 동행했다. 특히 술자리에서도 함께 술을 마시고는 숙소까지 다시 비상등을 켠 채 에스코트하는 모습을 보고는 후진국이 달리 후진국이 아니라는 생각이 들었다.

이튿날 데이비드 교수가 가르쳐준 다른 기념물들을 찾아 나섰다. 전날도 그랬지만 시내를 달리며 시도 때도 없이 은행이 눈에 띈다는 사실을 새삼 확인할 수 있었다. 마닐라가 아시아개발은행이 자리하는 등 과거 아시아의 금융 중심지로 기능한 덕도 있지만, 그것보다는 공장 건립 등 생산적 기업 활동이 아니라 해외 자산 도피와 금융 투기 등에 전념해온 자본가들의 속성을 반영하는 필리핀 자본주의의 파행성이 가져온 결과라는 생각이 들었다.

아키노 동상 어깨 위의 비둘기

아기날도 기지로 향하는 길에 특이한 동상이 보여서 차를 세우고 가까이 가서 보니 베니그노 아키노의 동상이었다. 트랩에서 내려오는 베니그노가 암살범의 총에 맞아 쓰러지는 모습을 형상화한 무척 사실적인 동상이었다. 특히 쓰러지는 베니그노의 어깨에 앉은 비둘기가 인상적이었다.

비행기 트랩에서 내려오다 총을 맞고 쓰러진 아키노의 동상.
어깨 위의 비둘기가 인상적이다.

2월 혁명 때 RAM의 본거지인 아기날도 기지 앞의 동상은 아직 완성되지는 않았지만 조각은 거의 다 끝난 상태였다. 미완성 조각을 꼼꼼히 뜯어보니 데이비드 교수가 설명한 대로 대부분 군인들을 형상화시키고 있어 2월 혁명을 애국적 군인들의 의거로 해석하는 분위기가 강하게 풍겼다. 2월 혁명에 대한 가톨릭적 해석과 군부적 해석을 봤으니, 마지막으로 데이비드 교수가 2월 혁명에 관한 올바른 해석이라고 추천한 2월 혁명 기념사업 현장으로 향했다.

마르코스 체제 아래에서 항거하다가 희생된 투사들의 일기와 글 등 민주화 관련 자료를 모아둘 도서관과 시민을 위한 야외 공연장은 아직 공사가 시작되지도 않았고 기념 조각만 완성돼 있었다. 조각은 온몸에 상처를 입고 고통스럽게 반쯤 쓰러져 있는 남자를 일으켜 세우려고 어깨를 잡아 올리면서 다른 한 손은 하늘을 향해 힘차게 내뻗으며 도약하려는 여인상이다. 억압과 고문으로 고통받는 민중과 이 고통을 딛고 역사의 주체로 일어서는 민중의 '두 얼굴'을 뛰어나게 형상화함으로써 앞의 두 기념물하고는 좋은 대조를 보여줬다. 뿐만 아니라 기념 조각의 뒷벽에는 마르코스 체제에 학살된 각계 민주 투사 65명의 이름을 큰 글씨로 적어놓아 2월 혁명을 1986년 2월의 일회적 사건이 아니라 오랜 반독재 투쟁의 역사적 맥락 속에서 이해하려는 '긴 호흡의 역사관'이 돋보였다.

마지막 일정인 민주 노조 관계자를 만날 약속 장소로 향했다. 복수 노조가 허용된 필리핀에서 대표적인 진보적 민주 노조인 '5월1일운동KMU'의 사무실은 개인 주택을 쓰고 있는 바얀하고 다르게 그런대로 사무실 모양을 갖추고 있기는 하지만, 사실 허름하기 짝이 없었다.

KMU의 의장인 크리스핀 벨트란은 바얀 의장, 군소 진보 정당인 민중당의 중앙위원을 겸직하고 있는 필리핀 민중운동의 핵심 지도자로, 35년 동안의 노동운동 경력에 마르코스 시절 3년간 투옥돼 있다가 군 형무소에서 탈출한 뒤 북부 루손 지역에서 농민을 조직해서 반마르코스 게릴라전을 펼친 역전의 투사였다.

"현대판 노예 수출, 산업화로 막아야"
크리스핀 벨트란 KMU 위원장

마르코스 정권에서 인권 침해 현황은?
지난 독재 기간 중 1만 5000건의 인권 침해가 자행됐고, 5000명이 살해됐다. 그중 상당수는 노동자였다.

노동운동가의 시각에서 필리핀 민주화를 평가한다면?
우리들의 기대는 아키노 초기에 이미 사라졌다. 마르코스의 독재 체제가 복제됐고, 사설 극우 세력의 폭력 등은 오히려 더 늘어났다. 경제 상황까지 고려하면 마르코스 체제는 양반이다. 정부 공식 통계로도 절대 빈곤선 이하가 마르코스 시절 52퍼센트였는데 이제는 75퍼센트다. 실업률이 13퍼센트에 부분 취업률이 27퍼센트고, 그나마 직장을 가진 사람들도 서비스 부문 등에서 최저임금 이하의 임금을 받고 있다. 국제기구들의 분석에 따르면 필리핀은 아시아에서 스리랑카 다음 두 번째로 밑바닥 수준이며 방글라데시처럼 되고 있다고 한다.

원인과 대책은?

과두제에 기초한 엘리트주의적 경제 정책, 필리핀 경제의 '반봉건성'과 정통성 없는 '사생아 자본주의'가 원인이다. 한국만 하더라도 정치인들과 국가가 비전을 갖고 민족적 시각에서 산업화를 추진해 현재에 이른 반면에 필리핀은 해외 금융 자산 도피 등 매판성을 벗어나지 못했다. 해결책은 근본적인 농지 개혁과 민족주의적 산업화다.

한국 정치인들이 '민족주의적'이었다는 평가는 한국의 재야가 들으면 강하게 반발하겠지만, 필리핀 등 다른 제3세계에 비교할 때는 상대적으로 그런 면도 없지 않다. 어쨌든 노동운동의 상황은?

약 1500만 명의 노동자 중에서 270만 명이 조직돼 있다. 다양한 복수 노조 체제라 여러 노조 연맹이 경쟁하고 있으며, 그중 우리 노조가 좌파적이다. 제3자 개입 금지 등 악법 개폐와 임금 정책 등을 쟁점으로 투쟁하고 있다. 소련과 동유럽의 몰락을 우파 노조들은 반가워하고 있고, 친소련계 노조 연맹은 아버지를 잃은 채 헤매고 있다. 그러나 진보적이되 독자적 노선을 고수해온 우리 처지에서 볼 때 소련과 동유럽의 몰락은 일면 안됐지만 민주주의와 민중의 승리라는 점에서는 환영했다. 소련과 동유럽의 몰락에 상관없이 우리는 필리핀 자본주의의 현실에 기초해 좀더 나은 사회를 위해 투쟁하면 되고, 이념적 지향은 계속 논의를 해가면 된다고 본다. 그리고 이런 문제의식에서 우리 노조 연맹이 최근 공무원노조, 교원노조 등하고 '진보애국노동자연합(KPMM)'을 결성, 새로운 주체를 창조하기 위한 새로운 역사 블록을 형성하는 작업에 착수했다.

한국에도 필리핀 노동자들이 많아서 문제가 되고 있는데……

현재 필리핀은 약 100만 명이 해외에 나가 한 달에 1억 달러를 송금한다고 추정된다. 불법 이주 노동자로 나가는 것이 출세의 징표가 되고 다들 부러워해서 농민들이 집을 팔아 알선 업자에게 돈을 주고 떠나는 사례가 허다하다. 노동운동 관계자로서 필리핀 노동자가 외국에서 파업 분쇄 앞잡이 구실을 하고 저임금과 노동 통제의 첨병으로 이용되는 현실에 분노를 느낀다. 필리핀 처지에서 봐도 단순히 외화 수입을 위한 현대판 노예 수출에 다름 아니다. 우리는 필리핀이 산업화를 추진해 이주 노동자들을 국내에서 소화해야 한다고 주장하지만 광야의 외침이 되고 있다. 또한 이주 노동자 문제에 관련해 일본, 대만, 오스트레일리아의 진보적 운동가들과 국제연대를 결성해 1년에 한 번씩 회의를 갖기로 최근 결정했다.

노동운동에서는 필리핀이 한국보다 선진국

벨트란은 비폭력 투쟁으로 알려진 2월 혁명에서 자신을 포함한 노동자들이 북쪽에서 마르코스 지지 진압군이 남하하지 못하게 저지하려고 군사 대형으로 무장한 채 고속도로를 방어한 비화를 전해줬다. 이 밖에 노동운동 지도자로서 필리핀 사회의 민주화의 현주소와 노동운동의 현황, 나아가 한국에서 문제가 되고 있는 필리핀 해외 불법 이주 노동자 등에 관련해 자신의 견해를 밝혔다.

특히 KMU와 공무원노조, 교원노조가 연합해 새로운 진보적 노조 운동을 추진 중이라는 이야기를 들으면서 노동자들의 인권에 관한 한, 공무원노조와 교원노조 나아가 복수 노조도 아직 허용하지 않는 한국에 견줘 필리핀이 오히려 '선진국'이라는 느낌이 들어 씁쓸한 감정을 지울 수 없었다.

필리핀을 끝으로 유럽과 아시아 6개국에 걸친 민주화 성지 답사를 끝내고 서울로 돌아오는 비행기를 타기 위해 공항에 들어서자 비로소 긴장이 풀렸다. 비행기 안에서 읽을거리라도 찾아보려고 서점에 들어서자 《아시아위크》라는 영자 주간지가 눈에 띄었다. 표지에는 아키노 암살 10주년 기념 특집의 제목인 '그는 평화롭게 잠들 수 있는가?'는 제목이 보이고 본문에서는 '아키노 암살은 누가 명령했는가?'고 묻고 있었다.

이런 물음이 바로 필리핀 민주주의의 현주소가 아닐까? 아니 나아가 여기에서 '그'를 단순히 아키노 개인이 아니라 민주주의를 위해 싸우다 목숨을 잃은 6개국의 희생자들, 아니 더 나아가 민주화 투쟁 속에서 목숨을 잃은 모든 인간이라고 생각할 때, 세계 민주주의의 현주소를 바라보면서 과연 "그 사람들은 평화롭게 잠들 수 있는가?"고 반문하지 않을 수 없었다. 결국 앞서간 희생자들이 뿌린 씨를 거두고 결실을 봄으로써 평화롭게 잠들 수 있게 해주는 일은 우리 산 자들의 몫이리라.

"마르코스의 유령들이 사방을 뒤덮고 있다"
랜돌프 데이비드 교수

2월 혁명의 성격과 결과는?

우선 2월 혁명 이전에 두 가지 운동이 진행된 점을 상기할 필요가 있다. 하나는 중산층들이 생각한 반독재 투쟁이었고, 다른 하나는 기층 민중과 좌파가 피를 흘리며 투쟁해온 반제국주의, 반자본주의 투쟁이었다. 그런데 2월 혁명은 기본적으로 중산층 위주의 반독재 혁명이었다. 따라서 한계는 명확하다. 농지 개혁도 제대로 되지 않았고, 노동 인권도 향상되지 않았다. 미군 기지가 철수했지만, 2월 혁명의 성과가 아니라 좌파가 1981년부터 주도해온 끈질긴 미군 기지 반대 운동의 결과다. 그리고 미국의 경제적 지배는 여전하며 외교 정책도 주로 미국에 좌우된다. 형식적인 정치 체제 면에서는 조금 진전이 있었지만 아직 '민주주의'라고 부르기에는 미흡하다.

필리핀의 민중운동도 위기가 아닌가?

어디나 위기 같다. 민중들을 언제까지나 거리에 묶어둘 수는 없다. 민중들은 오랜 투쟁에 지쳤다. 2월 혁명처럼 민중은 승리하면 깃발을 내리고 일상생활로 돌아가고, 교활한 정치인만 남는다. 정치인들은 기술적으로 사태를 역전시켜버리는데 민중은 이제 현장에 없다. 개혁 열기가 높던 아키노 초기에 아내는 사회복지부 장관으로, 나는 대통령 특별보좌관으로 일한 적이 있는데, 마르코스 시대의 관료들에 둘러싸여 일을 할 수가 없었다. 게다가 마르코스가 만들어놓은 법을 쉽게 고칠 수 없었다. 독재의 하부 장치들을 어떻게 해체하느냐가 문제다. 이 문제를 아키노 초기에 과감히 해결해야 했는데, 결국 실패했다. 마르코스의 유령들이 사방을 뒤덮고 있다.

2월 혁명의 정신은?

민중의 힘이라는 에드사 정신은 스탈린주의적 권위주의에 대항한 동유럽 혁명의 모델이 됐다고 본다. 그런 점에서 에드사의 정신은 필리핀 밖에서는 살아나고 계승되고 있는데, 역설적이게도 필리핀에서는 사라져가고 있다. 앞에서 지적한 대로 민중들은 일상으로 돌아가고 민중운동은 쇠퇴하고 있다. 아내를 포함한 일부는 해답을 시민사회에서 찾으려고 비정부 기구(NGO)의 조직화에 나서고 있지만, 내가 볼 때 문제는 민중운동의 열정과 활력을 정당 형태로 전환시켜 일상화하는 방법이다. 정당으로 전환하는 과정에서 핵심은 자금인데, 기성 정치인처럼 도박, 마약, 성매매로 마련할 수도 없으니 일종의 딜레마다. 한발 더 나아가 생각하면 사회를 변혁하기 위해서는 국가 권력을 잡아야 하는데, 방법은 선거와 쿠데타다. 선거는 앞에서 지적한 대로 돈 때문에 불가능하다. 둘째 방법에 관련해 군이 분열돼 있는 현실을 주목할 만하다. 그중 반아키노 세력은 러셀주의자이고 사회민주주의적인 개혁 세력이다. 전체의 3분의 1 정도 되는데, 문제는 이 세력이 군 내부에서 힘을 잃어가고 있다는 점이다.

필리핀 공산당 등의 현황은?

영향력이 급속히 줄어 주변화되고 있다. 필리핀을 식민지반봉건사회로 보고 농민을 중심으로 한 게릴라전 전법을 구사하는 방식은 시대착오적이다. 필리핀은 이제 종속적 자본주의사회인데, 그렇다고 전통적인 육체노동자들이 변혁의 주체일 수도 없다. 왜냐하면 필리핀 자본주의는 기본적으로 산업화가 안 돼 있고 서비스 부문 위주인 기형적 자본주의이기 때문이다.

에드사 기념탑이 종교적 색채 일색인데……

한 사건이 끝나면 사람들은 자신이 계급적 지위 등 이해관계에 따라 그 사건을 기억한다. 또한 그런 자신의 해석과 기억에 기초해 자기 방식으로 기념물 등을 세운다. 빈자 등 소외 계층은 이런 기념물을 세울 능력도 없으며, 이 계층의 기억과 해석은 주변화되고 잊힌다. 따라서 기득권층의 기억만 남겨지고 그 왜곡된 기억이 이른바 역사가 된다. 에드사 혁명을 기념해 성모상과 성당을 세운 것도 이런 맥락에서 이해돼야 한다. 기적을 내려주신 하느님에게 감사한다는 성당 현판의 헌사 등이 보여주듯이 에드사 혁명을 하느님의 기적이라고 우리를 세뇌하려 한다. 에드사 혁명은 민중의 힘으로 일군 성과가 아니라고 우리들이 생각하게 하려는 시도이며, 따라서 민중이 자신들의 힘을 자각하지 못하게 방해함으로써 민중을 무력화하려는 시도다. 게다가 아기날도 기지 앞에는 또 다른 기념탑을 세우고 있는데, RAM 등 군을 중심으로 형상화해서 에드사 혁명이 애국적 군이 행동한 덕이라며 호도한다. 여기에 맞서 민중운동도 성금을 모아 조그맣지만 우리 나름의 기념물을 세우고 있다. 역사의 상징을 둘러싼 '상징의 계급 투쟁'이 진행되는 셈이다.

《월간중앙》1994년 7월호

유령을 찾아서

《공산당 선언》 150주년에 찾아간 마르크스주의의 흔적*

1998년 올 여름도 예외 없이 납량 특집이라는 이름 아래 텔레비전에는 귀신과 유령이 난무했다. 게다가 극장가에는 〈여고괴담〉이라는 영화가 인기를 끌었다. 그러나 올해가 '역사상 가장 유명한' 그리고 '가장 무서운' 유령의 출현을 공식적으로 선포한 지 150주년이 되는 해라는 사실을 아는 사람은 그리 많지 않다.

  그 유령은, 알 만한 사람은 알겠지만, '공산주의'라는 유령이다. 올해는 "유럽에는 유령이 배회하고 있다. 공산주의라는 유령이"로 시작되는 카를 마르크스의 《공산당 선언》이 출간된 지 150주년이 되는 해. 이 일을 기념하는 국제 학술회의가 유럽 등지에서 열렸지만, 《공산당 선언》은 소련과 동구가 몰락한 뒤 이제는 잊힌 '과거 속의 고전', 아니 '저주받은 고전'이 돼버렸다. 그러나 지구화라는 이름하에 진행되고 있는 자본주의의 평천하平天下, 그것도 '부르주아적 생산양식'의 '가장 순수한, 가장 발전된 형태'인, 시장 만능과 벌거벗은 적자생존의 신자유주의에 의한 평천하를 보고 있노라면, 그

* 1998년 여름 파리 8대학과 국내 진보학자들이 참가한 심포지엄이 파리에서 열렸다. 이 글은 이 심포지엄에 참가한 뒤 독일과 러시아를 돌아보고 쓴 정치 기행으로, 《현대사상》 2권 2호(1998)에 실렸다.

어느 때보다도 이 역사적 고전의 분석이 맞아떨어지고 의미가 있다는 생각이 든다.

이를테면 "부르주아지는 모든 민족에게 망하고 싶지 않거든 부르주아지의 생산양식을 채용하라고 강제한다. …… 한마디로 부르주아지는 자신의 모습대로 세계를 창조한다"는 주장이 그렇다. 이 구절을 "신자유주의는 모든 민족에게 멸망하고 싶지 않거든 신자유주의를 따르라고 강요한다. …… 한마디로 신자유주의는 자신의 모습대로 세계를 창조한다"로 바꾸어놓으면 더욱 그렇다. 나아가 국제통화기금[IMF]의 '신탁 통치' 아래 강제된 시장 만능의 신자유주의적 구조조정 때문에 몸살을 앓고 있는 우리의 경우 더더욱 그러하다.

이런 역사적 계기 속에서 우연히 마르크스의 생가와 사멸한 공산주의의 잔해들을 직접 목격할 기회를 얻을 수 있었다. 파리 8대학교에서 열린 '한-유럽 지식인 포럼' 창립 기념 국제 심포지엄에 참가하느라 유럽을 다녀온 덕에 가능한 일이었다. 지난해 파리 8대학교 정치학과의 장마리 뱅상[Jean-Marie Vincent] 교수(뱅상 교수는 프랑스의 저명한 좌파 지식인이자 프랑스 대학의 대부분을 차지하는 국립 대학의 정치학 분야 교수 채용을 결정하는 교수채용위원회 위원장으로서 막강한 영향력을 갖고 있다)가 한국을 방문해 한국과 유럽의 진보적 지식인들 사이의 교류를 위해 '한-유럽 지식인 포럼'을 결성하기로 의견을 모았고, 이번 여름에 창립 기념 심포지엄을 열게 된 것이다.

프랑스 좌파와 한국

세계사를 바꾸어놓은 '68혁명' 이후 시행된 대학 개혁 운동의 일환으로 세워진 파리 8대학교는 경제 사정상 고등 교육을 받을 기회가 거의 없는 노동자의 자녀들을 위해 세워진 '노동자 대학'으로서, '우파 대학'으로 알려진 파리 1대학, 집권 사회당에 가까운 파리 10대학에 대비되는 대표적인 '좌파 대학'이다. 특히 최근 타계한 포스트모더니즘의 거두 장프랑수아 리오타르[Jean-François Lyotard], 이탈리아의 '아우토노미아' 운동을 주도하고 '붉은 여단' 사건으로 유죄 판결을 받은 뒤 파리로 도피해 활동해온 안토니오 네그리[Antonio Negri]가 몸담은 대학이다. 이탈리아 정부와 프랑스 정부가 파리로 도피한 네그리를 프랑스에 체류하지 않는 자로 다루기로 묵계한 상태에서, 뱅상 교수의 도움을 받은 네그리는 법적으로는 존재하지 않는 '유령 교수'로서 강의도 하고 월급을 받아 생활할 수 있었다고 한다. 뱅상 교수의 수제자이자 이번 심포지엄이 준비되는 과정에서 실질적인 실무를 다 해냄으로써 회의 개최를 가능하게 한 이환식 파리 8대학교 정치학과 교수가 한 설명에 따르면, 얼마 전 자진해 이탈리아로 돌아가 형을 살고 있는 네그리는 평소 한국에 많은 관심을 갖고 있고 형을 마친 뒤 여권이 나오면 한국부터 가보고 싶다고 말했다고 한다.

'오늘의 한국'이라는 주제의 이 심포지엄은 원래 지난 2월 열릴 예정이었지만 갑작스러운 IMF 사태로 한국 쪽이 연기를 요청해 6월 23일부터 파리 8대학교에서 열리게 됐다. 나 말고도 김세균 서울대학교 교수(정치학), 최정운 서울대학교 교수(정치학), 최갑수 서울대학교 교수(서양사), 강내희 중앙대학교 교수(영문학), 남구현 한신대학교 교수(사회복지학)가 참석한 이 심포지엄은 당초 계획이 6월로 미루어진 탓에 발제를 하기로 한 유럽의 다른 나라 교수들이 참석하지 못해, 주로 우리 쪽에서 발표하고 프랑스 쪽에서 질의하는 형식으로 진행됐다. 이번 행사는 한국의 진보적 학자들이 한 연구를 프랑스에 직접 소개한 최초의 사례라고 할 수 있으며, 우리 쪽 발표 논문들을 프랑스어로 번역해 출판하기로 하는 한편 내년 여름에 독일 브레멘 대학교에서 2차 심포지엄을 열기로 합의하는 등 좋은 성과를 거뒀다.

심포지엄에서 나는 한국 정치에 관해 발제를 했는데, 한국의 지역주의와 사당 정치가 도저히 이해가 안 된다며 외국 학자들이 고개를 갸우뚱거리는 모습은 아직도 인상에 남아 있다. 특히 사당 정치에 관해 많은 의문을 제기 했는데, 이 문제를 이해시키려 설명을 하면서도 설명을 하는 나 자신이 너무 도 창피했다. 한편 뱅상 교수가 보여준 진지한 학문 태도는 내게 깊은 감동 을 줬다. 환갑을 내일모레 앞둔 나이지만, 이틀간 강행군으로 진행된 심포지 엄 내내 강단에 발표자하고 함께 앉아 회의를 주재하고 토론하는 등 조금 도 흐트러진 자세를 보이지 않았다.

이틀간의 심포지엄이 끝난 뒤 프랑스 쪽 참가자들을 초대해 한국 식당에 서 연 만찬에 뱅상 교수가 약속 시간이 지나 나타났는데, 집에 차를 놔두고 지하철을 타고 오느라고 늦었다는 설명이었다. 정작 놀란 것은 강행군의 심 포지엄을 끝내고 식사를 하러 오면서도 내가 준 영어로 된 내 논문들(한국 의 국가와 시민사회론에 대한 비판적 논문과 총파업 등 노동운동에 대한 논 문)을 지하철에서 다 읽고 왔다며 이 글들을 프랑스어로 번역해 출판해도 되느냐고 묻는 학문적 열정이었다.

이번 회의에서 알게 된 사실은 프랑스의 좌파 지식인들이 한국, 특히 한국 의 진보 운동, 그리고 한국 문제에 대한 한국 좌파들의 분석에 엄청난 관심 을 갖고 있다는 점이었다. 그렇지만 언어 장벽 때문에 한국 쪽 자료에 접근 하기가 어려운 상태다. 국내 논의를 해외에 소개하는 작업이 시급하다는 생 각이 들었다.

트리어, 마르크스의 생가를 찾아서

유럽을 여행한 경험이 별로 없던 나는 심포지엄을 끝내고 귀국길에 독일의 베를린을 거쳐 모스크바, 그리고 이제는 원래 이름인 상트페테르부르크로 이름이 바뀐 레닌그라드를 돌아볼 예정이었다. 이런 내 계획은 파리에서 한방을 쓴 남구현 교수의 제의로 바뀌고 말았다. 독일에서 공부해 독일 사정에 밝은 남 교수는 기왕 독일을 가려면 비행기로 베를린으로 직접 가지 말고 프랑스와 독일 국경에 가까운 트리어^{Trier}에 들러 카를 마르크스 생가를 본 뒤 거기에서 기차를 타라고 했다.

귀가 솔깃해진 나는 대학 졸업 뒤 거의 20년 만에 만나 회포를 푼 '파리의 택시 운전사' 홍세화 형을 꼬드겨서 트리어까지 함께 가야겠다고 잔머리를 굴리고 있었다. 그런데 마침 파리에서 유학 중인 한 제자가 자기도 그곳에 가보고 싶다며 자기 차로 가자는 제의를 해왔다. '한여름 밤의 유령 여행'은 이렇게 시작됐다. 우연히 《공산당 선언》 150주년에 마르크스의 생가를 찾는 기회를 갖게 된 것이다.

파리에서 트리어까지는 자동차로 4시간 정도 거리여서 우리는 아침 일찍 파리를 떠났다. 한참을 달리자 갑자기 시골 풍경이 지금까지 지나온 곳보다 풍요로워 보이더니 곧 상점 글씨가 달라졌다. 독일 땅이었다. 흔한 국경 초소 하나 없이 국경을 넘어 독일 땅에 들어온 것이었다. 평생 국경 개념이 엄격한 한국과 미국(유학 시절)에서 살아온 나는 유럽이 어떤 곳인지 실감이 나기 시작했다. 포도주로 유명한 모젤 지방의 젖줄인 모젤 강을 끼고 한 시간가량 더 달리자 트리어에 도착했다. 트리어는 로마 시대 때 독일 안에 최초로 세워진 도시로 오랜 유적들이 남아 있는데다가 풍경까지 아름다워 독일에서 제일가는 관광지라고 한다. 가는 날이 장날이라고 토요일인데다가 축제까지 열리는 날이라 마을은 북적거렸다.

문제가 발생했다. 우리는 달러와 프랑스 프랑밖에 없었는데, 토요일 오후라 은행도 문을 닫고 독일 돈을 바꿀 곳을 찾지 못해 점심까지 쫄쫄 굶는 신세가 되고 만 것이다. 내년부터 유럽 단일 화폐인 유로가 현실화된다고 하고 세계화가 급속히 진행되고 있지만, 국경이라는 '근대적 장벽'을 국경 초소가 아니라 엉뚱한 곳, 곧 화폐에서 만나고 만 것이다. 문득 생산은 단순한 경제적 과정이 아니라 생산의 '사회적 조건의 생산'이라는 마르크스의 문제의식을 발전시켜 노동력과 화폐는 자본 자신에 의해 만들어질 수 없다는 점에서 자유방임주의와 시장 이론은 허구이고 모든 자본주의는 국가자본주의라는 쉬잔 드 브뤼노프Suzanne de Brunhoff의 주장이 떠올랐다. 결국 여기저기 물어물어 현금 인출기를 찾아 신용카드로 간신히 독일 돈을 빼내고 나서야 안도의 한숨이 나왔다.

축제가 열리는 광장에서 유명한 독일산 소시지로 허겁지겁 배를 채운 우리는 사람들에게 마르크스 생가가 어디냐고 물어 길을 재촉했다. 가르쳐준 곳에 도착하니 상당히 크고 그럴듯한 건물에 '카를 마르크스'라는 팻말이 보였다. 그런데 문을 밀어보니 잠겨 있고, 토요일과 일요일은 휴무라는 공지가 써 있었다. 이곳까지 와서 낭패구나 하고 자세히 현판을 들여다보니 마르크스의 생가가 아니라 독일 사민당이 운영하는 마르크스 박물관이었다. 그렇다면 생가는 따로 있을 것이라는 생각에 다시 지나가는 사람에게 물어보니 가던 방향으로 더 가라고 하는 것이었다. 안도의 한숨이 나왔다.

시내에 마르크스의 생가를 알리는 표시가 전혀 없다는 남 교수의 말하고 다르게 조금 더 가자 '카를 마르크스 거리'라고 쓴 표지판이 나왔고, 그 길로 조금 들어가자 아담한 3층(다락방까지 포함하면 4층) 건물에 턱수염을 기른 낯익은 마르크스의 모습하고 함께 '마르크스'라고 쓴 현판이 보였다. 찾고 있던 마르크스의 생가였다. 마르크스가 태어나 대학을 가기 위해 본으로 유학을 떠날 때까지 17년간 살면서 청소년 시절을 보냈고, 이웃이자 누나의 친구인 4살 연상의 예니Jenny, '트리어의 꽃'이라는 말을 들을 정도로 모두 탐내던 여성을 만나 사랑을 꽃피우고 결국 평생의 동반자로 삼게 되는 역사의 현장이었다.

건물로 들어가자 한 중년 여성이 앉아서 입장료를 받고 포스터, 책자, 티셔츠 등 기념품을 팔고 있었다. 방명록을 보니 여러 나라 사람들이 있었는데, 유독 한자로 이름을 쓴 중국 사람이 많았다. 대만 사람들은 아니고 중국 본토 사람들인 것 같은데, 그 사람들이 이곳을 많이 찾는 이유가 궁금했다. 건물로 들어가자 1층은 응접실이었는지 큰 탁자와 소파에 마르크스가 가족들하고 담소하는 모습을 수채화로 그린 그림이 걸려 있었고, 그 옆방에는 마르크스에 관련된 각종 자료들을 비디오로 만들어 틀어주는 비디오실이 덩그러니 열려 있었다. 2층으로 올라가사 미음자 모양으로 만들어진 각 방과 복도에 각종 자료들이 전시돼 있었다. 서양 집들이 대개 그렇지만, 들어가서 보니 밖에서 본 것하고는 다르게 엄청나게 큰 '호화 주택'이었다.

첫 전시실에 들어가자 이제 정확히 150년이 된, 그러나 아직도 자본가들이 가장 무서워하는 '유령'을 담은 《공산당 선언》 초판이 누렇게 빛이 바랜 채 유리관 속에 전시돼 있었다. 이 전시물을 보는 순간 갑자기 엑소시스트에 붙잡혀 세상 밖으로 나오지 못하도록 유리관에 갇혀 있는 유령이 연상됐다. 사실 마르크스를 상대로 논쟁을 벌인 오토 바우어는 마르크스를 '트리어에서 온 검은 악마'라고 불렀다. '저승사자'처럼 논리적 약점이 보이면 사정없는 비판으로 상대방을 물고 늘어지는 마르크스의 끔찍한 논쟁 정신과 검은 피부색을 빗대어 그렇게 말했다.

마르크스의 아버지도 먼 대학으로 유학을 떠난 뒤 아들이 엄청난 지적 집념에 사로잡혀 미친 듯이 공부하는 모습, 그것도 아버지가 바라던 변호사가 되기 위한 공부가 아니라 '쓸모없는' 철학과 위험하기 짝이 없는 불온한 공부를 하는 모습을 보고 쓴 편지에서 예언적인 염려를 이렇게 표명한 적이 있다. "너를 사로잡고 있는 것이 신인가 아니면 파우스트적인 악마인가 궁금

카를 마르크스 생가 겉모습. 마르크스의 얼굴을 새긴 플래카드가 보인다.

하다. 네가 과연 너와 가족들에게 행복을 줄 수 있을지 걱정이다"(다행히 마르크스의 부친은 바로 이 집에서 자신이 걱정한 대로 마르크스가 고난의 길을 가기 훨씬 전인, 마르크스가 대학에 들어가고 2년 뒤 숨을 거뒀다).

다른 전시실에는 《자본론》 초판 등 마르크스 저작의 희귀본들이 전시돼 있고, 그 시대의 삽화 등으로 만든 많은 자료들이 벽에 걸려 있었다. 〈호모 파베르(노동하는 인간)〉라는 전시물에는 참혹한 노동에 시달리는 노동자들의 상황을 묘사한 삽화들과 설명이 담겨 있었다. 국제노동자협회(제1인터내셔널)부터 파리 코뮌에 이르는 다양한 자료 중 특히 재미있는 것은 유럽 지도에 공산당이 퍼져 나간 경로를 표시해 놓은 전시물이었다. 2층을 이렇게 완전히 전시 시설로 만들어놓았기 때문에 마르크스가 어린 시절 무척이나 좋아하던 그리스 신화를 읽거나 시를 쓰면서(마르크스의 독특한 시적인 문체는 이런 어린 시절의 영향인 듯하다) 밤을 새운 방이 어디인지는 알 수 없었다.

관광객이 줄을 서는 관광지는 아니지만 적지 않은 사람들을 볼 수 있었는데, 현실 사회주의가 몰락한 뒤에도 마르크스의 생가를 찾는 사람이 생각보다 많아서 놀랐다. 트리어 시나 관계자들이 마르크스의 생가를 특별히 관광 명소로 선전하고 있지는 않다는 점에서 보면 그 사람들이 단순한 관광객은 아닌 것 같지만, 또한 다들 아직도 '정신 못 차린' 마르크스주의자들은 아닐진대 이곳을 찾은 동기가 궁금했다.

마침 실내 구경을 다 하고 뒤쪽 정원으로 나가려는데 한 중년 남자와 고등학교 3학년이나 대학교 1, 2학년 정도 돼 보이는 청년을 만나 이야기를 나누게 됐다. 독일인으로 프랑크푸르트에서 왔다는 내 나이 또래의 그 남자는 직업이 은행원이라고 말했다. 상상 밖의 직업이라 은행원이 무슨 이유로 마르크스의 생가를 찾았느냐고 묻자 돌아온 답이 의외였다. "은행 일을 하면 할수록 경제 체제가 인간이 아니라 돈의 논리에 따라 움직이고 있다는 생각이 들어 마르크스의 책을 읽어보고 싶어졌다. 그래서 자본주의에 관한 분석을 담은 마르크스의 저작을 찾아 읽기 시작했는데, 내가 보고 느낀 것들에 기가 막히게 맞아떨어지는 것이었다. 그래서 마르크스주의자는 아니지만, 마르크스의 생가를 한번 가보고 싶다는 생각이 들어 아들을 데리고 이번에 이곳을 찾았다." 은행원이 한 말은 그 뒤 여행 내내 내 머리를 떠나지 않았다.

프로메테우스를 생각하며

정원으로 들어서자 영화 〈영국식 정원 살인 사건〉에 나오는 정원의 한 부분을 떼어다놓은 듯 잘 가꾼 정원이 우리를 맞았다. 이 정원을 뛰놀던 마르크스를 상상해보려 노력했지만, 덥수룩한 수염에 덮인 사진만을 봐온 나로서는 솜털이 보송보송한 어린 시절 마르크스의 모습을 떠올릴 수 없었다. 어쨌든 마르크스가 트리어 변호사협회 회장을 지낼 정도로 사회적 지위를 갖춘 부유한 유대인 변호사의 아들로 태어나 '위험한 사상'에 빠져 고생길로 들어서기 전까지는 유복하게 자란 사실은 알고 있었지만, 이 정도로 '호화주택'에 산 줄은 상상하지 못했다.

그리고 무엇이 이렇게 유복하게 자란 마르크스를 이 아름다운 집과 모든 것을 버리고 자신뿐 아니라 가족 전체를 가난과 고통 속에 살도록 강요하면서 노동 해방의 순교자로 만들었는지 궁금했다(하기는 뛰어난 전기 작가 아이작 도이처Issac Deutscher가 쓴 스탈린 전기에 따르면 계급의식은 생활 조건에서 생겨나는 '1차적 계급의식'과 후천적으로 터득하는 '2차적 계급의식'이 있는데, 스탈린을 제외한 러시아 혁명의 주요 혁명가들 대부분도 2차적 계급의식에 따라 혁명가가 된 사람들이었으며, 우리 경우도 사회주의의 초기 선구자들 대부분이 유학을 한 대지주의 자식이었지만). '인간적인 것치고 우리와 무관한 것은 없다'라는 그리스 속담을 일생의 좌우명으로 삼고 살 만큼 강한 마르크스의 휴머니즘 탓일까? 그리고 일찍이 마르크스를 아주 귀여워해 산책을 데리고 다니며 공상적 사회주의자 생시몽Saint Simon의 이야기를 들려준, 나중에 장인이 된 예니 아버지의 '조기 의식화' 교육 탓인가?

트리어 역에서 베를린행 기차에 오르자 독일의 포도주를 길러내는 모젤 강이 다시 나타났고, 그 강가를 한가롭게 산책하고 있는 한 중년 신사와 한 어린이의 한가로운 모습이 눈에 띄었다. 그러자 순간적으로 그 사람들이 모젤 강가를 거닐며 이야기를 나누던 예니의 아버지와 어린 마르크스라는 착각에 빠지기도 했다.

모젤 강이 멀어지고 어둠이 내리기 시작했다. 마르크스의 생가를 보고 오는 기분은 왠지 울적하기만 했고, 기차 창밖으로 어둠을 응시하면서 나는 줄곧 그리스 신화에 나오는 프로메테우스를 생각했다. 인간에게 불을 준 죄로 바위에 묶여 영원한 고통을 당하게 된 프로메테우스는 박사 학위 논문의 서문에 "내 불행을 피하기 위해 당신의 족쇄를 결코 차지 않을 것이다. 제우스 신의 충복으로 내 삶을 허비하느니 이 바위에 영원히 묶여 있겠다"는 프로메테우스의 말을 인용할 정도로 마르크스가 가장 좋아한 신화다. 마르크스는 이 프로메테우스처럼 참혹한 고통을 감내하며 인류에게 '해방의 불'을 선사했지만, 소련과 동구의 불행이 보여주듯이 그 불은 엄청난 비극을 야기하고 꺼져버린 것처럼 보인다. 그러나 신자유주의의 무자비한 공세 속에서 그 불은 아직 꺼지지 않고 인간 해방의 등불로서 의미를 다시 찾아가고 있다.

무너진 벽, 무너지지 않은 벽

베를린은 초행길이라 통일 전의 베를린과 현재의 베를린을 비교할 지식이 없었지만, 베를린 시내로 들어서자 사방에 하늘을 찌르고 있는 고공 크레인들이 눈에 들어왔다. 도시의 역사성을 지키기 위해 외부 건축 공사를 엄격하게 규제해 시내에서 공사하는 모습을 보기 어려운 파리를 거쳐 온 탓인지 유독 눈에 띄었다. 안내 나온 제자에게 물어보자 서독과 동독을 갈라놓은 장벽이 있던 곳들인데, 장벽을 헐고 아파트를 짓는 등 공사를 하는 중이라는 설명이었다. 이제 장벽은 거의 다 헐리고 유대인 고문실 등 유대인 유적이 자리한 부근에 아주 일부만 남아 있었다.

역사적으로 베를린을 대표하는 대학은 훔볼트 대학교지만 분단 뒤 훔볼트 대학교가 동독 쪽에 위치한 탓에 빼앗기게 된 서독은 이에 맞서기 위해

옛 동베를린 지역에 위치한 마르크스와 엥겔스의 동상.
공산주의의 몰락에 상관없이 지적 우정의 전형을 생각하게 한다.

베를린 자유대학교를 세웠다. 과거에 베를린으로 유학 온 우리 유학생들은
거의 다 이 베를린 자유대학교에서 공부했지만, 이제는 훔볼트 대학교에서
공부하는 학생도 적지 않다고 한다. 훔볼트 대학교에서 공부하는 제자의 안
내를 받아 대학 본부 건물에 들어서자 2층으로 올라가는 계단 위에 거대한
화강암에 새겨진 글씨가 눈에 들어왔다. "지금까지 철학자들은 단지 세계를

다양한 방식으로 해석하기만 했다. 문제는 세계를 변혁하는 것이다." 마르크스의 유명한 〈포이어바흐에 관한 테제〉 중 11번이었다.

이 테제는 최근 들어 일종의 '담론의 정치'라는 측면에서 해석의 행위 자체가 이미 변혁 행위라는 면을 간과한 문제를 지닌다는 비판을 받고 있다. 그러나 '진리는 나의 빛'이나 '진리에 복종하라'는 식의 대학 교시만을 봐온 내게는 이런 테제가 대학의 교시로 걸려 있는 모습이 신선한 충격이었고, 동독이 붕괴한 뒤에도 이런 구호가 그대로 남아 있는 현실이 놀라웠다. 우리 같으면 그 다음날 당장 떼어버릴 것이 뻔한데 말이다.

훔볼트 대학교를 나와 거리를 걷노라니 막심 고리키^{Maxim Gorki} 극장, 앉은 마르크스와 선 엥겔스가 나란히 있는 모습의 거대한 조각 등 구사회주의의 잔재들이 눈에 띄었다. 한참을 걷자 거대한 광장이 나왔고, 그 광장의 한가운데에 몇몇 초등학교 학생들이 쭈그리고 앉아 메모를 하고 있었다. 가까이 가보니 1933년 5월 10일 나치가 불온서적이라는 이유로 책 20만 권을 불사른 야만의 현장을 알리는 기념패로, 방학 숙제 때문에 관련 내용을 적고 있는 모습이었다.

그러나 최근 한 여론 조사에서는 동독의 20대와 청소년들 중 절반 이상이 네오 나치를 지지하고 있다는 충격적인 결과가 나왔다고 한다. 높은 실업률 등 '이등 시민적' 현실이 에리히 프롬이 지적한 '자유로부터의 도피'를 추구하게 만들고 있는 것이다. 결국 베를린 장벽은 무너졌지만 마음의 벽, 사회의 벽은 무너지지 않은 셈이다. 그리고 문득 우리도 박정희 신드롬이 IMF 위기라는 절망적 현실에 결합해 이렇게 되어가는 것이 아닌가 하는 생각에 소름이 끼쳤다.

동베를린 중심가에는 한 블록을 완전히 차지한 엄청난 규모의 건물이 있다. 소련 대사관이었다. 과거 동독 시절 자리잡은 곳으로 통일 뒤 달라진 점은 정원에 세워져 있던 레닌 동상이 사라진 것뿐이라고 한다. 독일 정부에서는 소련 대사관 규모를 줄이기 위해 골머리를 앓고 있다는데, 그 규모 자체가 통일 전 동독에 대해 소련이 갖고 있던 엄청난 영향력을 상징적으로 이야기해주는 듯했다. 이곳을 보자 얄타 회담 등 2차 대전 뒤 전후 질서를 확립하기 위한 미국과 소련 사이의 협상에서 보여준 소련의 태도를 단순히 자국의 영향권을 설정하고 미국의 영향권하고 맞교환해 흥정한 '제국주의적 배반'으로 비판한 스페인의 유로코뮤니즘 이론가 산티아고 카리요^{Santiago Carillo}의 책이 생각났다.

재미있는 이야기는 동독하고 국교 관계가 없던 한국은 별 문제가 없었지만, 대부분의 나라들은 통일 전 서베를린과 동베를린에 각각 대사관을 갖고 있다가 통일이 되자 하나를 폐쇄했다는 사실이다. 또한 베를린이 그리 크지 않은 도시인데도 서베를린 쪽에 국내선과 국제선 공항이 있고 동베를린 쪽에도 공항이 있어 세 공항을 하나로 통폐합하는 작업을 하고 있다는 것이다. 작은 도시에 비행장이 세 개가 돼야 한 현실 등 '분단의 부작용'은 별것에 다 침투한 셈이다.

오늘, 우리의 노래 ― 〈살아남은 자의 슬픔〉

마지막으로 평소 좋아하던 독일의 천재 시인이자 극작가인 베르톨트 브레히트^{Bertolt Brecht}의 생가와 묘지를 찾기로 했다. 그러나 그곳에 도착한 때는 불행하게도 생가의 내부 출입이 제한된 시간이었다. 할 수 없이 갑자기 쏟아진 비를 맞으며 집 바로 앞에 있는 브레히트의 무덤을 찾았다. 무덤을 찾고 있자니 브레히트가 매일 산보 삼아 들렀다는 게오르크 빌헬름 프리드리히 헤겔^{Georg Wihelm Friedrich Hegel}의 무덤이 눈에 띄었다. 헤겔에 관해 그 무게에 걸맞을만큼 잘 알지는 못하지만 한국에서 폭탄주(일상적 인식하고 다르게 폭탄주

는 군사 문화가 아니라 오랜 미국 노동자 문화로 미국 유학 시절 미국 노동
운동가들에게 배워 귀국 후 열심히 배급하고 있다)를 먹을 때는 으레 헤겔
을 한 번씩 써먹기 때문에 미안한 마음에 일단 경의를 표했다. '정반합'이라
는 헤겔의 변증법은 알 것도 같고 모를 것도 같이 모호했는데, 폭탄주를 마
신 뒤 그 뜻을 정확히 깨쳤다. 맥주만 마시면 시원한데 양주처럼 탁 쏘는 맛
이 없고 양주는 탁 쏘는 강한 맛은 있지만 시원하지가 않는데, 폭탄주는 '정
반합'처럼 맥주와 양주의 좋은 점, 곧 맥주의 시원한 맛에 양주의 탁 쏘는 맛
이 합쳐져 있어 헤겔이 말한 정반합이 무엇인지 변증법을 정확히 깨치게 됐
다는 실없는 이야기였다.

  사실 몇 년 선 북한 학자들을 만나 베이징에서 회의를 한 때도 폭탄주를
만들면서 이 이야기를 써먹어 분위기를 잡은 적이 있다. "통일도 이렇게 남
한의 좋은 점과 북한의 좋은 점이 변증법적으로 통일되는 통일이어야 한다.
그래서 이 술은 단순한 폭탄주가 아니라 통일주인 만큼 안 마시는 사람은
반통일주의자로 간주하겠다"고 겁(?)을 줘 폭탄주 대신 약한 맥주나 마시려
고 발뺌하는 북한 학자들에게 폭탄주를 강제한 일이 있었다.

  헤겔 묘를 지나 한참을 헤매다 결국 묘지기의 안내로 구석에 자리한 브레
히트의 묘를 찾을 수 있었다. 사랑하는 아내 옆에 나란히 누워 있는 브레히
트의 묘 앞에서 궂은 여름비를 맞으며 평소 좋아하는 〈살아남은 자의 슬픔〉
을 암송했다.

  물론 나는 알고 있다
  오직 나의 운이 좋았던 덕분에
  나는 그 많은 친구들보다 오래 살아남았다
  그러나 지난 밤 꿈속에서
  이 친구들이 나에 대하여 이야기하는 소리가 들려 왔다

묘지 구석에 자리한 브레히트 부부의 묘지 앞에 꽃이 꽂혀 있다.

'강한 자는 살아남는다'

그러자 나는 자신이 미워졌다.

잘 알려져 있듯이 이 시는 나치즘과 2차 대전이라는 야만과 반동의 시대에 많은 친구들을 잃어버린 슬픔을 노래했다. 그리고 위대한 사회과학자 칼 폴라니Karl Polanyi는 이 모든 비극의 뿌리가 사회가 시장을 지배하지 않고 맹목적이며 자기 법칙에 따라 움직이는 시장이 거꾸로 사회를 지배하는 자본주의의 시장주의에 있다는 점을 설득력 있게 보여줬다. 그러나 브레히트의 오랜 이 절창은 안타깝게도 지나간 추억의 옛 노래가 아니라 '오늘, 우리의 노래'로 들려왔다.

모든 것이 시장에 따라 좌우되고 적자생존의 벌거벗은 사회적 다윈주의에 맞춰 '강한 자만이 살아남을 수 있는', '신자유주의적 (금융) 지구화'라는 새로운 반동과 새로운 야만의 시대에 너무도 알맞은, 생생한 '오늘, 우리의 노래'로 들려왔다. 지금 이 순간에도 정리해고의 물결 속에서 직장을 잃고 졸지에 노숙자로 전락해 거리를 헤매고 있을 직장 동료들을 생각하며 돼지갈비 집에서 소주잔을 기울이며 이 노래를 부르고 있는 월급쟁이들의 목소리가, 더 많은 정리해고를 막기 위해 고공 크레인 위에서 외롭게 단식 농성을 벌이고 있는 현대자동차 노동자들의 처절한 목소리가 들리는 듯했다.

물론 나는 알고 있다
오직 나는 운이 좋았던 덕분에
나는 그 많은 친구들보다 오래 살아남았다
(중략)
'강한 자'는 살아남는다
그러자 나 자신이 미워졌다

모스크바 — 두 나라 이야기

베를린을 떠난 루프트한자 항공기가 모스크바에 도착했다. 예전 같으면 여행을 감히 상상도 못한 오랜 '금단의 땅'에 내리자 적지 않게 흥분이 됐다. 이곳에 특파원으로 나와 있는 대학 후배가 우리를 안내했는데, 일단 짐부터 풀자며 한 호텔로 데리고 갔다. 그런데 이 호텔은 보통 호텔하고 다르게 호텔 전면에 10여 층을 차지할 만큼 거대한 크기의 청동 조각으로 전쟁 기념탑에서나 볼 수 있는 전쟁 기념 같은 조각을 해놓은 곳이었다.

의아해 물어보자 과거 소련의 주요 기관들은 자기들이 직영하는 호텔을 갖고 있었는데, 이 호텔도 그중 하나로 공산주의청년동맹(콤소몰)이 소유하고 운영하는 호텔이라고 한다. 러시아와 한국이 국교를 수립한 뒤 이곳에

와 사업 구상을 하던 군인 출신의 한 한국인이 한 층을 세 내어 한국인 전용 호텔로 사용하고 있다는 것이었다. 게다가 호텔 안에 한국 식당, 가라오케, 맥줏집, 비디오방 등이 들어서 작은 '코리아타운'을 형성하고 있다는 설명이었다. 역시 놀라운 한국인의 아이디어와 상술이다.

모스크바에 도착해 놀란 점은 먼저 상상 밖으로 없는 물건이 없다는 사실이었다. 그것도 세계 최고급으로 각종 상품들이 흔해 빠졌고, 물가는 무척 비쌌다. 이 상품들이 거의 전부 외국 수입품이라니 그럴 만했다. 일반인 월급이 200달러 수준인 현실을 감안할 때 어떻게 물가가 이렇게 비쌀 수 있느냐고 궁금해 물어보자 많은 사람이 월급 말고도 관료적 특권을 행사해서 월급의 몇 배가 넘는 부수입을 올리고 있어 실소득은 훨씬 높다고 한다. 또한 연금 생활자를 비롯해 부수입이 적거나 없는 사람들도 사회주의 시절 배급받은 주택이 있고 식료품은 감자를 손수 키워 먹는 등 거의 자급자족하기 때문에 그런대로 살 수 있다는 것이었다.

나중에 안 이야기지만 러시아는 중산층이 거의 없고 5~10퍼센트의 상류층과 80~90퍼센트의 빈곤층으로 완전히 양극화돼 있는데, 이 상품들은 바로 상류층을 위한 것이었다. 한때 제3세계 정치경제학에서 '근대 부문'과 '전통 부문'이 분절된 '이중 경제 구조'를 제3세계의 특징으로 이야기했지만, 러시아야말로 절대 다수의 생존을 위한 자급자족 경제와 극소수의 최고급 외국 상품 경제라는 이중 경제 구조인 셈이다. 오늘의 러시아는 찰스 디킨스의 《두 도시 이야기》가 아니라 서구 어느 나라에도 뒤지지 않는 생활 수준의 선진국과 원시적 자급자족 국가가 공존하는 '두 나라 이야기'인 셈이다. 러시아의 자본주의화는 서구식 자본주의가 아니라 '매판 자본주의', 그리고 구체제의 관료들이 정경유착의 결과 자본가로 변신한 '관료 자본주의'로 나아갈 것이라고 소련 몰락 때 예언한 젊은 민주적 사회주의 이론가 보리스 카갈리츠키Boris Kagarlitsky의 예언이 그대로 적중한 것이다.

레닌의 무덤, 사회주의의 외로운 섬?

크레믈 궁을 향하는 길가에 상층부는 마르크스의 흉상을 조각하고 밑에는 '만국의 노동자여 단결하라'고 새긴, 상당히 큰 하얀 석조 조각이 눈에 띄었다. 소련 붕괴 뒤 레닌 동상을 끌어내리는 모습을 텔레비전에서 본 적이 있기 때문에 아직도 저런 것을 그대로 두고 있느냐고 물으니 워낙 많은데다가 어려운 경제 상황 탓에 철거할 비용이 없어 내버려뒀다는 설명을 들었다. 우리 같으면 밥을 굶어도 저런 동상부터 철거하고 볼 텐데 희한한 나라라는 생각이 들었다. 크레믈 궁 앞의 붉은 광장은 일반적인 통념하고 다르게 공산주의에 전혀 상관없이 원래 붉은 광장으로 불리던 곳으로, 공산주의 시절 이곳에서 군사 사열을 한 사실이 믿어지지 않을 정도로 생각보다 훨씬 작고 보잘것없었다.

바로 앞에 있는 레닌 묘를 보기 위해 즉석에서 모집하는 단체 관람팀에 합류했다. 그런데 그곳에는 카메라를 가지고 들어갈 수 없으니 자기에게 모두 맡기라며 한 노파가 비닐봉지를 들고 있었다. 울며 겨자 먹기로 카메라를 맡겼지만 카메라를 다 모은 할머니가 어디론가 슬그머니 사라지는 모습을 보자 사기꾼들이 아닐까 은근히 겁이 났다. 엎질러진 물이라고 생각하고 일단 안내자를 따라가자 군인들이 지키는 입구 쪽에 긴 줄이 늘어서 있었다. 군인들은 입장객을 일일이 수색해 카메라를 가진 사람은 무조건 입장을 거부했다. 이런 정보가 없는 외국 관광객들이 긴 줄을 서서 기다리다가 자기 차례에서 카메라 때문에 되돌아가는 모습이 여럿 눈에 띄었다.

레닌 묘는 아직도 군이 관장하고 있는 듯 지하로 내려가자 모서리마다 조명까지 받아 살아 있는 사람이 아니라 밀랍 인형으로 착각할 정도인 군인들이 부동자세로 지키고 있었다. 평범한 매장을 원한 유언하고 다르게 영구 보존 처리가 돼 전시된 레닌의 모습은 조명 탓이기도 하지만 너무도 창백해 보였다. 특히 놀란 것은 생각보다도 훨씬 작은 왜소한 체구였다. 이 작은 사람이 세계사를 바꾸고 세계 최초의 노동자 정부를 세운 인물이라니 믿어지지가 않았다. 또한 죽어서도 자신의 소원대로 마음대로 묻힐 자유도 갖지 못한 채 피에로처럼 관광 상품이 돼야 하는 운명이 처량해 보이기만 했다. 나아가 화석화된 레닌의 모습은 살아 숨쉬는 대중의 숨결과 목소리는 완전히 잃어버린 채 경직되고 화석화돼 사회 위에 군림하다가 무너진 소련의 공산당과 국가사회주의의 모습을 연상하게 했다.

이런 점에서 죽기 얼마 전 병으로 아무것도 할 수 없는 무력한 상태에서 스탈린의 독재와 당 관료화의 증후 등을 바라보며 러시아 혁명의 비극적 미래를 예감한 듯 절망적 심정으로 써내려간, 혁명에 보내는 경고를 담은 '마지막 유언'하고 함께 흙으로 돌아가게 해달라는 레닌의 말은 예언적이었다. 흙으로 돌아가고 싶다는 유언은 바로 자기 시신이 미라가 되는 일이 당의 화석화를 의미하게 되리라고 예감한 레닌이 자기 스스로 흙속에 썩어 대중이라는 토양 속에서 자양분이 되는 당을 만드는 데 일조하려는 뜻이었는지도 모른다는 생각이 들었다.

어쨌든 레닌의 시신을 처리하는 문제를 놓고 지금도 러시아 안에서는 논쟁이 계속되고 있는데, 소련이 몰락한 뒤에도 레닌 묘가 이렇게 유지되는 이유는 아직도 레닌을 추모하는 사람들이 적지 않은데다가 시신을 처리하는 데 드는 엄청난 비용 때문이라고 한다(확인해보니 레닌 묘는 이 글을 쓴 지 20년이 지난 2018년 현재도 아직 그 자리에 남아 있다). 현실 사회주의 체제가 붕괴하고 자본주의화된 러시아의 한복판에서 엄격한 통제 속에 장엄한 호위를 받으며 예우를 받고 있는 레닌 묘는 마치 자본주의와 제국주의 국가들에 포위돼 있던 1917년 10월 혁명 이후의 러시아처럼 자본주의 사회에 포위된 '사회주의의 외로운 섬'처럼 느껴졌다.

크레믈 혁명 묘소의 양키

지하의 레닌 묘를 나오자 크레믈 광장 쪽으로 나가는 길을 따라 긴 벽이 있었고, 그 벽에 20~30개 정도 되는 현판이 눈에 띄었다. 러시아 혁명 지도자들과 역대 지도자들을 묻은 혁명 최고 유공자 집단 묘소였다. 낯익은 러시아 혁명가와 지도자들의 이름이 보였다. 그러나 정작 내가 찾던 것은 이곳에 묻혀 있는 유일한 외국인인 미국의 진보적 저널리스트 존 리드John Reed의 묘였다. 세계적인 극작가 유진 오닐Eugene O'Neil의 절친한 친구로 미국 공산당의 핵심 지도자인 리드는 날카로운 세계사적 안목으로 러시아가 세계사의 태풍의 눈이 될 것을 간파했다. 그 결과 혁명 식선의 러시아에 와 취재를 함으로써 진보적인 서구 언론인으로서 러시아 혁명을 직접 목격하는 소중한 기회를 얻었고, 이 내용을 《세계를 뒤흔든 10일Ten Days That Shook the World》(이 책은 스페인 내전을 그린 조지 오웰의 《카탈루냐 찬가》, 중국 공산당의 대장정을 다룬 에드가 스노우의 《중국의 붉은 별》하고 함께 세계 3대 르포르타주로 평가된다)이라는 책으로 냈다. 리드는 그 뒤 미국에서 공산당 운동을 하다가 소련으로 와 세계 공산당 운동에 헌신했는데, 그러던 중 병에 걸려 러시아에서 죽어 이국땅의 혁명 영웅 묘소에 묻혔다.

리드의 묘는 내가 미국 유학 초창기에 천하의 바람둥이지만 의식 있는 영화인으로 정평이 난 워렌 비티Warren Beaty가 직접 감독하고 주연한, 미국 사람들이 전혀 기억하지 못하는 잊힌 공산주의자의 삶을 직접 취재해 만든 대하영화 〈레즈The Reds〉를 본 뒤 꼭 찾고 싶은 곳이었다. 리드의 무덤 앞에 서자 격동의 현장을 생명을 아끼지 않고 뛰어다니며 취재하고 혁명의 불모지 미국에서 인간 해방과 노동 해방을 외치던 리드 역의 워렌 비티, 그리고 미국의 초창기 페미니스트인 루이즈 브리안 역의 다이앤 키튼Diane Keaton이 뜨거운 사랑을 나누는 장면이 생생히 살아났다.

사실 이 영화의 수상을 응원하기 위해 나는 내 생애 처음이자 마지막으로 아카데미 시상식을 텔레비전으로 시청했는데, 공교롭게도 그해 헨리 폰다 Henry Fonda가 갑자기 세상을 떠나서 헨리 폰다가 주연한 〈황금 연못Golden Pond〉에 밀려 예상하고 다르게 감독상을 받는 데 그쳤다.

그런데 턱시도에 할리우드식으로 화려하게 빼어 입은 다른 영화인들하고 다르게 희끗희끗한 흰머리에 넥타이도 매지 않은 털털한 모습으로 상을 받으러 나온 워렌 비티는 트로피를 들고 "미국의 잊힌 한 공산주의자의 생애를 담은 영화 제작에 엄청난 제작비를 대준 미국의 자본주의에 감사한다"는 뼈 있는 수상 소감을 말하더니 시니컬하다고 할 수도 있고 씁쓸하다고 할 수도 있는 묘한 웃음을 던지며 단상을 내려갔다. 가끔 떠오르던 그 웃음이 리드의 무덤 앞에서 생생하게 되살아났다.

밖으로 나오자 다행히 카메라를 찾을 수 있었다. 자본주의화가 됐다고는 하지만 아직은 우리 수준으로 사기술이 발달할 정도는 아닌 사실을 확인한 셈이다. 붉은 광장에서 뒤쪽에 있는 크레믈 궁으로 가는 길에 위치한, 러시아 혁명 자료들을 모아놓은 러시아 혁명박물관은 러시아 고대 유물 등을 모아놓은 러시아 역사박물관으로 이미 완전히 개조돼 있었고, 레닌 박물관도 완전히 폐쇄돼서 불행하게도 중요한 역사적 자료를 볼 기회를 놓쳤다.

'붉은 화살'에 실려 레닌그라드로

'붉은 화살.' 인디언 추장 이름을 연상하게 하는 이 이름은 모스크바에서 레닌그라드로 가는 야간 특급 열차의 이름이다. 러시아의 진면목은 모스크바가 아니라 러시아의 오랜 수도이자 러시아 혁명의 발발지인 레닌그라드, 곧 상트페테르부르크를 봐야 알 수 있다는 말에 설레는 가슴을 안고 야간열차에 올랐다. 그러나 러시아 경제 사정이 워낙 어려워 범죄가 기승을 부리니 조심하라는 후배의 당부에 러시아어를 한마디도 못하는 나로서는 야간열차 여행이 은근히 걱정이 됐다. 그래도 1등석이 안전하다는 말에 1등석 침대표를 샀지만, 1등석이 2인용이라서 단 둘이 있다가 당하는 게 아닐까 걱정이 됐다. 노크를 하고 들어오는 사람을 보니 수염투성이에 험상궂게 생긴 거구의 중년 남자였다. 그런 사람하고 함께 밤을 지낼 생각을 하니 겁이 덜컥 났다. 겁먹은 속내를 숨기고 영어로 말을 걸자 소아과 의사인 그 사람은 의외로 영어도 그런 대로 하고 서구 세계도 잘 아는 지식인이었다. 안도의 한숨이 나왔다.

둘이서 오랫동안 러시아에 관한 이런저런 이야기를 나눴는데, 그 의사는 러시아의 양극화가 한계점에 와 있다며 정치적 안정을 심각하게 염려했다. 자신이 몸담고 있는 의료계의 경우도 소수 사설 의료 시설들이 생겨나고 있는데 치료비가 엄청나게 비싸 특권층이 아니면 엄두도 내지 못하며, 일반인들은 아직도 자신 같은 대부분의 의사들이 근무하는 국영 의료 시설에 의존하고 있다고 설명했다. 그렇지만 경제난과 부족한 예산 탓에 최소한의 기초 의약품조차 모자라는 등 의료 서비스의 질이 과거 공산주의 시절에 비교할 수 없을 정도로 떨어졌다고 했다. 현실 사회주의가 엄청나게 많은 문제점을 안고 있었지만 그래도 최소한의 인간적 기본 욕구는 그런대로 충족시킨 것 같은데, 자본주의화가 이런 구체제의 장점을 계승하면서 여기에 자본주의적 장점을 접합시키지 못하는 현실이 너무 아쉽게 느껴졌다.

이야기를 나누고 있자니 차장이 노크를 하고 들어와 한국에서 자전거를 도둑맞지 않으려고 바퀴에 묶어놓는 쇠줄하고 비슷한 굵은 쇠줄을 주고 갔다. 이미 객실 안에 밖에서 열지 못하게 두 개의 잠금장치가 설치돼 있는데도 이런 쇠줄까지 나누어주는 모습을 보니 러시아 사회의 범죄가 어느 정도인지 상상할 수 있었다. 그러나 이 중년 신사는 쇠줄을 설치하고도 지갑을 꺼내 베개 속에 집어넣으면서 나보고도 그렇게 한 뒤 자라고 말했다.

불을 끄고 창밖을 보자 격동의 러시아 역사를 묵묵히 지켜보며 자라온 자작나무들이 검은 유령 같은 모습으로 나를 내려다보면서 어둠 속에서 빠르게 지나갔다. 그리고 그 자작나무들이 참담한 조국의 현실을 변혁하기 위해 수난의 길을 살아간 러시아 지식인들의 혼령으로 보이기 시작했다.

상트페테르부르크의 장보고

상트페테르부르크에 도착하자 이른 새벽인데도 모스크바의 특파원 후배가 소개해준 친구가 마중을 나와 있었다. 1990년대 초 한국과 소련의 국교가 정상화되면서 유학을 온 러시아 유학 1세대인 그 친구는 명문 상트페테르부르크 대학교 경제학과에서 경제학 박사 학위를 받았다. 대학원 재학 시절부터 탁월한 비즈니스 감각과 개척 정신으로 거대한 러시아 시장을 공략해 이제는 이곳에 세 곳의 엘지전자 대리점을 운영하고 있고, 최근에는 현대자동차 대리점까지 낸 사업가였다. 너무 시간이 일러 문을 연 곳이 없어서 발트 해가 내려다보이는 한 호텔 커피숍에서 들어가 시간을 보냈는데, 그 친구의 러시아 개척기는 무협 소설보다 재미있는 한 편의 소설이었다.

달랑 1만 달러를 들고 유학을 와 학장에게 이야기해 학교에 있는 빈방을 월 20달러에 빌려서 팩스와 복사기를 설치한 뒤 개인 사무실로 만들자 팩스와 전화기 등을 이용하려는 교수들이 몰려들어 하루아침에 학교의 스타가 된 이야기부터, 외국 전자 제품에 고율의 관세가 부과되는 데 착안해 감세 조치를 받기 위해 텔레비전을 볼 수 없는 맹인들이 모인 맹인협회에 커미션을 주고 한국산 텔레비전을 단체 이름으로 수입해서 가격 경쟁력을 확보해 떼돈을 번 이야기, 전자 제품 수송 트럭을 터는 무장 강도들 때문에 국가보안위원회^{KGB} 출신을 고용해 기관단총으로 무장시켜 물건 호송한 이야기, 상품 보관도 문제라 군부대에 부탁해 물건을 보관한 아이디어 등 러시아에서 돈 번 이야기를 흥미진진하게 들었다. 또한 러시아에도 고려인이라는 우리 동포가 있지만 기본적으로 '게을러' 한국 식당 등에는 오히려 부지런한 중국 출신 조선족 동포를 쓰는데, 같은 우리 민족이 이렇게 달라지는 모습을 보면 사회화와 문화라는 요소가 중요한 것 같다는 이야기까지 듣고 있노라니 시간 가는 줄 몰랐다.

이야기를 들어보니 그 친구가 러시아 사회의 작동 원리를 정확히 파악한 점이 돈을 번 비결이었다. 러시아가 아직도 모든 깃이 관료적 결정에 좌우되는 관료 사회, 그러니까 관료자본주의 사회라는 점을 꿰뚫어 보고 KGB 출신 등 이런 문제를 풀어낼 수 있는 전직 관료들을 찾아 동업 형태로 사업을 벌여서 계속 성공을 거두고 있었다. '21세기판 장보고'를 보는 듯해 자랑스럽게 느껴지면서도 이른바 '진보적 지식인'으로서 개운치 않은 느낌을 지울 수 없었다.

반역의 역사, 유령의 역사

상트페테르부르크는 파리 이상으로 매혹적인 도시였다. 사방에 널린 것이 박물관이고 역사적 유물이었으며, 파리하고 다르게 바다를 접하고 있는데다가 수십 개의 섬들이 다리로 연결돼 이국적이었다. 가보지는 못했지만 수상 도시라는 베네치아와 파리를 합치면 이렇게 될 것이라는 생각이 들었다. 특히 모든 다리를 들어올릴 수 있게 설계해 큰 배들이 도시 안쪽까지 마음대로 드나들 수 있는 점이 특이했다. 상트페테르부르크는 도시를 처음 설계하고 만든 계몽 군주 표트르 대제의 체취가 사방에 느껴지는 도시다. 처음

이곳에 와서 궁전으로 쓰기 위해 지은, 사방이 강으로 둘러싸인 요새 궁전부터 그 뒤 주궁으로 지은 겨울 궁전, 그리고 여름 궁전이 모두 표트르 대제의 작품이다.

러시아 사람들은 재미있게도 "나가서 한잔하자"는 말을 할 때 우리처럼 술잔을 꺾는 시늉이 아니라 목을 두 손가락으로 두드리는데, 이것도 표트르 대제의 유산이라고 한다. 표트르 대제가 요새 궁전을 지을 때 황금색을 칠한 높은 탑을 세웠는데, 그 끝이 뾰족하고 너무 높아서 올라가 작업할 사람이 없었다. 그래서 후한 상금을 걸었고, 결국 한 농부가 올라가 일을 끝냈다. 표트르 대제가 소원을 말하면 무엇이든 들어준다고 하자, 술을 좋아하는 이 농부는 자기가 술을 마시고 싶을 때 언제든지 마실 수 있게 해달라고 했다. 그러자 황제는 농부의 목에 옥새를 찍어주면서 술이 먹고 싶으면 어디든 가서 이 옥새를 보여주라고 말했다. 그래서 이 농부는 술 생각이 나면 귀족들의 저택에 나타나 목에 찍힌 옥새를 보라며 손가락으로 목을 두드렸는데, 그 뒤부터 술을 한잔 하자는 육체 언어가 목을 손가락으로 두드리는 것이 됐다는 이야기였다.

이제는 박물관으로 바뀐 겨울 궁전 앞에 섰다. 그 앞에는 세계에서 가장 아름다운 광장이라는 말을 듣는, 너무도 완벽하고 균형 있게 설계된 거대한 광장이 있다. '궁전 광장Palace Square'이라고 불리는 곳이다. 1905년 러일 전쟁에서 패배한 러시아는 기아와 고통으로 시달리고 있었다. 한 러시아 정교회 신부의 지도 아래 니콜라이 2세에게 생활고를 탄원하려는 시위대가 이 광장에 모여들었다. 민중들은 평화적 시위를 하겠다는 사전 서한까지 보냈지만 차르 정부는 무차별 사격을 해 수백 명을 사살했다. 이렇게 1917년 10월 혁명의 전초전인 1905년 혁명을 촉발시킨 역사적 현장이 이 궁전 광장이다. 10월 혁명 때에도 발트 함대의 오로라 호에서 궁전을 향해 쏜 한 발의 함포 사격을 신호탄으로 해 레닌을 지지하는 붉은 군대가 순식간에 쳐들어와 차르 체제에 최후의 일격을 가한 곳도 바로 이곳이다.

개인적으로도 감회가 깊은 곳이었다. 지적이고 극적인 대비를 강조하는 드미트리 쇼스타코비치^{D. Shostakovich}의 교향곡을 모두 좋아하지만, 그중에서도 11번 교향곡 〈1905년〉을 가장 좋아하기 때문이다. 사회주의 러시아의 가장 유명한 작곡가로 혁명에 관한 곡을 여럿 작곡하고 상도 받았지만 예술관의 차이 때문에 스탈린 체제하고 갈등을 겪었다. 10월 혁명 40주년 기념으로 1957년에 발표된 이 곡은 쇼스타코비치가 이미 2번 교향곡을 〈1917년〉으로 명명해 10월 혁명을 기념한 적이 있기 때문에 1905년 혁명에 헌정됐는데, 특히 그중에서도 차르 체제의 압정을 노래한 '궁전 광장'이라는 제목의 제1악장이 압권이다.

쇼스타코비치의 무미건조한 다른 교향곡들하고 다르게 〈1905년〉의 제1악장은 러시아 감옥에서 불리던 구전 노래를 모티브로 삼았다. 압정을 상징하는 느리고 매우 낮은 키의 선율을 듣고 있으면 마치 차르 체제하에 살고 있는 것처럼 숨이 탁탁 막힌다. 대학생 때이던 유신 시절의 분위기하고 비슷해서 온 국민의 숨통을 조이는 유신을 생각하며 자주 듣던 음악이다. 게다가 이 느리고 낮은 음악 뒤에 간간이 들려오는 북소리는 억압 속에서도 좌절하지 않고 살아 숨쉬는 민중의 맥박과 저항을 느끼게 한다. 바로 그 광장 앞에서 많은 관광객 속에 끼여 서 있자니 갑자기 관광객들이 94년 전의 시위대인 듯 착각이 들면서 어디에서인가 우리를 진압하려고 달려오는 코사크 근위대의 말발굽 소리가 들리는 듯했다.

이제는 박물관으로 바뀐 겨울 궁전을 시작으로 러시아 국립박물관 등 여러 박물관을 관람했다. 엄청난 소장품들, 특히 차르가 수집한 서구 주요 화가들의 방대한 작품들에 놀라지 않을 수 없었다. 겨울 궁전의 소장품만 하더라도 30초에 한 개를 보는 빠른 속도로 봐도 전체를 다 관람하려면 6년이 걸린다니, 그 규모를 가히 상상할 수 있다. 러시아가 외환 위기를 겪고 있어

IMF에서 100억 달러의 추가 구제 금융을 받기로 했다는 뉴스가 전해졌지만, 최악의 경우 이 소장품들만 팔아도 외환 위기는 상당히 해소할 수 있을 것 같았다.

표트르 대제가 직접 설계해 지었다는 여름 궁전은 '분수 궁전'이라는 이름에 걸맞게 아름답고 기발한 분수들이 지천에 깔려 있었다. 비스듬한 경사에 위치해 수압 차이를 이용해서 작동하게 설계한 주분수 단지부터, 사람들이 지나가면 무작위로 분수가 터져 나와 물을 흠뻑 맞게 설계한 개구쟁이 분수(그런데 이 분수를 만든 비결은 한국의 포석정처럼 아직도 알 수 없다고 한다), 분수 옆에 거대한 장기판을 정원식으로 만들어 외국 사신이 오면 먼 곳에서 분수를 보면서 장기를 뒀다는 장기 분수 등 표트르 대제의 탁월한 지적 능력을 한눈에 알 수 있는 곳이었다.

과거 같으면 이런 곳을 보고는 '이것을 지으려고 얼마나 많은 민중의 피와 땀을 착취했을까' 하는 생각을 주로 했다. 그런데 나도 '나이가 먹은 탓인지' 이런 생각은 한쪽에 변함없이 남아 있지만, 동시에 '착취를 해서라도 이런 것들을 지어놓으니까 역사에 뭔가가 남아 후세들이 즐길 수 있게 된 것이 아닐까' 하는 '타협적'인 마음도 들었다.

궁전 광장뿐 아니라 상트페테르부르크는 '반역의 역사'와 '유령의 역사' 자체였다. 18세기 프랑스 혁명과 계몽주의 등 서구의 근대적 사상이 들어온 뒤 1825년 공화정을 세우려고 차르 체제에 처음 반기를 든 '데카브리스트Decembrist 봉기' 광장부터 '민중 속으로Vnarod'를 외친 나로드니키들의 유적들, 1881년 그런대로 개혁적이던 알렉산드르 2세를 암살한 현장, 저격을 받은 알렉산드르 2세가 도주하다가 피를 흘리고 숨을 거둔 현장에 황제를 추모하는 농민들이 성금을 내어 지었다는 아름답기 짝이 없는 '피의 사원', 1905년 혁명과 1917년 혁명의 유적 등 격동의 러시아 역사를 시대순으로 추적할 수 있었다.

핀란드에는 핀란드 역이 없다

'핀란드 역으로To the Finland Station'는 한국에도 《근대 혁명 사상사》로 번역된, 사회주의 운동사를 다룬 에드먼드 윌슨Edmund Wilson의 책 제목이다. 바뵈프부터 러시아 혁명에 성공한 레닌까지 이어지는 사회주의 사상사를 주요 사상가들의 전기와 사상을 적당히 섞어가며 알기 쉽고 유려한 문체로 쓴 이 책의 제목은 망명 중이던 레닌이 1917년에 혁명이 일어난 소식을 듣고서 러시아로 돌아가려고 핀란드 역으로 향한 역사적 사실에서 따왔다.

나는 이 책을 대학 시절 문고판 원서로 읽었는데, 그 뒤 지금까지 제목 속의 '핀란드 역'이 러시아에서 가장 가깝고 열차를 타고 러시아로 돌아갈 수 있는 핀란드에 자리한 역이라는 뜻으로, 그러니까 러시아로 가기 위해 레닌이 핀란드에 있는 역으로 간다는 뜻으로 알고 있었다(여행에서 돌아와 대학 시절에 내가 영어가 짧아 잘못 읽었나 궁금해서 책을 찾아 다시 읽어봤다. 윌슨이 그 뜻을 모르지는 않았겠지만, 핀란드 역에 관한 설명이 없어 잘 모르는 사람은 나처럼 오해하게 돼 있었다).

그런데 현지에 와보니 그것이 아니었다. 핀란드 역은 핀란드에 있는 역이 아니라 상트페테르부르크에 있는 역 이름이었다. 러시아에서는 기차역 이름을 출발지가 아니라 목적지로 부르는 독특한 관습이 있어서 모스크바에서 상트페테르부르크행 열차를 타는 역 이름은 모스크바 역이 아니라 상트페테르부르크 역이다. 따라서 《핀란드 역으로》의 '핀란드 역'은 상트페테르부르크에 있는 핀란드행 기차역이라는 뜻이었다. 이런 사실을 알게 되자마자 나는 문제의 역이 바로 코앞에 있다는 사실에 흥분해 지체 없이 핀란드 역으로 데려다달라고 부탁했다.

러시아의 공산품이 거의 다 외국 제품이고 세금 등이 붙어 값이 엄청나게 비싸기 때문에 핀란드에 가서 물건을 직접 사오는 보따리장수들이 주로 이

1917년 10월 혁명 직전 망명 상황에서 귀국, 조국의 땅에 첫발을 내디디며
혁명을 호소하는 레닌의 모습을 담은 레닌그라드 핀란드 역 앞의 레닌 동상.

용하는 역이 됐다고 하지만, 기차 시간이 아니라 그런지 핀란드 역은 한가롭
기만 했다. 단층으로 길게 지은 역사에는 평평한 지붕 위에 네온으로 '핀란
드 역'이라고 쓴 러시아어 간판이 붙어 있었다. 역사 앞으로 가자 건물에서
30미터 정도 떨어진 곳에 손가락으로 강 건너 상트페테르부르크 중심가를
가리키며 사자후를 토하는 모습을 한 거대한 레닌 동상이 철거되지 않고 그
대로 남아 있었다. 핀란드를 출발한 열차 속에서 밤새 메모지에 쓴 유명한
〈4월 테제〉를 들고 그리던 조국 땅을 밟은 혁명가를 환영하러 나와 혁명가
의 이름을 연호하는 많은 노동자와 병사들에 둘러싸여 첫 연설을 한 바로
그 현장에 바로 그 모습으로 레닌은 서 있었다.

그 생생한 포즈에 내가 그때 그 현장에 있는 듯한 착각이 들면서도 레닌
의 시신을 직접 보고 온 탓인지 거대한 조각상이 레닌의 이미지를 왜곡하고
있다는 느낌을 받았다. 높은 좌대 위에서 러시아를 내려다보는 레닌은 숱한
선배 지식인들과 자신이 시베리아 유형 등 형극의 길을 걸으며 이룩한 혁명

이 변질해 '노동자들에 대한 독재'로 타락한 뒤 결국 물거품이 돼버리고 이제는 외국 자본과 관료 자본이 판치고 있는 모습을 보며 무슨 생각을 하고 있을까? 답답한 마음에 문득 2차 대전 때 나치의 포위와 짧은 점령 속에서 인구의 3분의 1에 해당하는 100만 명이 목숨을 잃으면서도 굴하지 않고 처절하게 저항해 승리한 레닌그라드 시민들의 영웅적 투쟁을 그린 쇼스타코비치의 제7번 교향곡 〈레닌그라드〉가 듣고 싶어졌다.

내일이면 여행을 마치고 돌아가기 때문에 오랜만에 긴장을 풀고 발트 해가 보이는 호텔에 있는 한국 식당에서 취하도록 술을 마셨다. 그동안 보드카를 마실 기회가 별로 없었는데, 러시아식으로 마시는 보드카는 정말 기가 막혔다. 병째 냉동실에 넣어 병 표면에 얼음이 두껍게 얼 정도로 차갑게 해서 엿처럼 반쯤 굳은 보드카를 마셨는데, 부드러우면서도 기분 좋게 취하는 맛이 환상적이었다. 혼자서 보드카 한 병을 다 비우고 나왔는데도 밖이 훤했다. 이상해서 시계를 보니 밤 11시였다. 백야를 실감했다. 그러나 왠지 낮술을 너무 많이 마신 듯해 이상했다. 적당히 취한 눈으로 발트 해를 바라보니 완전히 어둠이 내리지 않고 거무스레한 바다가 묘하게 느껴졌고, 바다와 하늘 사이로 무수히 많은 붉은 유령들이 소용돌이를 만들며 서서히 퍼져 나가는 듯한 착각이 들었다. '한여름 밤의 유령 여행'은 이렇게 끝났다.

미국을 보면 한국이 보인다?

21세기 미국 사회 '주마간산'기[*]

1.

공간과 마찬가지로 시간이 자연적인 것이 아니라 사회적이고 정치적인 것이라는 사실은 이제 상식에 속합니다. 우리는 자본주의의 독특한 시간의 조직화에 따라, 특히 종속적 후발 자본주의의 독특한 시간의 조직화에 따라, 헐떡거리며 생활의 노예로 바쁘게 살아가고 있습니다. 이런 현실에 관한 자성에 더해 최근 들어 '느림의 미덕'이 재평가되고 있습니다만, 자본주의의 '속도의 문명'을 근본적으로 바꾸지 않는 한 느림을 즐기는 것은 쉬운 일이 결코 아닙니다.

어쨌든 대학 교수라는 직업 덕분에 안식년을 얻어 지난 1년을 캘리포니아 주립대학교 로스앤젤레스 캠퍼스^{UCLA}의 교환교수로 미국에서 지낼 수 있었고, 한국 민중들이 IMF 경제 위기를 극복하기 위해 김대중 정부가 도입한 시장 만능의 신자유주의적 구조 개악 아래 고통받는 동안 미안하게도 느림의 미덕을 즐기는 사치를 누릴 수 있었습니다. 제 삶에서 처음으로 한가한 자

＊ 오랜 시간강사 생활에다가 전남대학교에서 서강대학교로 자리를 옮기는 바람에 귀국 뒤 12년 만인 2000년에야 안식년을 얻어 캘리포니아 주립대학교 로스앤젤레스 캠퍼스에 초빙교수로 갈 수 있었다. 그때 1년 간 미국에 살면서 보고 느낀 점을 정리해 《진보평론》 8호(2001년 여름)에 기고한 글이다. 이 글에 단 주는 원문의 분위기에 맞춰 존댓말로 했다.

기 시간을 가지며 그동안 전혀 신경을 쓰지 않은 건강을 위해 운동(신자유주의 반대 '운동'도 아니고, 그렇다고 교수들이 안식년 오면 많이 하는 골프도 아닙니다. '고정자본'을 투자할 필요가 없는 걷기와 뛰기*를 하면서 삶을 재충전할 수 있는 사치를 누렸습니다.)** 그러는 사이에 틈틈이 미국 정치와 미국 사회를 현장에서 지켜볼 수 있는 기회를 가질 수 있었습니다. 물론 1980년대 유학 시절 미국에서 8년 동안 생활한 적이 있지만 그때만 해도 공부에 찌들어 차분하게 미국 사회를 관찰할 수 없었다면, 이번에는 조금 여유로운 마음으로 미국 사회를 살펴볼 수 있었습니다. 특히 미국 정치와 경제의 현주소를 각각 상징적으로 보여주는 2000년 대통령 선거와 캘리포니아 단전 소동을 가까운 곳에서 지켜보는 행운을 누릴 수 있었습니다. 이런 이야기에 더해 제가 안식년을 보낸 로스앤젤레스 지역을 통해 미국 정치의 변화를 소개할까 합니다.

먼저 지난 대선 이야기입니다. 그동안 미국 정치에 관해 우리가 지닌 통념은 절차적으로는 우리가 배워야 할 민주주의의 최고 수준이지만 내용 면에서는 민주주의에서 거리가 먼 자본 지배의 전형이라는 것('돈으로 살 수 있는 최상의 정치')이었습니다. 그러나 지난 대선은 미국 정치가 내용뿐 아니라 절차에서도 한심하기 짝이 없다는 새로운 사실을 보여줬습니다. 선거인단 제도와 승자 독식주의라는 시대착오적인 제도에 더해서 국민의 표를 더 많이 받은 사람이 오히려 패배한 사실, 나아가 승패를 가른 플로리다 주에서 승자와 패자 사이의 표 차이보다 몇 배나 많은 표가 검표 과정에서 무효 처리가 돼 법정 소송까지 가는 소동이 벌어진 사실은 잘 알려져 있습니다.

특히 주목할 점은 아프리카계가 많이 사는, 따라서 민주당 엘 고어 후보를 지지하는 표가 많이 나온 카운티(한국으로 치면 면에 해당하는 행정 단위)의 경우 백인 지역 카운티에 견줘 무효표 처리율이 다섯 배가 높은 사실입니다. 공화당 관계자들은 무식해서 투표를 제대로 못한 아프리카계가 탓인 양 여론을 호도하며 "그렇기 때문에 투표권 부여에 문맹 테스트가 필요하다"는 끔찍한 발언을 서슴지 않았습니다. 참고로 문맹 테스트는 1960년대 인권 투쟁 뒤 사라지기는 했지만 과거 아프리카계의 투표권을 박탈하는 주요 수단으로 쓰인 악명 높은 반민주적 조치입니다.

그러나 진실은 지적 능력의 차이에 있지 않습니다. 플로리다 주에만 카운티에 따라 검표 방식이 다섯 가지나 돼 부자 동네는 현대화된 검표기를 사용한 반면 가난한 아프리카계 카운티는 낡아 빠진 검표기를 사용한 탓에 그런 편차가 난 것입니다. 또한 조지 부시 후보의 동생인 젭 부시 플로리다 주지사와 공화당은 2000년 대선에서 플로리다 주가 중요한 승부처가 되리라고 판단, 민주당의 핵심 지지 세력인 아프리카계의 투표권을 체계적으로 박탈하는 공작을 벌인 사실이 밝혀졌습니다.*** 전과자 중 아프리카계의 비율이 매우 높은 데 주목해서 전과자는 형을 산 뒤 얼마가 지났든 무조건 투표권을 박탈하는 법안을 주의회에서 통과시켰습니다. 그리고 부시 주지사는 미국은 한국하고 다르게 투표를 하려면 미리 유권자 등록을 해야 한다는 점을 악용했다. 유권자 등록 자료에 따라 유권자 명부를 작성하면서 정체가 모호하고 문제가 많은 한 회사에 관련 작업을 맡겼고, 이 회사가 수만 명의 무고한 아프리카계 유권자를 전과자인 것처럼 만들어 유권자 명부에서 삭제해서 투표권을 체계적으로 박탈했습니다.

---

* '운동' 이야기가 나왔으니 이야기하지만, 제가 키가 무척 큰 탓에 평소 사람들을 처음 만나면 가장 많이 듣는 질문이 학창 시절에 무슨 운동을 했느냐 입니다. 그러면 저는 '3·1 운동'을 했다고 대답했는데, 이번에는 진짜 운동을 하게 돼 감개가 무량합니다.

** 미국에서 함께 공부한 뒤 정부 연구소에 취직한 한 후배가 몇 년 전에 연구실로 놀러온 적이 있습니다. 몇 년 만의 해후라 이런저런 이야기를 하려는데 몇 마디 나누면 사방에서 전화가 걸려 이야기가 자주 끊어지자, 자유로운 출퇴근 시간, 노동 과정의 자율성 등 여러 면을 고려할 때 대학에 취직하고 싶어하던 이 후배는 "자기 시간이 많은 21세기적 직업을 가지고서 왜 그렇게 19세기적으로 사느냐"고 답답해했습니다. 사실 대학 교수, 특히 한국 사회에서 대학 교수는 자본주의적 속도의 문명에서 자유로울 수 있는 몇 안 되는 직업입니다. 그러나 어쭙잖지만 사회운동이라는 이름 아래 한국 자본주의라는 무식한 속도의 문명이 가져다주는 폐해에 맞서 싸우려다 보니 개인적으로 또 다른 속도의 문화에 맞춰 살아갈 수밖에 없는 현실이었습니다.

*** John Lantigua, "How the GOP Gamed the System in Florida," The Nation, April 30, 2001.

지난 대선은 민주주의의 최소 권리인 참정권에 관련된 문제이고 결코 타협할 수 없는 사안인데도, 민주당과 고어 진영은 이 문제를 들고나올 경우 백인 유권자들을 자극해 다음 선거 등에서 손해를 볼지도 모른다고 염려해 쉬쉬하며 한심한 대법원 판결에 승복하고 넘어가버렸습니다. 한국 같으면 폭동이 일어나도 몇 번은 일어났을 이 문제가 이렇게 한심하게 정치인들의 야합 탓에 무마되고 넘어갔는데도 한국 언론에는 "결과에 깨끗하게 승복하는 모습을 보니 역시 미국은 위대한 나라"라는 식의 미국 예찬론이 난무했으니, 한심하기 짝이 없습니다.

지난 대선에 관련해 마지막으로 절차가 아닌 내용에 관한 이야기를 하나 하려고 합니다. 미국은, 잘 알려져 있듯이, 그리고 '미국 예외주의'라는 표현이 잘 보여주듯이 선진 자본주의 국가 중 유일하게 진보 정당이 없습니다. 그러나 그런 사실이 미국 정치가 계급 정치에서 자유롭다는 뜻은 결코 아니며, 오히려 미국 정치를 대표하는 민주당과 공화당은 시기에 따라 그 구체적인 내용을 달리하는 두 개의 자본분파 연합을 핵심으로 하고 있습니다.* 대표적인 예가 1930년대부터 1970년대까지 미국을 주도한 민주당 주도의 뉴딜 연합으로, 이 연합은 공화당의 고립주의적인 일국 자본주의에 대항하는 국제주의적인 록펠러류의 금융자본과 경쟁력을 가진 첨단 산업이 핵심입니다. 특히 이 산업들은 대부분 자본 집약적이기도 해 원가에서 노동 비용이 차지하는 비중이 낮아 1920년대의 첨예한 노동과 자본 사이의 갈등에서 노동 통합적 개량주의를 수용할 수 있는 물적 기반을 갖고 있었습니다. 그래서 하위 파트너로 노동조합을 참여시키는 특이한 연합(민주당의 전통적 지지 기반인 남부+국제주의적 금융자본과 첨단 산업+노동)을 구성해 그전까지 미국을 지배하던 북부 지역의 노동 집약적 내수 자본 위주의 공화당(노예 해방의 링컨당) 우위 체제를 깨고 1930년대 이후 미국을 지배했습니다.

그러나 이런 연합은 1970년대 들어 미국의 경쟁력이 약해지고 산업 구조가 변화하면서 깨어져 대부분의 자본이 탈규제와 신자유주의를 내세운 공화당으로 돌아섰습니다. 그것이 바로 레이건주의의 핵심입니다. 이렇게 1980년대 들어 레이건주의가 판을 치자 민주당의 보수적 의원들 사이에는 낡은 뉴딜류의 민주당을 벗어나 새로운 21세기형 민주당을 만들어야 한다는 의견이 모아졌고, 그 결과가 '민주당 리더십 자문회의DLC-Democratic Leadership Council'입니다. 고어는 바로 이 모임의 발기인이자 핵심 인물이었고, 클린턴도 이 그룹의 일원으로서 사실 토니 블레어 영국 총리 이전에 뉴딜식 낡은 민주당도 아니고 공화당식 레이건주의도 아닌 제3의 길을 주창했습니다.**

그러나 이런 민주당의 우경화에 대해 민주당 좌파들은 모든 여론조사가 일반 유권자들은 결코 보수화되지 않았으며 대기업의 횡포와 이 횡포에 대한 규제 필요성, 정부의 사회보장 제도 등 핵심 사안에서는 오히려 1960~1970년대보다 좌파적인 태도를 지니고 있다는 점을 보여준다고 반박했습니다.*** 특히 미국 정치의 캐스팅 보트를 쥐고 있는 집단은 이 당내 좌파들이 '잊힌 다수'라고 부르는, 대학 중퇴 이하 학력을 가진 백인 노동자들로, 이 집단은 지구화와 신자유주의 때문에 그 어느 때보다도 고통받는 중이며 민주당이 우경화함으로써 정치에서 소외감을 느끼고 민주당에 등을 돌리고 있다는 것입니다.****

어쨌든 보수적인 고어 후보는 지난 대선에서 자신의 보수적인 '신민주당' 노선에 따라 선거운동을 폈습니다. 그러나 클린턴 스캔들 때문에 민주당에

---

* Tomas Ferguson, *Golden Rule: The Investment Theory of Party Competition and the Logic of Money-Driven Political System*, Chicago: Chicago Univ. Press, 1995.

** 유럽이나 한국하고 다르게 미국에서는 레이건주의를 신자유주의가 아니라 신보수주의이라 부르고, 클린턴이나 고어류의 견해를 '네오리버럴(neoliberal)'이라고 부릅니다.

*** Thomas Ferguson and Joel Rogers, *Right Turn: The Decline of the Democrats and the Future of American Politics*, New York: Hill & Wang, 1986.

**** Ruy Teixeira and Joel Rogers, *America's Forgotten Majority: Why the White Working Class Still Matters?*, New York: Basic Books, 2000.

쏟아진 거부감과 고어 후보의 딱딱한 태도 등이 겹쳐 부시 후보에 점점 뒤지면서 완전히 승산이 없다는 판단이 나오기도 했습니다. 당황한 고어는 최후의 수단으로 '잊힌 다수론'을 대표하는 민주당 내 '좌파' 선거 전략가 스탠리 그린버그*를 고용해 선거운동의 방향을 바꿨습니다. 부시의 감세안을 소수 1퍼센트를 위한 특혜라고 비판하는 등 갑자기 민중주의적 노선을 편 것입니다. 고어가 이렇게 방향을 바꾸자 부시 진영과 주류 언론은 민주당이 낡은 '계급 적대 정치'를 부활시키고 있다고 비판하고 나섰지만, 갑자기 높아진 인기 덕에 (선거인단 제도 때문에 패배하기는 했지만) 결국 유권자 투표에서 부시를 누를 수 있었습니다. 이런 사실은 클린턴류의 신민주당 노선을 근본적으로 재고해야 할 필요성을 보여줍니다.

2.

개표 소동 못지않게 미국에 대한 환상을 깨게 해준 또 다른 사건은 캘리포니아 주 단전 사태입니다. 세계 첨단 산업의 메카이고 미국에서도 가장 부유한 주인 캘리포니아에서 개발도상국에서도 흔치 않은 단전 사태가 벌어진 것입니다. 이런 사태에는 엄격한 환경 보호에 따른 신규 발전소 건립의 어려움이나 예상 밖의 경제 호황에 따른 갑작스런 전력 수요 증가 등 여러 요인이 결부돼 있습니다만, 문제의 핵심에는 1980년대 이후 미국을 지배하는 시장 만능의 신자유주의에 따라 전력 공급을 시장에 맡긴 전력 자율화 조치가 자리잡고 있습니다.

그동안 미국은 다른 많은 나라들하고 다르게 공기업이 아니라 전력 대기업이 전기를 생산하고 판매했지만, 가격, 생산, 판매 등에서 주 정부의 엄격한 통제를 받았습니다. 그러나 이번에 아카데미상 후보에도 오른 영화 〈에린 브로코비치Erin Brockovich〉(2000)에서 볼 수 있듯이 환경 소송이 잇따라 제기되자 캘리포니아의 전력 회사들은 골치 아픈 발전은 독립 업체들에 팔아버리고 자기들은 이 업체들에서 전기를 사서 판매만 하는 쪽이 더 큰 이익을 챙길 수 있다고 판단, 그동안의 독점을 깨고 시장 경쟁에 맡기면 더 싼값에 전기를 공급할 수 있다는 논리를 내세우고 막대한 돈을 들여 로비를 벌여 1996년에 전력 자율화법을 통과시켰습니다. 그리고 공화당 소속의 보수적인 피트 윌슨 주지사는 "이제 우리는 또 하나의 낡은 독점을 끝장내고 경쟁의 새로운 시대를 열었다"고 자랑스럽게 선언하면서, 주민들은 당장 10퍼센트 정도 전기료를 절감하는 효과를 얻을 것이며 2002년까지 전기료를 동결해 사실상 20퍼센트 정도의 절감 효과를 얻게 된다고 약속했습니다.

그러나 4년 뒤 자율화가 가져온 결과는 충격적인 순번제 단전 조치였습니다. 전기료 동결 약속을 깨고 전력 요금을 3배나 올린 뒤에도 말입니다. 사실 당초 약속하고 다르게 캘리포니아 주는 현재 절대 다수의 주들이 전력 자율화를 하지 않은 전국 평균에 견줘 50퍼센트나 비싼 전기료를 내고 있습니다. 사태가 이렇게 발전한 데에는 전력 시장이 자율화되자 이 전력 회사들에서 발전소를 사들여 독점하기 시작한 발전 회사들이 전기가 현대 생활에서 필요 불가결한 재화이면서 저장이 되지 않고 단기간에 발전소를 지어 공급선을 대치할 수도 없는 특수한 재화라는 점을 이용해 시장을 조작했기 때문입니다. 전력 수요가 폭등하는 시기에 점검과 보수를 이유로 발전소들을 일시 폐쇄해 전력 부족 사태를 인위적으로 야기하고 부족 전력에는 터무니없는 값을 요구한 것입니다. 그 결과 캘리포니아는 부족 전력을 지난해에 견줘 100배나 비싼 값에 구입하고 있습니다.

지난 한 해 동안 캘리포니아 주가 이 발전 독점 회사들에 지불한 도매가

---

* DLC의 신자유주의적 프로젝트에 반대해 그린버그가 내놓은 민주당의 '좌파적'(물론 민주당 수준에서 '좌파'라는 이야기다) 프로젝트는 Stanley Greenberg & Theda Skocpol(eds.), *The New Majority: Toward a Popular Progressive Politics*, New Haven: Yale University Press, 1997.

격이 평균 5배 폭등했고 이 회사들의 수익도 5배가 늘어난 사실은 이번 사태의 핵심이 어디에 있는지를 웅변적으로 보여줍니다. 사실 이런 가격 조작 문제를 캘리포니아 주가 고발하자 연방 정부는 최근 캘리포니아 주 안에 발전소 두 곳을 소유하고 있는 한 발전사를 상대로 가격을 조작해 부당 징수한 800만 달러를 캘리포니아 주에 반납하라는 판결을 내렸고, 다른 발전사들을 대상으로 조사를 계속하고 있습니다(《로스앤젤레스 타임스Los Angeles Times》 2001년 5월 1일). 또한 캘리포니아 주는 캘리포니아에 전기를 공급하는 5개 발전사가 전기 판매 시간 중 98퍼센트에 해당하는 시간 동안 독점에 따른 폭리를 취했다며 가격 조작과 담합 혐의로 소송을 제기했습니다(《로스앤젤레스 타임스》 2001년 5월 3일).

이런 조치들하고 별개로 단전 사태를 조사하고 있는 캘리포니아주 에너지위원회가 최근 공개한 중간 조사 결과에 따르면, 지난해 5월 이후 발전 회사들이 소유한 발전소들이 정비 등을 이유로 작업을 일시 중단하기 시작해 전력 위기가 본격화된 올 4월 들어서는 캘리포니아 주 전체 전력 수요의 3분의 1 수준인 1만 5000킬로와트의 발전 시설을 작동 중단시킨 사실이 밝혀졌습니다(《로스앤젤레스 타임스》 2001년 5월 11일). 그 이전, 곧 정기 점검과 보수 등을 위한 정상적인 발전 중단 비율에 견줘 3.5배 이상 높은 이런 수치는, 폭리를 취할 의도 아래 발전사들이 전력 부족 사태를 인위적으로 만들어내 의도적으로 발전소를 임시 폐쇄한 사실을 입증해주고 있습니다.

주목할 점은 자율화를 거부해 종전처럼 시 정부가 전력을 운영하는 로스앤젤레스는 전력 공급이 안정돼 이번 소동의 무풍지대로 남아 있다는 사실입니다. 그 결과 주 정부는 "전력 자율화는 치명적이고 위험한 실패작이었다"고 선언하고, 전면적인 정전 사태를 막기 위해 전기료를 3배나 올리고도 급등한 전력 구입 가격 때문에 사실상 파산한 전력 회사들에 막대한 혈세를 긴급 지원했습니다. 여론조사에 따르면 캘리포니아 주 주민의 92퍼센트가 전력 자율화가 잘못된 정책이라고 답했고, 전력 문제를 추적해온 사회단체들은 전력의 재공공화를 요구하고 나섰습니다. 그동안 캘리포니아를 모범 사례로 칭송하며 전력 자율화를 추진하던 네바다 주와 아칸소 주 등 많은 주들이 놀라 관련 정책을 중지하거나 재검토하기 시작했습니다.

그러나 한국전력 민영화, 아니 사영화privatization에 관련해 김대중 정부가 캘리포니아 주에 급파한 조사단은 단전 사태가 전력을 반쪽만 자율화해서 일어났다는 엉뚱한 결론을 내린 것으로 보도되고 있습니다. 발전 시장을 자율화하면서 소비자 전기료는 계속 규제함으로써 전력 회사들이 발전 회사에서 구매하는 비싼 전기료를 소비자들에게 전가하지 못한 탓에 재정난과 단전 사태가 발생했다는 것입니다. 이 세상에 규제가 전혀 없는 완전한 자율 시장은 존재할 수 없는데도 자율화가 실패하면 남아 있는 규제를 희생양 삼아 불완전한 자율화가 실패의 원인이라며 아전인수식으로 더 많은 자율화를 요구하는 시장 맹신론자들의 상투적 수법을 반복하고 있는 셈입니다.

조사단의 주장대로 캘리포니아 주가 자율화 조치 때 소비자 전기료를 계속 규제하기로 한 사실은 맞습니다. 또한 소비자 요금도 자율화해서 비싸게 구입한 비용을 소비자에게 100퍼센트 전가했으면 단전 사태를 막을 수 있었을지 모릅니다. 그러나 문제는 이렇게 전기료를 몇 배나 올릴 바에는 도대체 무엇 때문에 자율화를 했느냐는 것입니다. 앞서 소개한 대로 자율화의 목표는 경쟁을 거쳐 좀더 싼값에 전기를 공급하는 것이었고, 2002년까지 전기료를 20퍼센트 절감하게 해준다는 것이 자율화의 약속이었습니다.

나아가 소비자 요금도 자율화해서 몇 배 올렸으면 단전은 피할 수 있었을지 모르지만, 많은 빈곤층이 전기료 체납 때문에 단전을 당해 무더위에도 에어컨이나 선풍기를 켜지 못해 생명을 잃고 유수 기업들도 놀라서 전기료가 싼 다른 주로 빠져나가는 대규모 기업 엑소더스가 벌어져 캘리포니아 주의 경제는 엉망이 됐을 것입니다. 사실 최근 캘리포니아 주는 전력 위기를 극복하기 위해 전력 요금을 크게 인상했는데, 이런 기업 엑소더스를 막기 위해 대기업가 같은 대형 전력 소비자들이 내야 할 전력 요금은 최소한으로 올리고 일반 주민들이 쓰는 가정용 전력과 중소기업이 쓰는 전력 요금만 크게 인상해 전력 자율화의 폐해를 일반 주민들에게 거의 떠넘겼습니다.[*]

중요한 점은 전기는 그 독특한 성격 때문에 경쟁과 시장 원리가 불가능하다는 사실입니다. 미국 역사가 이런 점을 잘 보여주고 있습니다. 1920년대만 해도 미국의 전기는 규제가 없는 시장경제였습니다. 그러자 소수 전력 회사들이 독점력을 이용해 터무니없는 전기료를 부과함으로써 국민들의 고통은 물론 기업의 국제 경쟁력에도 심각한 문제가 생겼습니다. 그러자 프랭클린 루스벨트 대통령은 전력 국유화를 추진했고, 놀란 전력 회사들은 파국을 피하기 위해 생산부터 판매에 이르는 모든 과정을 정부 규제 아래 두는 타협안에 응했습니다. 그러나 이런 역사적 교훈을 망각하고 추진한 캘리포니아 주의 전력 자율화가 파국을 부르고 만 것입니다.

캘리포니아 주는 한국하고 정반대로 안정된 전력을 보장하는 길은 단전 소동의 무풍지대로 남아 있는 로스앤젤레스처럼 전력을 공공 소유로 만드는 것이라고 판단해 전력 재규제를 넘어서 공공 소유화에 나서고 있다는 사실에 주목해야 합니다. 캘리포니아 주는 주 예산을 투입해 주 소유 발전소를 설립하는 데 나서는 한편 전력 회사 소유의 송배전 설비를 구입해 주 소유로 만들기 위해 3대 전력 회사에 비상 자금을 지원하는 대가로 송배전 시설을 주 정부에 팔도록 압박해 최근 한 회사(에디슨)의 송배전 시설을 사들이기로 회사 쪽하고 합의했습니다. 문제는 다른 한 회사(PG&E)가 이런 압박을 피하려는 고육책으로 한국의 법정 관리하고 비슷한 '챕터11' 파산 선고를 법원에 전격 접수한 것입니다.

주 정부는 이 회사가 파산 신청 하루 전날 직원들에게 보너스를 지급하고 연봉을 올려줬다는 사실을 폭로해 여론전을 펴는 등 송배전 시설 공공화를 둘러싼 힘겨루기를 하고 있습니다만, 일단 '챕터 11'을 신청한 이상 이 회사의 송배전 시설 인수는 어렵게 된 것이 사실입니다. 사태가 이렇게 전개되자 사회단체들은 전력 회사들에서 막대한 정치 자금을 받아온 그레이 데이비스 주지사가 초기에 결단력 있게 공유화를 추진하는 데 실패함으로써 PG&E가 '챕터 11'을 신청하고 도망갈 구멍을 마련할 시간적 여유를 줬다고 비판하고 있으며, 주의회도 送배전 시설을 모두 사들일 수 없을 바에는 3분 1의 송배전 시설은 별 의미가 없기 때문에 차라리 송배전 시설보다는 에디슨의 수력 발전소를 사들여야 한다는 의견을 제시하고 있습니다.

주 정부의 재정을 책임지는 주 재무장관도 최근 발전사들이 피크 시즌인 여름에도 계속 터무니없는 가격으로 폭리를 취하고 연방 정부가 전력 요금 상한선을 제시해 가격 통제에 나서지 않을 경우 캘리포니아 주의 "유일한 대안은 발전소들을 직접 장악하는 것"이라는 강경한 태도를 밝히고 나섰고 (《로스앤젤레스 타임스》 2001년 5월 11일), 주지사도 이번 여름에도 발전사들이 폭리를 취하려 하면 이런 폭리를 세금으로 회수하는 폭리세^{windfall profits}^{tax} 관련법을 제정하거나 발전소를 공유화하는 중대한 결정을 내릴 것이라고 경고했습니다(《로스앤젤레스 타임스》 2001년 5월 17일). 전력 공유화라는 대원칙은 합의됐지만 구체적인 내용과 방법에는 이견이 있는 것입니다. 또한 이런 움직임하고 별개로 캘리포니아 주의회의 민주당 의원들은 발전소들의 독점 카르텔이 휘두르는 횡포에 저항하기 위해 오리건 주와 워싱턴 주 등 서부의 주 정부들이 전력 생산비에 적정 이윤을 감안한 일정 한도의 전력 구입 상한가를 공동으로 결정해 이 이상을 요구하는 회사의 전력은 구

＊ 이 문제를 다른 각도에서 보면, 소비자 가격을 계속 규제하기로 한 이유는 발전 시장을 자율화 하면 과거보다 더 싼 값에 전기를 살 수 있게 되는 만큼 소비자 전기료를 규제해도 상관없다는 경영 판단에 따라 전력 회사들이 소비자 전기료 규제에 동의했기 때문입니다. 잘못된 경영 판단의 결과 적자가 누적돼 파산 직전에 이르렀으니 시장주의자들의 시장 논리에 따르면 전력 회사들은 당연히 도산시켜 시장에서 퇴출해야 합니다. 그러나 그럴 경우 다른 전력 회사가 이 시장을 인수할 때까지 상당 기간 지속될 단전 사태 등 엄청난 사회적 부작용을 누가 감당하느냐는 문제가 있습니다.

입을 거부하는 소비자 카르텔을 형성하라고 주지사에게 촉구하고 나섰습니다(《로스앤젤레스 타임스》 2001년 5월 17일).

여기에 관련해 단전 사태가 처음 터진 3월 초 캘리포니아에 전기를 공급하는 한 발전사가 문제를 수습하기 위해 만든 내부 보고서가 최근 공개됐는데, 주목할 점은 이 보고서가 여론이 단전 사태를 자율화의 결과로 받아들이는 상황을 가장 경계하고 있다는 사실입니다. 특히 이 문건은 이런 염려에 기초해 데이비스 주지사가 자율화에 대한 비판을 자제하고 설사 비판하더라도 단전 사태가 자율화 자체의 결과가 아니라 전 주지사가 잘못된 자율화를 실시한 때문이라는 견해를 공개적으로 밝혔습니다. 나아가 자신들을 대상으로 심은 가격 조작 혐의 조사와 소송을 중단하면 캘리포니아 주에 막대한 금액의 전기 판매 요금을 할인하는 한편, 민주당의 다음 대통령 후보를 노리는 주지사 개인에게 앞으로 정치적 지원을 하겠다는 제의를 하는 것을 핵심으로 하고 있습니다. 이 회사는 이런 지침에 따라 그동안 실제로 주지사 쪽을 상대로 협상을 해온 사실이 밝혀졌는데, 이 문건이 공개되자 발전사들, 그리고 위기 초기에 우유부단하게 행동해 공유화의 중요 시점을 놓친 데이비스 주지사에게 불만이 쌓여 있던 주의회와 사회단체들의 분노가 폭발하고 주지사의 우유부단함에 다 이유가 있었다는 의혹이 제기되고 있습니다(《로스앤젤레스 타임스》 2001년 5월 3일).

캘리포니아 단전 사태에 관련해 두 가지만 더 언급하려 합니다. 하나는 이번 사태의 이면에는 또 다른 자율화가 자리잡고 있다는 사실입니다. 중요한 에너지원인 개스(물론 미국에서 개스는 가솔린의 준말로 자동차 연료로 쓰는 휘발유를 뜻하지만, 여기에서는 우리가 사용하는 의미의 개스, 곧 도시가스, 천연가스 같은 것이다)를 자율화한 점입니다. 캘리포니아 주는 환경오염 등을 염려해 화력 발전소나 원자력 발전소보다는 수력 발전이나 개스를 이용한 개스 화력 발전에 크게 의존하는데, 몇 년 전 개스 산업을 자율화하면서 개스값이 폭등해 발전 비용도 덩달아 폭등했습니다.

개스업체들이 공급 제한 등을 통해 시장을 조작하면서 지난해 3월 이후 개스값이 오르기 시작해 겨울 성수기에는 20배까지 폭등해서 에너지 위기를 부채질했는데, 이 문제도 주정부가 고발해서 현재 연방 에너지규제위원회FERC의 재판이 진행 중입니다. 캘리포니아 주가 낸 소송에 따르면 캘리포니아에서 사용하는 개스를 생산하는 텍사스 주의 한 개스 생산업체와 개스 파이프를 설치해 텍사스부터 캘리포니아까지 이 개스를 공급하는 개스 공급업체는 둘 다 에너지 재벌 기업인 엘파스 그룹의 자회사로, 이 업체들이 담합해 개스 공급업체가 지난해 3월부터 수송 능력의 53퍼센트만 가동하는 방식을 통해 캘리포니아 주에 개스 부족 사태를 유도함으로써 취한 37억 달러의 부당 이익을 반납해야 한다는 것입니다(《로스앤젤레스 타임스》 2001년 5월 14일). 특히 이런 담합의 결정적 물증이 되는 내부 자료인 이른바 '밸런타인데이 메모'의 내용을 최근 《뉴욕 타임스》가 폭로했고, 이를 놓고 기업 비밀을 이유로 공개해서는 안 된다는 회사 쪽과 공공의 이익을 이유로 공개를 요구하는 캘리포니아 주정부가 법정 공방을 벌이고 있습니다. 이래저래 자유시장론과 자율화가 속을 썩이고 있는 셈입니다.

캘리포니아 단전 사태에 관련된 또 다른 문제는 이번 사태에 부시 대통령이 보인 반응입니다. 부시 대통령이 단순히 보수적인 시장주의자일 뿐 아니라 원래 텍사스의 석유업자 출신으로서 이번 캘리포니아 전력난으로 엄청난 폭리를 취하고 있는 텍사스 발전 회사들에서 막대한 정치 자금을 받아온 점, 그리고 한때 '레이건 컨트리'이던 캘리포니아 주가 최근 들어 민주당의 아성으로 바뀌어 자신에게 참패를 안겨준 점을 고려하면, 이번 사태에 별로 호의적인 반응을 보이지 않으리라는 것은 어느 정도 예상한 일이었습니다.

그러나 연방 정부의 도움을 요청한 캘리포니아 주에 부시가 보인 반응은 가히 충격적입니다. 캘리포니아 전력난은 캘리포니아 주가 지나치게 환경 문제에 집착해 발전소 건설에 지나친 환경 규제를 해온 때문이라며 전력난을 해소하려면 환경 규제를 풀라고 답한 것입니다. 하기는 세계적인 명문 대학인 예일 대학교 졸업장이 무색하게 영어의 단수와 복수를 구별하지 못하는가 하면, 상속세death tax와 사형제death penalty를 헷갈려 최근 자신이 내세운 감세안을 국민들에게 설득하기 위한 전국 유세에서 "상속세를 폐지하자"고 말한다는 것이 "사형제를 폐지하자"고 외쳐 청중을 당황하게 하는 정도의 두뇌 능력을 가진 사람이 부시라는 점을 감안하면 별로 놀라운 사실도 아니기는 합니다만 말입니다.

3.

이제 제가 머문 로스앤젤레스를 중심으로 새로운 미국 사회의 변화를 소개해보려 합니다. 로스앤젤레스는 여러분도 잘 알고 있듯이 남부 캘리포니아의 중심 도시인데, 전통적으로 남부 캘리포니아는 샌프란시스코를 중심으로 한 북부 캘리포니아하고 다르게 '레이건 컨트리'로 알려진 보수적인 지역입니다. 특히 로스앤젤레스 남부부터 샌디에이고에 이르는 지역은 1년 내내 날씨가 따뜻하고 좋은 덕에 부유한 백인 노인들이 많이 모여 살아서 더욱 그러한데, 로스앤젤레스에서 가깝고 디즈니랜드로 유명한 오렌지 카운티의 경우 1980년대 이후 미국을 휩쓴 '레이건 (반)혁명'과 신보수주의가 1970년대에 처음 생겨난 미국 신보수주의의 원산지입니다. 로스앤젤레스는 상대적으로 나은 편이지만, 그래도 크게 봐서 보수적인 것은 사실입니다. 샌프란시스코 지역을 대표하는 캘리포니아 주립대학교 버클리 캠퍼스의 진보성에 대조되는 캘리포니아 주립대학교 로스앤젤레스 캠퍼스의 보수성이 이 점을 잘 보여줍니다. 그러나 이런 분위기가 급변하고 있습니다.

이런 변화를 이해하려면 먼저 로스앤젤레스의 역사를 알아야 합니다. 한

마디로 로스앤젤레스는 미국 최초의 '뉴딜 도시'이자 '포드주의에 따른 대중 소비 도시'입니다. 원래 소수 백인 엘리트가 지배하는 신생 도시이던 로스앤 젤레스는 20세기 들어 유대인들이 이주하면서 서서히 바뀌기 시작해서 뉴딜 이후, 특히 1960년대 사이에 급변했습니다. 생긴 지 오래돼 기간 시설이 낡은 대부분의 동부 도시들하고 다르게 신생 도시인 로스앤젤레스는 후발성을 활용해 도시의 상징이 된 대규모 고속도로를 건설하고 휴즈 사 등 첨단 우주 산업과 자동차 산업 등을 유치했습니다. 이런 산업을 중심으로 포드주의에 따른 '고임금 노동자'가 생겨나면서 자가용을 굴리고 정원에 수영장을 갖춘 저택을 소유한, 대중 소비 사회의 이른바 중산층을 중심으로 하는 로스앤젤레스가 등장했습니다. 뉴딜과 포드주의의 도시로서 로스앤젤레스를 상징한 것이 바로 존 F. 케네디를 대통령 후보로 지명한 민주당의 1960년 로스앤젤레스 전당대회였습니다.

그러나 1980년대 이후 진행된 신자유주의와 포스트포드주의, 지구화에 따라 로스앤젤레스의 모습은 급변하고 말았습니다. 휴즈 사의 폐쇄로 상징되는 로스앤젤레스의 탈포드주의화, 탈산업화하고 함께 로스앤젤레스는 20 대 80의 전형적인 미국 도시로 변하고 말았습니다. 중산층은 붕괴하고 할리우드와 첨단 정보 산업을 중심으로 한 소수 초부유층과 최저임금을 받으며 서비스 산업에서 일하는 다수 빈곤층으로 양극화됐습니다. 후자의 경우 히스패닉을 비롯한 소수 민족이 중심을 차지하게 됐습니다. 이런 점에서 뉴딜 시대의 민주당 전당대회가 1960년에 로스앤젤레스에서 열린 데 이어 40년 만인 2000년에 다시, 그러니까 신자유주의 시대의 민주당 전당대회가 로스앤젤레스에서 열린 것은 우연 이상의 상징적 의미가 있습니다.

이런 로스앤젤레스의 정치경제학적 변화에 관련해 주목할 점은 로스앤젤레스가 뉴욕을 제치고 미국 노동운동과 진보 운동의 메카로 변화하고 있다는 사실입니다. 몇 년 전에는 '청소부'들이 전면 파업을 벌여 역사적인 승리를 얻어냈고 지난해에는 미국에서는 드물게 대중교통인 버스와 지하철MTA 운전사들이 파업을 벌여 도시의 공공 교통이 한 달 넘게 마비됐습니다. 게다가 얼마 전 실시된 시장 선거에서는 미국의 대표 노동조합인 미국노동총동맹-산업별조합회의AFL-CIO의 공식 지지를 받은 친노동적이고 진보적인 히스패닉계 후보가 1등을 해 결선 투표에 진출했고, 오는 6월에 열릴 결선 투표에서도 승리해 로스앤젤레스 사상 최초로 친노동적인 진보적 시장이 탄생할 가능성이 큽니다(히스패닉인 안토니오 비야라이고사는 결선 투표에서 패배하지만 결국 2005년에 시장에 당선해 2013년까지 재임합니다). 로스앤젤레스의 급진화는 정치경제학적 변화에도 기인하지만 단지 그것만은 아닙니다. 여기에 못지않게 중요한 원인은 인구 구성의 변화, 특히 이민과 높은 출산율 등에 따른 히스패닉계의 급증입니다.

미국 정치에서 멕시코계를 포함한 라틴아메리카 출신들을 라틴계 또는 히스패닉계라고 부르는데, 이 사람들은 90퍼센트가량이 민주당을 지지하는 아프리카계하고 다르게 정치적으로 다양한 소수 민족입니다. 이를테면 마이애미를 중심으로 주로 플로리다 주에 거주하는 쿠바계는 북한 이탈 주민처럼 카스트로 정부를 피해온 실향민이자 대부분 구체제하의 상류층 출신으로서 극보수 세력입니다. 그러나 캘리포니아에 주로 거주하며 라틴계의 다수를 차지하는 멕시코계의 경우 자신들의 땅인 캘리포니아와 텍사스 등을 전쟁에 진 뒤 미국에 빼앗긴 역사적 경험과 백인 노동자들도 마다하는 잡일을 주로 하는 사회경제적 지위 때문에 전반적으로 진보적입니다.

특히 관심을 기울일 필요가 있는 점은 누구도 승리하지 못하리라고 생각한, 우리가 환경미화원이라고 부르는 '청소 노동자'들의 승리한 파업입니다.* 다른 대규모 공장 노동자들하고 다르게 작업장이 각각 다르고 분리돼 있는 청소 노동자들이 임금 인상과 작업 조건 개선을 요구하고 파업에 들어갈 때 고용주들은 콧방귀도 뀌지 않았고, 노동자들의 승리를 기대하는 사람은 거의 없었습니다. 그러나 이 노동자들이 대부분 히스패닉계라는 점 때문에 히스패닉 공동체가 동원돼 제도 정치권에 압박을 가하자 히스패닉계의 투표권을 두려워한 정치인들이 앞장서 고용주인 청소업자들에게 청소를 맡기고 있는 빌딩 소유주 등에게 노동자들의 요구를 들어주지 않는 업체는 교체하라는 압박을 가한 것입니다.

이런 압박 때문에 청소 용역 계약을 놓칠 위험에 놓이게 된 청소업체들은 울며 겨자 먹기로 백기를 들고 노동자들의 요구를 들어주게 됩니다. 결국 로스앤젤레스 청소 노동자 파업 사태는 노동운동을 비롯한 사회운동이 선거 정치 같은 제도 정치에 창의적으로 결합(단순히 진보 세력의 선거 출마를 의미하지는 않습니다)할 때 그 효과가 배가될 수 있다는 점을 보여줍니다. 그리고 이 점에서 대우자동차와 공기업 해외 매각 등 김대중 정부가 추진하고 있는 신자유주의적 구조조정에 관련해 대중운동을 선거 정치에 창의적으로 결합하지 못하고 중요한 기회를 놓쳐버린 지난해(2000년) 4·13 총선이 너무도 아쉽게 느껴집니다.

두 번째 주목할 것은 노동 문제와 비노동적인 사회 문제, 이 경우 인종 문제의 접합입니다. 청소 노동자 파업, MTA 파업, 로스앤젤레스 최초의 진보적 시장 후보의 등장 등 로스앤젤레스가 급속하게 진보 도시로 되는 추동력은 노동과 인종 문제의 접합, 그리고 여기에 기초한 노동운동-진보 세력-히스패닉계로 이어지는 새로운 사회적 연합의 등장입니다. 최근 미국의 한 진보적 학자**는 포스트포드주의적 지구화에 따라 노동운동이 약해지고 소수 민족이 급증하면서 미국 사회에서 벌어지는 백인의 수적인 '소수민족화'

＊ 이 이야기는 영국의 사회파 감독 켄 로치가 〈빵과 장미(Bread and Roses)〉(2000)라는 영화로 만들어 개봉됐습니다.

＊＊ Thomas Holt, *The Question of Race in the Twenty-First Century*, Harvard: Harvard Univ. Press, 2001.

에 관련해 21세기 미국 사회의 중심 문제(주요 모순?)는 인종이 될 것이라고 전망했습니다.

사실 지난 대선도 민주당은 소수 민족들이 많이 거주하는 서부와 동부의 해안 지역을 장악한 반면 백인 중심의 내륙 지방은 공화당이 석권함으로써 소수 민족 중심의 '새로운 미국'이 백인 중심의 '낡은 미국'을 완전히 포위한 모습을 보여줬습니다. 그러나 동시에 이 학자는 인종 문제에 관련해 아프리카계와 히스패닉계 등 소수 민족들이 노동운동하고 연대해 인종 문제와 노동 문제의 접합을 이끌어내지 못할 경우 진보성을 보장할 수 없으며 동시에 승리할 수도 없다고 경고했습니다.

파리 코뮌을 기리는 사람들의 또 다른 얼굴
코뮌의 흔적을 찾다

빅토르 위고와 뒤마 피스, 두 사람 다 우리에게 익숙한 19세기 프랑스의 문호다. 그러나 위고가 '프랑스판 황석영'으로 1871년 파리 코뮌을 위해 열심히 싸웠다면, 뒤마 피스는 '프랑스판 이문열'로 반혁명 세력의 편에 서서 파리 코뮌을 진압하기 위해 앞장섰다.

카를 마르크스가 '역사상 최초의 코뮤니스트 정권'이라고 평한 파리 코뮌은 나폴레옹 3세가 독일을 상대로 벌인 전쟁에서 패배하자 굴욕적인 강화 조약을 체결하려는 왕당파와 부르주아지에 대항해 파리 민중들이 세운 급진적 정권으로, 1871년 3월부터 5월까지 두 달 동안 지속됐다.

결국 5월 21일부터 28일까지 일주일간 지속된 진압 작전으로 2만 명이 목숨을 잃고 4만 명이 체포돼 그중 7500명이 유형에 보내지면서 파리 코뮌은 막을 내렸다. 특히 마지막 전투가 벌어진 5월 28일 파리 동북부의 페르 라셰즈 공동묘지에서는 동쪽 벽에 포로가 된 코뮌 병사들을 일렬로 세워놓고 집단으로 총살했다.

지난 10월 공무로 약 보름 동안 프랑스, 독일, 네덜란드를 방문할 기회가 있었다. 파리에 들렀을 때 시간을 내어 페르 라셰즈 공동묘지의 '통곡의 벽'을 찾았다. 1993년에 광주 5·18 관련 단체 관계자들하고 함께 세계 민주화

운동 기념 현장을 돌아보기 위해 들른 뒤 12년 만에 다시 찾은 통곡의 벽은, 13년 전이기는 하지만 한 번 가본 곳인데도 위치를 알기가 쉽지 않아 한참을 헤매다가 간신히 가볼 수 있었다.

이 묘지에는 프랑스의 대표적인 명사들이 묻힌 무덤이 줄줄이 있어 관광객들이 많이 찾는다. 프랑스 여행안내 책자에 적힌 안내에 따라 묘지 앞 카페에서 묘지 지도를 샀지만, 이 지도에도 빅토르 위고, 이브 몽탕, 에디트 피아프, 짐 모리슨 등 인기 예술가와 연예인의 묘지만 표시돼 있을 뿐 통곡의 벽은 빠져 있어 전혀 도움이 되지 않았다.

물어물어 간신히 찾아간 통곡의 벽에는 한 중국인이 놓고 간 화환, 그리고 누군가 꽂아놓은 추모의 꽃 한 송이가 나를 반갑게 맞았다. 아식노 파리 코뮌을 기리는 사람들이 있다는 사실이 반갑기 짝이 없었다. 여전히 130년 전의 총탄 자국이 뚜렷한 벽에는 '1971년 5월 21일~28일 파리 코뮌 때 죽은 이들에게'라는 기념 현판이 역사의 비극을 생생하게 증언하고 있었다.

간단히 망자들을 위한 묵념을 드리고 더 어두워지기 전에 묘지 외벽에 있는 것으로 기억한 파리 코뮌 기념 부조를 찾아 길을 재촉했다. 그런데 엄청나게 넓은 페르 라셰즈 공동묘지에서 통곡의 벽이 있는 구역이 '좌파' 구역인지 중요한 프랑스 좌파 인사들의 무덤이 줄줄이 나타났다. 스페인 내전 때 파시즘에 맞서 공화국을 지키기 위해 자원해 스페인으로 달려가 전투에 참가하다가 목숨을 잃은 국제의용군을 기리는 묘비들이 눈길을 끌었다. 세계화 시대에 그 어느 때보다도 필요한 국제 연대와 국제주의를 가장 치열하게 실천한 이들의 용기를 생각하니 아무리 바빠도 참배는 해야 할 듯해 다시 발길을 멈췄다.

경건한 마음으로 옷깃을 여미고 묵념을 드리며 과연 우리 중에 반파시즘 투쟁을 위해 목숨을 걸고 머나먼 이국으로 무기를 들고 달려갈 수 있는 사람이 얼마나 될까 반문해봤다.

파리 코뮌 때 코뮌군이 진압군에 저항하다 마지막으로 사살된, 페르 라셰즈 공동묘지 안 '통곡의 벽.'
아직도 총탄 자국이 생생하다. '1871년 5월 21~28일 파리 코뮌 때 죽은 이들에게'라는 글이 인상적이다.

파리의 페르 라셰즈 공동묘지에 설치된 스페인 내전 참전 의용군 기념 묘비와 스페인 내전 참전 국제의용군 기념 묘비.

묘지 외벽에 있다고 생각한 코뮌 기념 부조를 찾아 묘지 밖으로 나왔지만, 13년 전에 한 번 와본 탓에 방향이 전혀 기억나지 않는데다가 묘지 내부하고 다르게 그동안 주변 거리가 너무 바뀌어 도저히 찾을 수가 없었다. 다행히 카페에서 산 묘지 지도에 '혁명의 희생자'들이라는 기념물이 표시돼 있었다. 외벽을 따라서 설치한 철조망 담장을 따라 그쪽으로 걸어가며 조형물을 찾았다.

벽이 주택가에 막힌 곳까지 걸어가 한 시간 이상을 헤매고도 조형물을 찾는 데 실패했다. 결국 포기하고 실망감 속에 차를 세워둔 곳으로 돌아오는데, 갑자기 담장 안 언덕 위 벽에 작은 부조 같은 것이 눈에 띄었다. '저것일지도 모른다'는 생각에 담장을 따라 뛰어가자 담장 안으로 들어갈 수 있는 쪽문이 나타났다. 그 문으로 들어가 언덕 위로 달려가자 찾고 있던 부조가 나타났다. 지도에 표시된 '혁명의 희생자들'이라는 조형물이 내가 찾는 부조였고, 대강 위치도 맞았다. 기억보다 부조가 초라하고 작은데다가 새로 만든 담장을 따라 걸어가느라고 그냥 지나쳐버린 모양이었다.

이 부조는 규모는 그리 크지 않지만 코뮌 희생자들을 상징하는 두 팔을 벌린 한 여성의 전신상 뒤에 다른 신체 부위는 과감하게 생략하고 코뮌 희생자들의 얼굴만 스케치 방식으로 처리했다. 다시 봐도 가슴이 뭉클해지는 뛰어난 조형물이었다.

아무런 안내판이 없어서 지나가는 참배객들에게 그 안에 담긴 의미도 제대로 전달하지 못한 채 초라하게 방치된 이 부조가 안타까웠다. 통곡의 벽처럼 간단한 안내판이라도 만들어놓으면 좋으련만……. 외벽 부조를 찾느라 한 시간을 넘게 허비하는 바람에 지하 묘지인 카타콤 방문은 다음으로 미뤄야 했다.

다음날 카타콤으로 향했다. 카타콤은 사람의 뼈를 사람 키만큼 쌓아놓고 그 위에 해골을 올려놓아 유골 구경 자체만 해도 한번 가볼 만한 곳이지만,

페르 라셰즈 공동묘지 외부에 설치돼 있는 파리 코뮌 희생자 기념 조각.
죽어간 인물들의 얼굴 조각이 인상적이다.

파리 코뮌 때 목숨을 잃은 유골들.

특히 프랑스 대혁명과 파리 코뮌 때의 유골도 있어 역사에 관심이 많은 사람은 한번 가볼 만한 곳이다. 이곳도 12년 전에 한 번 들른 곳이었다(거의 한 달간 유럽을, 그것도 난생처음 여행했는데, 여행 목적이 목적인만큼 하고한 날 본 것이라고는 이런 무덤뿐이었다!). 그때 나는 물이 뚝뚝 떨어지는 지하 무덤을 오싹 소름이 돋은 채 걸었는데, 숨어 있다가 으악 소리를 질러서 귀신놀이를 하거나 우리 같으면 돈 주고 가져가라고 해도 안 가져갈 해골이나 뼈다귀를 멀쩡하게 생긴 금발 여성들이 하나씩 핸드백에 숨겨 나오다가 가방 검사에 걸리는 모습을 보고 문화라는 것이 참 희한하다는 생각을 했다.

한참을 걸어 내려가자 지하 통로가 나오고 또 한참을 걷자 어둠 속에 뼈를 쌓아놓은 '뼈의 산'과 해골들이 나타나기 시작했다. 안내를 맡은 대학 후배가 파리에 3년을 사는 동안 이런 곳이 있는 줄은 몰랐다며 신기해했다. 구역별로 나뉜 유골더미에는 해당 연도가 써 있는데, 한참을 걷자 프랑스 대혁명 시기인 1792년 때의 유골더미가 나타났다.

또 한참을 걷자 파리 코뮌 때의 유골더미도 나타났다. 역사, 특히 혁명이란 많은 사람들의 피와 희생 위에 가능하다는 사실을 잘 알고 있지만, 유골들을 직접 눈으로 보자 이런 희생을 더욱 실감하면서 많은 생각을 하게 됐다. 한참을 걸어 출구로 나오자 13년 전처럼 기념품으로 유골을 훔쳐가는 사람을 막기 위해 핸드백 검사를 하고 있었는데, 그때하고 다르게 내가 본 서너 명의 서구 여성들은 해골을 가지고 나오지 않았다. 13년 동안에 문화가 바뀐 걸까?

오후에는 12년 전에 보지 못한 시테 섬의 콩시에르주리로 향했다. 시테는 센 강에 있는 작은 섬이다. 유명한 노트르담 사원이 여기 있는데, 노트르담 사원 옆에 위치한 콩시에르주리는 원래 왕궁으로 쓰이다가 감옥으로 바뀌었다. 이 감옥이 프랑스 대혁명 때 혁명재판소의 감옥으로 쓰이면서 루이 16세의 부인으로 굶주림에 지쳐 폭동을 일으킨 민중들에게 빵이 없으면 과자

프랑스 대혁명 때 목숨을 잃은 유골들.

마리 앙투아네트의 사망 직전 모습을 묘사한 모형과 프랑스 대혁명 때 파리에서 기요틴에 처형된 2780명의 명단.

로베스피에르 흉상.

를 먹으라는 '명언'을 했다고 알려진 마리 앙투아네트를 비롯해 많은 반혁명 분자들이 투옥된 역사의 현장이다.

이제는 기념관으로 바뀐 감옥은 1층에 마리 앙투아네트가 갇혀 있던 감옥이 재현돼 있었다. 2층에는 다양한 혁명 관련 자료들이 전시돼 있었는데, 프랑스 대혁명 동안 파리에서 기요틴에 처형된 2780명의 명단이 특히 인상적이었다.

구체제의 왕족들은 말할 것도 없고 온건파인 조르주 당통도 기요틴의 재물이 됐으며, 급진파인 막시밀리앙 로베스피에르가 권력을 잡고 급진적 개혁을 추진할 동안에는 하루 평균 38명이 단두대로 향해야 했다고 한다. 피의 숙정을 주도한 로베스피에르도 테르미도르의 반동하고 함께 단두대에서 목숨을 잃고 기요틴을 만든 기요틴도 기요틴에 처형됐으니, 역사의 아이러니라 할 만하다. 역사란 꼭 이런 피를 필요로 하는 걸까?

《참세상》 2005년 11월 3일

시베리아 한인 노동자들과 혁명 운동
바이칼과 시베리아, 내몽골 지역에 남아 있는 한인들의 흔적

여름 휴가철이다. 요즈음 많은 사람들, 특히 젊은이들이 여름에 가고 싶어 하는 여행의 하나가 시베리아 횡단 열차를 타고 가는 바이칼 호 여행이다. 그동안 적지 않은 사람들이 그런 여행을 떠났다. 그러나 그 사람들 중 자기가 탄 시베리아 횡단 열차의 레일이 1910년대 망국과 가난을 피해 시베리아까지 흘러온 우리 조상들의 피와 땀의 응고체라는 사실을 아는 이가 과연 얼마나 될까? 또한 추위와 가난 등 열악한 조건에서 땀을 흘리며 살아가던 이들 중 상당수가 1917년 러시아 혁명과 뒤이은 반혁명 세력을 상대로 한 혁명 전쟁에 러시아, 중국, 일본, 몽골의 노동자들하고 함께 참여하다가 목숨을 잃은 사실을 아는 사람은 얼마나 될까? 바이칼과 시베리아, 내몽골 지역 역사 탐사팀에 합류했다가 이런 놀라운 사실을 알게 됐다.

바이칼 호 탐사를 마친 뒤 바이칼의 전진 기지로 볼 수 있는 이르쿠츠크(일제 강점기 조선공산당하고 인연이 많은 도시다)에서 야간열차를 타고 내린 곳은 바이칼 호를 가운데 놓고 이르쿠츠크의 정반대인, 바이칼 호 동남쪽에 위치한 러시아 부랴티아 공화국의 수도인 울란우데. 울란우데는 붉은 강이라는 뜻이며, 부랴티아족은 몽골계로 디엔에이DNA 검사 결과 한민족하고 가장 유사한 DNA를 가진 민족으로 알려져 있다.

울란우데 역에서 만난 현지 가이드가 해주는 이런 설명을 들으며 시내 도보 관광을 나섰다. 그런데 갑자기 레닌의 거대한 두상이 눈에 들어왔다. 소련과 동구가 몰락한 뒤 이제는 '죽은 개' 취급을 받고 있는 레닌의 동상이 아직 남아 있다는 사실이 신기하기도 하고 반갑기도 했다. 세계에서 가장 큰 레닌의 두상이라는 현지 가이드의 설명을 들으면서, 러시아가 거대해서 예전에는 황제가 내린 칙령이 변방에 도착하는 데 꼬박 1년이 걸렸고 지금도 시장경제가 완전히 자리잡은 모스크바하고 다르게 변방은 사회주의의 유제가 많이 남아 있다는, 이르쿠츠크에서 만난 현지 한인 교수가 들려준 설명이 생각났다.

다가가서 자세히 살펴보니 조각의 대리석 받침대의 아래쪽 대리석 2개가 다른 대리석하고 다르게 검은색이었다. 궁금해서 옆으로 돌아가 살펴보니 마찬가지였다. 다시 한 바퀴를 완전히 돌자 흥미롭게도 받침대와 조각 어디에도 조각에 관해 설명을 찾아볼 수 없었다. 나름대로 추리를 해봤다. "아, 그렇구나. 소련이 몰락한 뒤 레닌을 찬양하는 문구를 써놓은 하단부의 대리석을 없애고 새것으로 갈아 넣은 게 분명하구나."

다른 거리로 들어서자 멀리 탑이 하나 보였다. 마찬가지로 혁명 관련 유적이라는 느낌이 들어 가이드에게 물어보니 혁명광장이라고 했다. 그래서 그쪽에 가보자고 했다. 그런데 충격적인 장면이 나타났다. 광장에 서 있는 탑의 뒷면으로 돌아가자 내려 쓰기로 낯익은 한글이 눈에 들어왔다. 시베리아 한가운데에서 한글 탑을 발견하다니. 게다가 '공산주의로 분투하다가 전사한 동무들에게'라니. 흥분을 가라앉히고 자세히 보니 똑같은 말을 한글 말고도 중국어, 일본어, 몽골어로 써놓았다. 문제는 이 글을 써 넣은 시점이었다. 요즘은 쓰지 않는 서체여서 상당한 기간이 흐른 것으로 추정되지만, 1945년 이후 소련이 이른바 프롤레타리아트 국제주의 차원에서 세운 탑일 가능성을 배제할 수 없었다.

동시베리아 울란우데 시의 혁명광장에 서 있는 혁명열사비와 혁명열사비에 새겨진 글.

그런데 앞면에 보니 러시아어로 '만국의 노동자여 단결하라! 공산주의를 위해 목숨을 바친 사람들에게'라는 문구 아래 '1920년 11월 7일'이라고 써 있었다. 결국 이 탑은 1917년 러시아 혁명이 일어난 뒤인 1920년에 만들었고, 따라서 여기에서 추모하는 '한국인 동무들'도 러시아 혁명에서 목숨을 잃은 이들이었다. 그러나 의문은 이 한국인들이 상트페테르부르크 등 전국적으로 러시아 혁명에서 죽은 이들을 의미하는지, 아니면 이곳에서 죽은 이들을 의미하는지였다. 현지 가이드는 그때 여기에서도 시위가 있었을 것이라고 이야기할 뿐 자세한 정보를 갖고 있지 않았다. 답답한 노릇이었다. 해답은 이어 방문한 부랴티아 역사박물관에서 찾을 수 있었다.

박물관에 들어가자 전문 안내원인 아크한 야노프 징기스 씨가 가이드의 통역을 거쳐 전시물을 친절하게 설명해줬다. 여느 박물관처럼 이 박물관도 고대부터 현대까지 순서로 전시를 하고 있어 징기스 씨도 고대 유물부터 설명을 시작했다. 그러나 내 관심은 문제의 탑에 가 있어서 혼자 정반대 쪽 현대사 코너로 가로질러 갔다. 설명이 러시아어로 돼 있어 읽을 수 없지만 낡은 사진들이 눈에 들어왔다. 집회 사진이었다. 게다가 다행히 러시아어 말고도 영어로 설명이 돼 있었다. 오래된 황량한 소도시에서 찍은 시위 사진인데, 설명을 보니 차르를 몰아내려고 1917년 2월 이곳 동시베리아에서 벌어진 시위였다. 1917년 혁명 때 이곳 동시베리아에서도 차르를 몰아내려는 시위가 있었다는 이야기였다. 그렇다면 문제의 탑은 이런 시위 과정에서 희생된 사람들을 기리는 기념물일 테고, 또한 그렇다면 그때 이미 이곳에 한인들이 살고 있다가 러시아 혁명 과정에 참여해 목숨을 잃었다는 이야기였다. 얼마나 놀라운가. 가슴이 뛰기 시작했다. 흥분을 가라앉히고 카메라를 꺼내 사진을 찍자 다른 직원이 달려와 한 장에 50루블이라며 돈을 내라며 성화다. 돈이 아까울쏘냐. 50루블을 꺼내 건넸다.

얼마 뒤 박물관 안내원이 다른 전시물들 설명을 마치고 내가 있는 쪽으로 왔다. 궁금한 점들에 관해 질문을 퍼부었다. 안내원이 한 설명에 따르면 1910년대에 한국인뿐 아니라 중국인, 일본인, 몽골인들이 시베리아 철도를 건설하는 노동자로 와 이곳에 정착해 살고 있었다. 그중 한인의 수는 1만 명 정도였다. 특히 한인들은 나쁜 환경에서 생활한 노동자들로 러시아 혁명을 적극적으로 지지해 러시아인, 중국인, 일본인, 몽골인들하고 함께 1917년 동시베리아 지역의 노동자, 농민, 병사들이 모인 노동자·병사·농민대회를 개최하는 등 적극적으로 혁명에 참여했으며, 그 뒤 일본은 반혁명군인 백군을 도와 이 지역에 참전했다. 이런 혁명 과정에서 모두 10만 명의 노동자, 농민, 병사가 목숨을 잃었는데, 문제의 탑은 이 희생자들을 기리는 기념물이라고 징그스 씨는 설명했다. 희생자 중에서 몇 명이 한인이냐고 묻자 정확한 통계는 없지만 혁명 과정에서 직접 희생된 사람만이 아니라 나쁜 식량 사정 등으로 사망한 사람까지 포함하면 전체 한인의 70퍼센트인 7000명이 희생됐다고 대답했다. 답답하지만 더 많은 정보를 얻을 수는 없었다. 그러나 1910년대 망국과 가난을 피해 우리 선조들이 이곳 바이칼 호수 근처의 시베리아까지 이주해 추위와 굶주림 속에서 일본, 중국, 몽골 노동자들하고 함께 시베리아 횡단 철도를 건설하는 데 참여했고, 그중 많은 수가 노예 같은 삶에 저항해 러시아 혁명에 참여하다가 목숨을 잃었다니, 그것만으로도 얼마나 놀라운 이야기인가?

문득 26년 전의 에피소드가 생각났다. 1980년 봄, 기자로 일하던 나는 광주 학살에 대한 전두환 일당의 보도 통제에 저항해 신문 제작 거부 운동을 벌이다 언론사를 떠나 유학을 가야 했다. 그렇게 도착한 미국 텍사스 주 오스틴의 한 헌책방에서 《야만의 멕시코》라는 낡은 책을 발견했다. 1910년대의 멕시코를 여행한 한 진보적인 미국 저널리스트가 멕시코의 야만적 현실을 고발한 책인데, 재미있을 듯해 사서 읽기 시작했다. 그런데 유카탄 반도에서 발에 노예처럼 쇠고랑을 찬 동양인이 있어 누구냐고 물어보자 속아서 팔려온 한국인이라고 답했다는 내용이 있었다. 충격을 받은 나는 다음해 한국에 들어와 한 기자에게 그 책을 주며 취재해보라고 이야기했다. 그 뒤 내 귀띔이 단서가 됐는지 멕시코의 한인 노동자 이야기를 다룬 《애니깽》이 책으로 나오고 영화로 만들어졌다. 누군가 이 시베리아 한인 노동자들의 잊힌 이야기를 추적하면 좋겠다는 생각을 지울 수 없었다. 그날 이후, 시베리아 열차를 무심하게 탈 수가 없었다.

《참세상》 2006년 8월 2일

만델라는 배신자?
남아공 인종 해방 22년의 빛과 그림자

오는 2018년 지방선거 때 새누리당이 광주시장 선거에서 승리하면 이떻게 될까? 이런 충격적인 일이 남아프리카공화국에서 일어났다. 며칠 전 치른 남아공 지방선거에서는 인종 차별 철폐의 아버지인 넬슨 만델라의 고향이자 만델라의 이름을 따 '넬슨 만델라 베이Nelson Mandela Bay'로 지명까지 바꾼 곳에서 인종 차별 체제인 아파르트헤이트의 주역은 아니지만 이 체제를 수용한 백인들의 정당인 민주연합당DA·Democratic Alliance이 만델라가 이끈 아프리카민족회의ANC·African National Congress를 누르고 승리했다. 나아가 인종 차별 타파와 민주화 이후 22년 만에 DA가 수도인 프리토리아에서 처음으로 승리했다.

물론 ANC는 이번 선거에서 52퍼센트를 얻어 다시 1위를 했다. 그러나 흑인이 남아공 전체 인구의 80퍼센트를 차지하고 있다는 점, 52퍼센트는 ANC가 지난 지방선거에서 거둔 득표율에 견줘 9퍼센트 낮은 수치이자 1994년 민주화 이후 ANC가 얻은 가장 낮은 득표율이라는 점을 고려하면 충격적이다. 반면 DA(이제 백인 정당은 아니고 보수 정당이다)는 27퍼센트를, ANC의 우경적 경제 노선에 반대해 떨어져나온 줄리어스 말레마Julius Malema가 만든 신생 사회주의 정당인 경제자유투사당EFF·Economic Freedom Fighters이 8퍼센트를 득표했다.

2016년 남아공 지방선거에서 신생 사회주의 정당인 경제자유투사당(EFF)이 내건 현수막.

　　인종 차별 체제 종식과 민주화 이후 22년, ANC 집권 22년 만에 왜 이런 현상이 일어나고 있는 걸까? 공교롭게도 이번 선거 얼마 전 남아공을 방문해서 이런 이변의 전조를 비롯해 남아공 사회의 여러 측면을 볼 수 있었다.

　　2016년 7월 16일, 나는 20여 일간의 동아프리카 5개국 여행을 마치고 남아공 케이프타운에 도착했다. 공항에 도착하자 남아공은 다른 아프리카 국가들하고 역시 다르다는 사실을 알 수 있었다. 남아공은 다른 아프리카 나라들에 비교할 수 없을 만큼 경제적으로 부유한 나라라는 현실이 금세 눈에 들어왔다(2015년 기준 일인당 국내총생산 1만 3000달러). 그리고 정치적으로도 악명 높은 인종 차별을 끝낸 뒤 모범적으로 정치적 민주주의가 자리잡은 나라답게 자유로운 분위기가 넘쳐났다. 그러나 그 뒤 며칠 동안 여러 곳을 보고 많은 사람을 만나면서, 그리고 현지에서 산 이런저런 책을 읽으면서 이런 모습은 동전의 한 면에 불과하다는 현실을 깨달았다.

양심과 자유에 채운 족쇄, 유형지 로벤 섬으로

아프리카의 최남단 도시인 케이프타운에 도착해 숙소에 들어가자마자 짐을 놓고 부두로 달려갔다. 하루 세 번 있는 배편 중 마지막 배인 오후 1시 출발 로벤 섬행 페리를 타야 하기 때문이었다. 케이프타운에서 10여 킬로미터 떨어진 로벤 섬은 악명 높은 감옥으로 만델라를 비롯한 ANC 지도자들이 갇혀 있던 곳이다. 특히 이곳은 파도가 높고 풍랑이 심해 배가 자주 취소되기로 유명해서 혹시 날씨 때문에 배편이 취소되지 않을까 걱정을 많이 했다. 그러나 다행히 날씨가 좋아 운항에는 별 문제가 없었다. 이제는 세계적인 관광지로 변한 로벤 섬으로 가는 페리는 세계 각국에서 온 다양한 피부색과 복장의 관광객으로 만원이었다. 페리 속에서 나는 만델라와 ANC에 대해 생각했다.

잘 알려져 있지 않지만, 만델라의 중요한 특징은 균형감이다. 물론 만델라는 혁명가다. 네덜란드에 이어 영국의 식민지이던 남아공은 20세기 들어 현지 이주 백인들이 중심이 돼 독립했다. 백인들의 권력 독점에 저항해 ANC를 구성한 아프리카 원주민들은 정치적 권리를 획득하기 위해 투쟁했다. ANC는 인도 이주민들의 정신적 지도자인 마하트마 간디의 영향 아래 비폭력 저항 운동을 기본 노선으로 채택하고 있었다. 그러나 2차 대전이 끝나고 아프리카를 비롯한 식민지 국가들의 독립운동이 가열되면서 위기의식을 느낀 백인 정권은 인종별 주거 지역을 지정하는 등 인종 차별 정책을 강화했다. ANC는 무장 투쟁 노선을 채택하고 '민족의 창'이라는 게릴라 조직을 만들었다. 그 조직의 대장을 맡은 사람이 남아공 최초의 흑인 변호사인 만델라였다. 게릴라 대장으로 해외와 지하에서 활동하던 만델라는 결국 체포돼 46살부터 73살까지 27년을 감옥에서 보내게 된다.

이렇게 무장 투쟁을 지지하고 게릴라 대장을 맡을 정도로 비타협적인 혁명가이면서도 만델라는 균형감을 지닌 지도자였다. ANC는 비폭력이냐 무장 투쟁이냐만이 아니라 다양한 노선 투쟁이 있었다. 그중 가장 심각한 사안이 민족 문제였다. 민족해방파NL 강경파들은 백인들을 추방하고 식민지 이전의 아프리카로 돌아가자는 민족해방 노선을 주장하며 다른 유색 인종인 인도인 등하고 연대하는 것도, 인종 차별에 반대하는 백인 주도의 좌파 세력인 공산당하고 협력하는 것도 반대했다. 반면 만델라는 백인들을 포함한 모든 인종의 공존을 주장하고 공산당과의 공동 투쟁을 지지했다. 이런 만델라의 노선에 따라 남아공 인종 해방 운동의 주축이 된 ANC, 남아공노동조합연맹COSATU, 남아공 공산당CPSA의 삼각 동맹이 유지될 수 있었다.

만델라의 균형감은 대정부 투쟁에서도 나타난다. 비인간적 처우에 대항해 옥중 투쟁을 여러 차례 주도했지만 만델라는 백인 간수들을 결코 증오하지 않았다. 대신 인품과 설득으로 교화시켜 백인 간수들을 모두 자기편으로 만들었다. 감옥살이를 오래 함께한 동료들은 만델라의 최고의 능력을 '누구도 따라갈 수 없는, 용서하는 능력'이라고 증언한다. 1980년대 들어 흑인들의 저항이 거세지고 국제 제재가 강화되면서 더는 인종 차별 정책을 유지할 수 없다고 느낀 백인 정권은 정부의 2인자인 정보부장을 감옥으로 보내 협상을 시도했다. 잘못하면 배신자라는 비판을 들을 수 있는 이 비밀 협상을 만델라는 거부하지 않았고, 상대를 설득했다. 비밀리에 적장인 피터르 빌렘 보타 대통령을 만나기도 했다.

ANC의 역사를 다룬 포스터. '자유는 족쇄를 채울 수 없다'는 구호 아래,
'억압(Repression)'과 '출소(Release)'와 '부활(Resurrection)'이 써 있다.

그러나 만델라는 자신의 석방 조건으로 백인 정권이 내건 무장 투쟁 포기, 공산당과 ANC의 관계 단절, 다수결 지배의 포기를 하나도 수락하지 않았다. 석방 뒤 대통령 선거에 나서면서도 백인들을 안심시키기 위해 마지막 백인 대통령 프레데리크 빌렘 데 클레르크$^{F. W. De Klerk}$에게 공동 통치를 제안해서 부통령에 임명했으며, 쿠데타 가능성이 있는 백인 장성들과 경찰청장, 정보부장을 개별적으로 만나 자기 밑에서도 맡은 일을 계속해달라고 제안해 평화로운 이행을 가능하게 했다.

선착장에 도착하자 '자유는 족쇄를 채울 수 없다'는 커다란 구호가 보이고 만델라와 ANC의 역사를 '3R'로 압축해 놓았다. 억압^{Repression}과 출소^{Release}와 부활^{Resurrection}. 선착장에 대기하고 있는 버스에 올랐다. 버스는 이 섬에 갇혀 있던 정치범의 설명을 들으면서 섬을 한 바퀴 돌게 돼 있었다. 나중에 자세하게 구경할 감옥을 지나 간수 전용 숙소가 나타났고, 섬의 반대편 끝으로 가자 기가 막힌 풍경이 나타났다.

케이프타운의 상징인 테이블 마운틴과 그 밑에 펼쳐진 케이프타운의 전경이 한눈에 들어왔다. 케이프타운에서 케이프타운 전경을 가장 잘 감상할 수 있는 기가 막힌 전망대가 모순되게도 이 로벤 섬에 자리잡고 있었다. 그곳에는 기막힌 경치를 배경으로 증명사진을 찍어 액자 속에 넣을 수 있게 거대한 액자가 설치돼 있어 기념 촬영을 하는 사람들로 북새통이었다. 여기서 케이프타운은 직선거리로 7킬로미터에 불과하지만 워낙 해류가 강하고 차가워서 탈옥은 불가능하다고 한다. 간수들의 감시 아래 만델라 등 죄수들이 여기에서 일본에 비료로 수출하는 미역을 따는 작업을 했다니, 바로 눈앞에 케이프타운을 바라보면서도 가지 못하는 죄수들의 심정은 어땠을까?

다시 출발한 버스는 한 채석장 앞에 섰다. 만델라를 비롯한 죄수들이 강제노역을 한 곳이었다. 이곳에서 땡볕 아래 오랫동안 일을 하면서 만델라는 시력을 상해 평생 정상 시력을 잃고 고생해야 했다. 그러나 이 채석장에서 만델라는 다른 동지들하고 열띤 토론을 벌이며 운동 노선을 정립하고 그 결과를 ANC에 몰래 전달했으니, 이곳은 사실상 인종 해방 운동의 총사령부인 셈이었다.

석회암 채석장 한가운데는 작은 돌을 쌓아놓은 돌무더기가 눈에 띄었다. 인종 차별 체제가 종식되고 만델라가 대통령에 오른 지 1년 뒤인 1995년 11월 로벤 섬에서 고생한 옛 동료들이 로벤 섬을 방문해 망자를 기리는 아프리카 전통 방식으로 돌을 쌓아 먼저 간 혁명의 동지들을 추모했다. 남아공판 혁명 열사 기념탑인 셈이다. 그 소박함이 정말 마음에 들었다.

사실 개인적으로 5·18 묘역을 새로 조성할 때 현재의 초라한 묘역이 더 5·18 정신에 합당하다며 성대한 묘역 건설에 반대했고, 지금도 화려한 신 묘역보다는 옛 묘역을 더 좋아한다. 버스는 2차 대전 때 연합국 편에 선 남아공의 희망봉 방어를 위해 윈스턴 처칠이 선물했다는 대포가 설치된 포대를 지나 처음 지나친 감옥 앞에 우리를 내려줬다.

아프리카 모니Africa Moni. 감방으로 우리를 안내할 사람은 1980년대 중반 ANC 조직원으로 투쟁하다가 체포돼 이곳에 와서 12년 동안 감옥 생활을 한 사람이었다. 나도 1970년대에 한국의 독재 세력에 저항해 싸우다 감옥을 갔다고 하자 자기보다 '감옥 선배'라며 반가워했다. 모니가 해준 설명에 따르면 감옥은 두 부분으로 구성돼 있었다. 한 동은 비정치범이나 가벼운 정치범을 수용하던 일반동이고 다른 하나는 만델라를 비롯한 거물 정치범 30명을 격리 수용한 독방동이었다.

먼저 보여준 곳은 일반동. 무거운 철문을 열고 감방으로 들어가자 일반 정치범 여럿이 생활한 커다란 감방이 나타났다. 그리고 문 안쪽에는 그때 수감된 죄수들의 신상카드를 복사해 전시해놓았다. 인종 인도계, 죄명 파업, 형기 12년, 그리고 지문이 찍혀 있었다. 파업에 12년 형이라니!

감옥에서는 밥에도 인종 차별이 제도화돼 있었다. 백인 죄수는 흑인 죄수보다 배식을 많이 줬다는데, 그런 사실을 보여주는 배식 정량표도 붙어 있었다. 모니는 만델라의 지휘 아래 죄수들이 단결해 단식 투쟁 등을 벌여 이런 차별을 개선한 무용담을 자랑스럽게 이야기했다. 그 방의 밖으로 나가 철문을 닫아보니 열쇠 구멍만 보였고, 열쇠 구멍을 통해 안에서 열심히 모니가 하는 설명을 듣고 있는 관광객들을 보고 있자니 갑자기 내가 간수가 된 기분이었다.

이런 커다란 감방이 여러 개 있는 일반동을 나와 작은 운동장을 가로질러 가자 작은 건물이 나왔다. 이 건물이 만델라를 비롯한 정치범들이 갇혀 있던 독방동이었다. 건물로 들어가자 좁은 긴 복도의 좌우로 작은 독방들이 나타났다. 들여다보니 다 찌그러진 조잡한 식기와 거친 짚으로 짠 가마니를 똑 닮은 침구가 하나씩 놓여 있었다. 저것이 침구? 대학교 때 가본 서대문형무소는 여기에 견주면 호텔이었다.

일반동 내부.

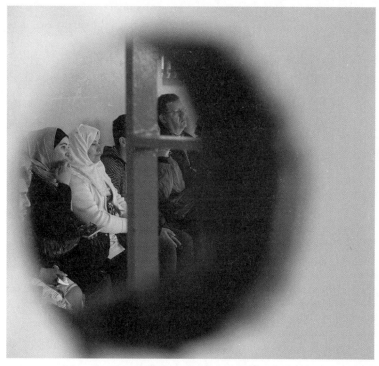

방밖에서 열쇠 구멍으로 본 관광객들.

정말 놀란 사실은 우리 같으면 당연히 표시해놓았을 '만델라 감방'이라는 팻말이 복도 끝까지 가도록 보이지 않았다는 점이다. 이상해서 어느 곳이 만델라 방이냐고 묻자, 모니는 이 중에 하나라고만 이야기하고 웃었다. 그러고는 정색을 하더니 설명을 이어갔다. 함께 갇혀 고생한 30명의 정치범이 모두 소중한 투사고 그 사람들이 겪은 고통이 똑같이 위대하기 때문에 만델라만 특권화하지 않으려고 따로 표시하지 않았다는 말이었다. 감동적인 이야기였고, 만델라의 감방이 어느 곳인지에 집착한 내가 부끄러워졌다.

인종 차별의 상징, 디스트릭트 6

다음날 일어나니 머리가 멍했다. 서점에서 산 남아공 관련 책들을 읽느라고 꼬박 밤을 샌 후유증이었다. '디스트릭트 9District 9.' 영화팬이라면 알고 있을 영화 제목이다. 남아공 창공에서 난파한 우주선에 타고 있던 외계인들을 '디스트릭트 9'라는 지역에 격리 수용하면서 벌어지는 이야기를 다룬, 외계인의 시각에서 인간 사회를 고발한 특이한 영화이다.

이 영화의 아이디어가 나온 곳이 바로 인종 차별 체제의 상징인 '디스트릭트 6'이다. 오늘은 디스트릭트 6를 구경하기 위해 시에서 운영하는 디스트릭트 6 도보 탐방에 합류했다. 로벤 섬 관광하고 다르게 디스트릭트 6 탐방은 사람들이 몇 명 되지 않아 조촐한 분위기였다.

부두에서 가깝고 테이블 마운틴이 잘 보이는 디스트릭트 6는 다양한 인종과 서민들이 어울려 살아 '케이프타운의 심장이자 영혼'이라고 불린 곳이다. 원래 케이프타운은 인도를 오가는 향신료 무역을 주도한 네덜란드가 인도 항로의 중간 지점 기착지로 개발한 곳으로, 말레이시아와 인도네시아의 노예들을 사 와서 도시를 건설했다. 따라서 케이프타운에는 흑인과 백인 말

인종 해방을 달성하기까지 남아공의 역사를 숫자로 표시했다.

'디스트릭트 6 카페'가 있던 곳에는 만델라를 비방하는 낙서만 남았다.
'인종 차별 해방의 아버지'인 만델라는 '배신자'라는 내용을 담은 포스터가 보인다.

고도 인도, 말레이시아, 인도네시아 사람들이 어울려 살았고, 이 사람들의 집합소가 바로 디스트릭트 6였다.

그러나 백인 정권은 1960년대 들어 인종 차별 정책을 강화하면서 통행증을 도입했고, 1966년에는 인종별 거주지역제를 실시했다. 이때 입지가 좋은 디스트릭트 6를 백인 전용 거주지로 지정하고 6만 명에 이르는 유색 인종을 오랫동안 살아온 집과 상점에서 강제 퇴거시켰다. 이런 역사 때문에 디스트릭트 6는 인종 차별 정책의 상징이 됐다.

다운타운에서 20분 정도 걸어가자 오른쪽으로 테이블 마운틴이 둘러싸고 있는 아름다운 동네가 나타났다. 디스트릭트 6였다. 우리를 맞은 것은 '60'70'80'90'이라는 커다란 글씨였다. 자세히 보니 시대를 상징한 숫자였다. 1960년대 초반은 여러 인종이 여기서 같이 살고 있는 모습을, 1960년대 후반은 통행증이 도입되고 인종 차별 정책이 본격화하는 모습을 그려놓았다. 1970년대는 디스트릭트 6의 다민족 숙소를 불태우고 백인 부유층 거주지를 만드는 모습을, 1980년대는 흑인들의 저항이 본격화돼 화염병을 던지는 모습을, 1990년대는 만델라가 석방돼 인종 차별 체제가 끝나고 대통령에 오르는 모습을 숫자 속에 그려놓았다.

조금 더 걸어 올라가자 오른쪽 길 건너편에 폐허가 된 건물이 보였다. 아주 중요한 역사 유적이라고 설명해서 자세히 보니 부서진 건물의 외벽에 '디스트릭트 6 카페'라고 쓴 낙서가 눈에 띄었다. 그렇다. 디스트릭트 6의 상징인 '디스트릭트 6 카페'가 있던 자리였다. 디스트릭트 6 카페는 여러 인종의 사람들이 모여 함께 술을 마시며 재즈 연주를 듣던 디스트릭트 6의 명소였다. 그러나 유색 인종 퇴거 조치하고 함께 철거되고 말았다.

그런데 그 옆에 충격적인 포스터가 붙어 있었다. 분명 만델라의 옛날 사진인 듯한데, 거기에는 큰 글씨로 '팔려간 사람Sold', 곧 '배신자'라고 써 있었다. 아니 '인종 차별 해방의 아버지'인 만델라가 배신자라니? 밤을 새며 읽은 책을 통해 ANC 정부가 문제가 많고 비판도 받고 있는 사실은 알았지만, 만델라를 배신자라고 비판한 포스터들이 공공연하게 붙어 있다니 충격이었다. 그리고 이런 포스터가 별로 새롭지 않은 듯 흑인들이 놀라는 기색 없이 그 옆을 지나가고 있었다.

내가 충격에 빠져 있을 때 안내하던 백인 가이드가 앞으로 더 가자고 재촉했다. 조금 가자 단출한 아파트 단지가 나타났다. 1994년 민주화 이후에 퇴거 조치에 따라 쫓겨난 사람 중에서 자기가 그전에 이곳에 산 사실을 입증할 수 있는 사람들 중 일부를 선발해 다시 이 지역으로 이주시킨 아파트라고 한다. 그러나 많은 사람들은 제대로 된 서류를 갖추지 못해 강제 퇴거를 당하고도 보상을 전혀 못 받고 있었다.

더 올라가자 오른쪽 길 건너에 크고 번듯한 건물들이 나타났다. 자세히 보니 건물에는 '케이프 페닌슐라 산업기술 대학교Cape Peninsula University of Technology'라고 써 있었다. 크지 않은 대학이었다. 가이드는 이 건물이 또 다른 인종 차별 정책의 상징이라고 했다. 대학이 인종 차별 정책의 상징이라니? 가이드를 따라 조금 더 가자 대학 건물들로 둘러싸인 교회가 나타났다. 교회 옆에는 작은 팻말이 설치돼 있었다. '디스트릭트 6에서 살다가 피부색 때문에 쫓겨난 사람들, 그리고 디스트릭트 6의 파괴에 저항한 세인트 마크 교회와 커뮤니티를 기억하라'는 내용이었다.

이 성공회 교회에는 디스트릭트 6의 여러 인종들이 다녔는데, 퇴거 조치 뒤에도 많은 유색 인종들이 찾아와 예배를 드렸다. 교회 근처에 백인 전용 대학을 만들기로 한 백인 정권이 세운 곳이 바로 이 대학이었다. 교회에 막대한 경제적 보상을 제의하고 이전을 촉구했지만 교회는 이전을 거부하고 끝까지 저항했다. 나중에 노벨 평화상을 받은 데스몬드 투투Desmond Mpilo Tutu 대주교가 이끈 이 저항에 굴복한 정부는 결국 교회를 놔둔 채 대학을 지을 수밖에 없었다. 백인 전용 대학에 포위된 다인종 교회처럼 디스트릭트 6의

저항의 상징이 된 세인트 마크 교회.

세인트 마크 교회 옆에 놓인 팻말. '디스트릭트 6에서 살다가 피부색 때문에 쫓겨난 사람들,
그리고 디스트릭트 6의 파괴에 저항한 세인트 마크 교회와 커뮤니티를 기억하라'는 내용이 적혀 있다.

또다시 등장하는 '만델라는 배신자'라는 내용의 벽보.

비극을 상징적으로 보여주는 장면은 없었다.

이런저런 생각을 하며 발걸음을 옮기자 커다란 만델라의 사진 옆에 고인이 남긴 유언을 함께 써놓은 건물이 나타났다. "나는 한 인간이 국민과 조국에 대해 자신의 의무라고 생각하는 바를 다한 때에는 평화롭게 쉴 수 있을 것이라고 생각한다. 나는 그런 노력을 했고, 그것이 내가 영원히 잠들 수 있는 이유다." 그러나 바로 그 만델라의 사진에도 '배신자 만델라'라는 포스터가 붙어 있었다. 탐방은 디스트릭트 6 박물관 앞에서 끝났다. 박물관을 구경하고 싶었지만 급히 판자촌 탐방을 가야 해서 눈물을 머금고 발길을 돌려야 했다.

인종 해방이 드리운 그림자들

케이프타운에는 판자촌이 여럿 있지만, 우리가 갈 곳은 버스를 타고 교외로 한참을 나가야 했다. 버스를 타고 케이프타운의 교외를 향하면서 깨달은 사실이지만 케이프타운과 남아공은 정말 입지적으로 탁월한 곳이었다. 아프리카라고는 해도 가장 남쪽에 위치해 날씨가 너무 덥지 않고 자연환경이 정말 아름다운 곳이었다. 거기에다가 자원도 풍부하다.

판자촌으로 가는 길은 기이하게도 케이프타운의 최고 부자 동네를 지나가게 된다. 그 길과 주변 풍경은 미국 로스앤젤레스에서 가장 부자 동네이자 유명 연예인들이 사는 베벌리힐스를 빼어 닮았다. 아니 차이가 있었다. 베벌리힐스보다 훨씬 잘살고 훨씬 좋았다. 이런 세계적인 부촌을 지나서 판자촌을 향하고 있자니 이번 여행을 위해 읽은 자료들과 밤새 읽은 책 내용들이 떠올랐다.

이 지구에서 가장 빈부 격차가 심한 나라는 어디일까? 나는 자본주의적 성장을 택한 '최근의 중국'이라고 생각해왔다. 그런데 아니었다. 세계에서 가장 아름다운 사막을 자랑하고 〈꽃보다 청춘〉이라는 텔레비전 프로그램 덕에 모두 가고 싶어하는 여행지로 떠오른 나미비아와 남아공이 바로 세계에서 가장 빈부 격차가 심한 나라다. 이 두 나라는 아프리카에서 가장 잘사는 곳들이다. 그러나 빈부 격차는 세계 최고다.

사회적 불평등을 측정하는 데 가장 많이 사용하는 지표가 지니^{GINI}계수다. 지니계수는 0이면 완전 평등이고 1이면 완전 불평등으로 숫자가 작을수록 좋다. 선진국 중 사회민주주의적인 스웨덴은 0.21 수준이고 가장 불평등한 미국은 0.36 수준이다. 한국은 군사 독재 시절 0.31 수준이었는데, 민주화되고 빈부 격차가 줄어 0.28 수준까지 떨어졌다가 1997년 경제 위기와 신자유주의 정책 도입 뒤 김대중 정부 시절에는 0.35대까지 높아졌다.

2007년에 안식년을 맞아 중국을 가 중국을 공부하고 마오쩌둥이 국민당 군대를 피해 도주한 장정 1만 킬로미터를 답사한 뒤 《레드 로드 — 대장정 10000Km, 중국을 보다》라는 책을 쓰면서 0.2 수준이던 중국의 지니계수가 자본주의를 도입한 뒤 0.496까지 높아진 사실을 알고 놀란 적이 있다. 그전까지 지니계수가 0.5에 가까운 국가는 본 적이 없기 때문이었다. 그런데 이번에 남아공을 공부하면서 또 한 번 놀랐다. 남아공의 지니계수는 0.696이었다. 이 문제를 연구해온 케이프타운 대학교의 하룬 보랫$^{Haroon\ Bhoret}$ 교수는 세계 각국의 불평등을 20년간 살펴보는 과정에서 지니계수가 0.7을 넘은 사례는 딱 한 번 봤다고 전한다.

놀라운 사실은 또 있다. 보랫 교수에 따르면 1994년 인종 차별 종식과 흑인 정부 집권 뒤에 사회적 불평등이 더 심해졌다고 한다. "민주화가 실현된 1994년에 남아공과 브라질의 불평등 수준은 비슷했지만, 룰라 정부가 들어서서 진보적 분배 정책을 편 브라질은 빈부 격차가 빠르게 개선된 반면 남아공의 경우 절대 빈곤층은 조금 줄었지만 사회적 불평등은 급속히 악화됐다." 안타까운 일이다.

보수 세력에게서 '좌파'라는, 말도 되지 않는 비판을 받아왔고 자신들은 '중산층과 서민'의 대변자를 자처한 김대중 정부와 이 정부를 계승한 노무현 정부가 신자유주의 정책을 무비판적으로 수용하면서 역설적으로 군사 독재 정권들보다 빈부 격차를 더 심화시킨 한국하고 비슷한 현상이 남아공에서도 일어났다. 아니, 우리보다 훨씬 심한 양극화가 흑인 민주 정부 아래에서 진행됐다.

왜 이런 비극이 벌어진 걸까? 특히 분단이라는 조건 아래에서 줄곧 진보 세력에 일정한 거리를 둘 수밖에 없던 '자유주의' 세력(김대중 정부와 노무현 정부)하고 다르게 ANC는 투쟁 내내 노동조합인 COSATU와 공산당하고 행동을 같이하고 급진적 노선을 견지했다. 그런 ANC 정권 아래에서 세계 최악의 불평등이 생겨난 이유는 뭘까?

ANC는 1990년 COSATU하고 함께 집권한 뒤에 추진할 경제 정책 계획을 만들었는데, 그전까지 주장하던 좌파적 정책에서 후퇴는 했지만 '분배를 통한 성장'을 기본 틀로 하고 있었다. 그리고 1993년에도 해외 학자들을 초빙해 거시경제 연구팀을 만들어 경제 정책을 마련했다. 이때 나온 정책도 전국적인 최저임금제 도입 등 진보적인 국가 개입을 주된 기조로 했다. 그러나 이런 정책들은 만델라 등 ANC 지도부가 폐기하고 만다.

만델라는 백인들을 무마하기 위한 작업의 하나로 출옥한 1990년부터 '남아공의 정주영'이라 할 수 있는 해리 오펜하이머Harry Oppenheimer와 정기적으로 밥을 먹으면서 경제 문제를 논의했다. 이 밖에도 만델라 밑에서 부통령을 지내고 2대 대통령까지 지낸 타보 음베키Thabo Mbeki 등 ANC의 지도부는 경제계 인사들과 정기적인 비밀 회동을 가졌다. 경제계는 이런 만남을 통해 ANC를 포섭할 수 있었다. 인종 차별에 따른 국제 제재 때문에 고립돼 있던 남아공이 발전하는 길은 외국 자본 유치뿐이라는 논리로 만델라 등을 설득했다.

결국 만델라와 ANC가 채택한 정책은 외국 자본 유치를 위한 금융시장 개방과 자유화 등 시장 만능의 신자유주의 정책이었다.

그 결과가 바로 세계 최악의 양극화다. 무장 투쟁을 벌인 치열한 투사였고 만델라 정부에서 각료로 일한 로니 카스릴스Ronnie Kasrils는 회고록에서 ANC의 집권 준비기부터 만델라 정부 전반기인 1991년에서 1996년에 이르는 시기는 ANC의 정신이 대기업의 영향력에 잠식당하고만 '파우스트의 시간'이었고 "우리는 민중을 강에 떠내려가게 팔아먹고 말았다"고 증언했다. 현지의 저명한 언론인인 막스 두 페레스Max du Perez도 "만델라 초기는 어쩔 수 없었다고 하더라도 체제가 안정된 뒤 진보적 정책을 펴지 못한 점은 역사에 결정적인 죄를 진 것"이라고 비판한다.

ANC는 인종 차별 체제 아래에서 벌어진 흑백 간의 경제적 불평등을 전혀 손대지 못했을 뿐 아니라 가장 중요한 정책에서도 실패했다. 바로 사회적 불평등을 해소할 가장 중요한 수단인 교육 말이다. 한마디로 무능이다. 남아공은 아프리카에서 가장 많은 예산(국내총생산의 6퍼센트)을 교육에 투자하고도 수학과 과학 과목 수행 평가에서 아프리카에서 꼴찌를 기록하고 있으며 초등학교 졸업생의 3분의 1이 문맹이다.

1994년 민주화 이후 ANC 정부가 흑인 어린이들에게 제공하고 있는 교육은 '세계 최악'이라는 평가를 받고 있다. 현재 대학과 직업학교를 기준으로 백인의 진학률은 20퍼센트를 넘는 반면 흑인은 2.9퍼센트에 불과하다. 게다가 남아공 정부가 추진한 경제 발전은 기본적으로 자본 집약적이고 기술 집약적인 성장이라서 평범한 흑인들이 얻을 수 있는 일자리는 거의 늘어나지 않았다. 그 결과는 30퍼센트가 넘는 실업율과 빈곤이다.

부패와 도덕적 타락도 심각한 문제다. 현재 제이콥 주마Jacob Zuma 대통령은 자기 집을 수리하는 데 국고 2300만 달러를 사용한 혐의로 헌법재판소에서 헌법 위반 판결을 받은 상태이며 이런저런 부패 스캔들이 끊이지 않는다. 그러나 ANC의 도덕적 타락을 보여주는 가장 결정적인 장면은 '마리카나 대학살'이다.

인종 차별이 끝나고 흑인 대통령과 ANC가 남아공을 지배한 지 8년이 지난 2012년 8월 16일, 마리카나에 있는 론닌 광산 앞에서는 광부들이 시위를 하고 있었다. 광산 노동자들은 인종 해방 투쟁에서 ANC의 가장 중요한 지지 세력이었다. 그러나 흑인 경찰들은 시위대에 무차별 총격을 가해 34명이 죽는 대학살이 벌어졌다. 충격적인 것은 그다음이다. 두 페레스가 진행한 심층 취재에 따르면 ANC 부의장이자 COSATU와 전국광부노조^{NUM·National Union of Mineworkers}의 창설자인 시릴 라마포사^{Cyril Ramaphosa}는 론닌 사의 지분을 많이 보유한 탓에 광부들이 아니라 기업의 이익을 대변했다.

고향을 떠나와 판자촌에서 살면서도 저임금에 시달려야 하는 질 낮은 노동 조건과 NUM의 배신에 화가 난 광부들은 NUM을 탈퇴해 광부건설노조연합^{AMCU·Association of Mineworkers and Construction Union}이라는 독립 노조로 옮겼고, 이 광부들이 파업을 벌이자 라마포사가 공권력 투입을 강력하게 요구해 이런 학살을 초래했다는 것이다. 또한 이런 학살을 정부도, ANC도, COSATU도, 하다못해 SACP도 아무 일 없었다는 듯 성명서 하나 없이 외면했다. 이제 ANC는 스스로 '민중의 학살자'로 바뀌고 있는 것이다.

이런 기득권화는 결국 COSATU의 주력 부대이자 남아공 최대 노조인 남아공 금속연맹^{NUMSA·National Union of Metalworkers of South Africa}의 반란을 가져왔다. 좌파 계열이며 전통적으로 공산당에 가까운 NUMSA는 2013년 말에 ANC와 SACP에 대한 지지를 철회했다. 대신 COSATU도 삼각 동맹에서 탈퇴해 ANC에 대항하는 '민주좌파전선'을 만들자고 촉구했다. 그러나 COSATU는 오히려 NUMSA를 제명했다. 여기에 반대하는 즈웰린지마 바비^{Zwelinzima Vavi} COSATU 전 사무총장도 제명했다. 그러자 바비와 NUMSA는 새로운 노동조합 연맹을 건설한다고 선언했다.

남아공의 양극화를 상징하는 판자촌 입구.

백인 학생들과 흑인 어린이들이 판자촌에서 함께 뛰놀고 있다.

이런 사회적 양극화와 부패, 무능 때문에 결국 일부 과격파들이 남아공 인종 해방의 아버지인 만델라의 사진에 배신자라는 낙인을 찍었다. 그리고 현지에 있을 때는 몰랐지만, 내가 남아공을 떠난 뒤 치른 지방선거에서 ANC에게 심각한 결과를 가져다줬다.

양극화의 현장, 판자촌

버스가 판자촌에 도착했다. 버스 정류장에는 돈을 받고 안전을 보장하며 판자촌 탐방도 안내하는 가이드가 기다리고 있었다. 세계 최대의 판자촌이라는 명성으로 유명한 곳이 지금 올림픽이 열리고 있는 브라질 리우데자네이루의 판자촌이다. 그곳은 무장한 갱단들이 지배하는 치외 법권 지역으로, 경찰들도 접근할 수 없는 살벌한 곳이다. 그런데 그 지역을 지배하는 갱단들이 돈을 벌 생각에 이런 상황을 관광 상품으로 만들어 지프차 가이드 투어를 운영했다. 2004년에 그곳을 다녀와 낸 책 《마추픽추 정상에서 라틴아메리카를 보다》에 관련된 이야기를 쓴 적이 있는데, 케이프타운에도 비슷한 프로그램이 있을 듯해 찾아봤다.

동네에 들어서자 입구부터 사방에 쌓인 쓰레기 더미 등 판자촌 특유의 모습이 나타났다. 10여 년 전에 본 리우의 판자촌하고 너무도 닮은 모습이었다. 집밖에 걸어놓은 형형색색의 빨래들, 사람들 사는 곳인 만큼 길을 따라 자리한 허름한 가게들 등 리우 판자촌에 다시 온 기분이다. 조금 전에 오면서 지나친, 베벌리힐스보다 더 호화로운 부촌하고는 너무도 대조적이었다.

특히 이 판자촌은 인종 차별 정책에 따라 흑인 거주지로 지정된데다가 교외에 자리한 탓에 일자리가 있는 도시로 출퇴근하기가 어려워 빈곤의 악순환이 불가피해 보였다. 하기는 한국도 1970년대 초에 박정희 정권이 서울의 판자촌을 철거해 경기도 광주로 강제 집단 이주시키면서 지금의 성남을 만든 뒤 서울에 접근하기가 너무 어려워 생계 문제가 생기면서 판자촌 주민들이 '민란'(광주 대단지 사건)을 일으킨 적이 있었다.

익숙한 판자촌 동네를 한참 올라가자 한 학교가 나타났는데, 신기하게도 중고등학생으로 보이는 백인 아이들이 어린 흑인 어린이들 사이에서 놀고 있었다. 학교에 들어가 교사에게 이유를 물어보자, 내일(7월 18일)이 만델라의 98번째 생일인 줄 아느냐고 오히려 내게 되물었다. 만델라의 생일과 이 백인 아이들이 무슨 관계가 있을까 궁금해졌다. 만델라의 생일을 앞두고 봉사를 나온 학생들이라는 설명이 뒤를 이었다.

몇 년 전 만델라재단은 이런 제안을 했다. "만델라가 좀더 나은 사회를 위해 자신의 삶을 바친 67년(24살에 처음 운동에 뛰어든 1942년부터 2009년 세상을 떠날 때까지 67년)을 기념하기 위해 유엔이 '넬슨 만델라의 날'로 지정한 7월 18일을 전후해서 모든 사람이 사회를 위해 67분을 봉사하자." 많은 남아공 시민들이 이 제안에 동참했는데, 이 학생들도 '67분 봉사'를 나온 참이었다.

백인 형들과 흑인 어린이들이 함께 뛰노는 모습은 남아공이 이제 인종 차별이 폐지된 '정상적인 민주국가'임을 웅변적으로 보여주는 장면 같아서 흐뭇했다. 그러나 흑인 정부가 가장 실패한 정책이 교육이고 인종적 교육 격차 등 때문에 남아공이 흑인 정부 아래에서 오히려 세계 최악의 불평등 국가로 전락한 사실을 잘 알고 있는 만큼, 그런 포옹을 마냥 흐뭇한 마음으로 바라볼 수만은 없었다.

학교를 나와 판자촌을 돌아봤다. 거리의 미장원 등 재미있는 모습이 많았지만, 무척이나 맑은 흑인 아이들의 얼굴과 웃음이 머릿속을 떠나지 않았다. 그리고 동시에 그 얼굴에 만델라의 사진에 배신자라고 낙인을 찍어놓은 포스터가 자꾸 겹쳐 나타났다. 27년의 감옥 생활 등 일생을 바쳐 쟁취한 인종 해방 사회에 대해, 그리고 자신은 물론 자신의 후계자들이 사랑하는 흑인들에게 백인 정권보다 훨씬 더 심각한 불평등을 선물한 사실에 대해, 그래서 자신의 사진에 배신자라고 쓴 포스터가 등장하고, 자신의 이름을 딴 고향 동네에서 자신이 이끌던 ANC가 선거에서 패배한 사실에 대해 만델라는 뭐라고 대답할까 하는 의문이 머리를 떠나지 않았다.

《프레시안》 2016년 8월 12일, 8월 15일

후기

2017년 12월 29일, 남아공 헌법재판소는 부패 스캔들에 시달려온 제이콥 주마 대통령에 대한 탄핵 절차를 시작하라고 의회에 명령했다.